OEUVRES
DE
RIVAROL

ÉTUDES SUR SA VIE ET SON ESPRIT

PAR

SAINTE-BEUVE, ARSÈNE HOUSSAYE, ARMAND MALITOURNE

MAXIMES, PENSÉES ET PARADOXES

ÉTUDES SUR LA LANGUE FRANÇAISE

PHILOSOPHIE — ESPRIT DE RIVAROL — POÉSIE

ÉTUDES SUR DANTE

LE PETIT ALMANACH DES GRANDS HOMMES

LE DERNIER JOUR DE LA ROYAUTÉ

PARIS

ADOLPHE DELAHAYS, ÉDITEUR

4-6, RUE VOLTAIRE, 4-6

1857

ŒUVRES
DE
RIVAROL

PARIS. — IMP. SIMON RAÇON ET COMP., RUE D'ERFURTH, 1.

RIVAROL

Carmontel del   Imp Bernel

OEUVRES
DE
RIVAROL

ÉTUDES SUR SA VIE ET SON ESPRIT

PAR

SAINTE-BEUVE, ARSÈNE HOUSSAYE, ARMAND MALITOURNE

PARIS
ADOLPHE DELAHAYS, ÉDITEUR
4-6, RUE VOLTAIRE, 4-6

1857

RIVAROL

SA VIE ET SES OEUVRES

Il paraît bien que Rivarol était noble, malgré toutes les plaisanteries et les quolibets qu'il eut à essuyer à ce sujet. Jeune, en débutant dans le monde littéraire, il commença par blesser la vanité de la foule des petits auteurs ; ils s'en vengèrent en s'en prenant à sa naissance. Son grand-père, Italien d'origine, né en Lombardie, après avoir fait la guerre de la Succession au service de l'Espagne, s'était établi en Languedoc et y avait épousé une cousine germaine de M. Deparcieux, de l'Académie des sciences. Le père de Rivarol, homme instruit, dit-on, et qui même aurait eu le goût d'écrire, manquait de fortune. Il eut seize enfants, dont Rivarol était l'aîné. La gêne domestique l'obligea à tenir quelque hôtel ou table d'hôte, circonstance qui fut tant reprochée depuis à Rivarol.

> C'est dans Bagnols que j'ai vu la lumière,
> Au cabaret où feu mon pauvre père
> A juste prix faisait noce et festin,

lui faisait dire Marie-Joseph Chénier dans une assez triste satire. Rivarol, à son entrée dans le monde, y parut d'abord sous le nom de chevalier de Parcieux, s'autorisant de la parenté qu'il avait par sa grand'mère avec le savant (Deparcieux) si justement honoré, et que recommandaient de grands projets d'utilité publique. On lui contesta son droit à porter ce nom, et il reprit celui de Rivarol. Il fit bien : c'est un nom sonore, éclatant, qui éveille l'écho et qui s'accorde bien avec la qualité de son esprit.

Il fit ses études dans le Midi sans doute et peut-être à Cavaillon ; ce dut être dans un séminaire, car il eut affaire à l'évêque, et il porta, dans un temps, le petit collet. Quoi qu'il en soit, on le trouve à Paris, tout éclos, vers 1784. Une figure aimable, une tournure élégante, un port de tête assuré, soutenu d'une facilité rare d'élocution, d'une originalité fine et d'une urbanité piquante, lui valurent la faveur des salons et cette première attention du monde que le talent attend quelquefois de longues années sans l'obtenir. Rivarol semblait ne mener qu'une vie frivole, et il était au fond sérieux et appliqué. Il se livrait à la société le jour et il travaillait la nuit. Sa facilité de parole et d'improvisation ne l'empêchait pas de creuser solitairement sa pensée. Il étudiait les langues, il réfléchissait sur les principes et les instruments de nos connaissances, il visait à la gloire du style. Quand il se désignait sa place parmi les écrivains du jour, il portait son regard aux premiers rangs. Il avait de l'ambition sous un air de paresse. Cette ambition littéraire se marqua dans les deux premiers essais de Rivarol, sa traduction de l'*Enfer* de Dante (1785), et son *Discours sur l'universalité de la langue française*, couronné par l'Académie de Berlin (1784).

Traduire Dante était pour Rivarol « un bon moyen, disait-il assez avantageusement, de faire sa cour aux Rivarol d'Italie, » et une façon de payer sa dette à la patrie de ses pères ; c'était indirectement faire preuve de sa noblesse d'au delà des monts ; c'était surtout aussi une manière de s'exercer sur un beau thème et de lutter avec un maître. Rivarol, nommons-le tout d'abord par son vrai nom, est un *styliste* ; il veut enrichir et renouveler la langue française, même après Buffon, même après

Jean-Jacques. N'ayant pas d'abord en lui-même un foyer d'inspiration et un jet de source suffisants pour lui faire trouver une originalité toute naturelle, il cherche cette originalité d'expression par la voie littéraire et un peu par le dehors. Il s'attaque à Dante, dont il apprécie d'ailleurs l'austère génie. « Quand il est beau, dit-il, rien ne lui est comparable. Son vers se tient debout par la seule force du substantif et du verbe, sans le secours d'une seule épithète. » C'est en se prenant à ce style « affamé de poésie, » qui est riche et point délicat, plein de mâles fiertés et de rudesses bizarres, qu'il espère faire preuve de ressources et forcer la langue française à s'ingénier en tous sens. « Il n'est point, selon lui, de poëte qui tende plus de piéges à son traducteur; » il compte parmi ces piéges les hardiesses et les comparaisons de tout genre dont quelques-unes lui semblent intraduisibles dans leur crudité. Il se pique d'en triompher, de les éluder, de les faire sentir en ne les exprimant qu'à sa façon. « Un idiome étranger, dit-il, proposant toujours des tours de force à un habile traducteur, le tâte, pour ainsi dire, en tous sens : bientôt il sait tout ce que peut ou ne peut pas sa langue; il épuise ses ressources, mais il augmente ses forces. « Ainsi ne demandez pas à Rivarol le vrai Dante; il sent le génie de son auteur, mais il ne le rendra pas, il ne le calquera pas religieusement. En eût-il l'idée, le siècle ne le supporterait pas un moment. Voltaire avait mis Rivarol au défi de réussir; il lui avait dit en plaisantant qu'il ne traduirait jamais Dante en *style soutenu*, « ou qu'il changerait trois fois de peau avant de se tirer des pattes de ce diable-là. » Rivarol n'a garde de vouloir changer de peau, il est trop content de la sienne. Il vise, en traduisant, à ce *style soutenu* déclaré impossible; et, dans cet effort, il ne songe qu'à s'exercer, à prendre ses avantages, à rapporter quelques dépouilles, quelques trophées en ce qui est du génie de l'expression. Telle est son idée, qui nous paraît aujourd'hui incomplète, mais qui n'était pas vulgaire.

L'Académie de Berlin avait proposé, en 1783, pour sujet de prix, la réponse à ces questions : — *Qu'est-ce qui a rendu la langue française universelle? — Pourquoi mérite-t-elle cette prérogative ? — Est-il à présumer qu'elle la conserve ?* — Le discours de Rivarol qui obtint le prix a de l'éclat, de l'élévation, nombre d'aperçus justes et fins exprimés en images heureuses. C'est un esprit fait et déjà mûr qui développe ses réflexions, et par endroits c'est presque un grand écrivain qui les exprime. Insistant sur la qualité essentielle de la langue française, qui est la *clarté*, tellement que, quand cette langue traduit un auteur, elle l'explique véritablement, il ajoutait : « Si on ne lui trouve pas les diminutifs et les mignardises de la langue italienne, son allure est plus mâle. Dégagée de tous les protocoles que la bassesse inventa pour la vanité et la faiblesse pour le pouvoir, elle en est plus faite pour la conversation, lien des hommes et charme de tous les âges ; et, puisqu'il faut le dire, elle est de toutes les langues *la seule qui ait une probité attachée à son génie*. Sûre, sociale, raisonnable, ce n'est plus la langue française, c'est la langue humaine. » Ce remarquable discours, qui dépassait de bien loin, par le style et par la pensée, la plupart des ouvrages académiques, valut à Rivarol l'estime de Frédéric le Grand et obtint un vrai succès en France et en Europe.

On peut penser qu'il eut de l'influence sur la direction de Rivarol. Esprit à la fois philosophique et littéraire, il se voua dès lors à l'analyse des langues et de la sienne en particulier. « Il est bon, avait-il dit, de ne pas donner trop de vêtements à sa pensée ; il faut, pour ainsi dire, voyager dans les langues, et, après avoir savouré le goût des plus célèbres, se renfermer dans la sienne. » Rivarol ne s'y renferma que pour l'approfondir, et, dès ce temps, il conçut le projet d'un dictionnaire de la langue française, qu'il caressa toujours en secret, à travers toutes les distractions du monde et de la politique, auquel il revint avec plus de suite dans l'exil, et dont le discours préliminaire est resté son titre le plus recommandable aux yeux des lecteurs attentifs.

Cependant il vivait trop de la vie brillante, dissipée, mondaine, de la vie de plaisirs, et, à peine âgé de vingt-huit ans, il se disait lassé et vieilli.

« Quant à la vie que je mène, écrivait-il à un ami (janvier 1785), c'est un drame si ennuyeux, que je prétends toujours que c'est Mercier qui l'a fait. Autrefois je réparais dans une heure huit jours de folie, et aujourd'hui il me faut huit grands jours de sagesse pour réparer une folie d'une heure. Ah ! que vous avez été bien inspiré de vous faire homme des champs ! »

Les salons distrayaient Rivarol et le détournèrent trop de la gloire sérieuse. Il y primait par son talent naturel d'improvisation, dont tous ceux qui l'ont entendu n'ont parlé qu'avec admiration et comme éblouissement. C'était un virtuose de la parole. Une fois sa verve excitée, le feu d'artifice, sur ses lèvres, ne cessait pas. Il ne lançait pas seulement l'épigramme, il répandait les idées et les aperçus; il faisait diverger sur une multitude d'objets à la fois les faisceaux étincelants de son éloquence. Lui-même, dans des pages excellentes, en définissant l'esprit et le goût, il n'a pu s'empêcher de définir son propre goût, son propre esprit; on ne prend jamais, après tout, son idéal bien loin de soi.

« L'esprit, dit-il, est en général cette faculté qui voit vite, brille et frappe. Je dis *vite*, car la vivacité est son essence; un trait et un éclair sont ses emblèmes. Observez que je parle de la rapidité de l'idée, et non de celle du temps que peut avoir coûté sa poursuite... Le génie lui-même doit ses plus beaux traits tantôt à une profonde méditation et tantôt à des inspirations soudaines. Mais, dans le monde, l'esprit est toujours improvisateur; il ne demande ni délai ni rendez-vous pour dire un mot heureux. Il bat plus vite que le simple bon sens; il est, en un mot, *sentiment prompt et brillant*. »

Il ne se dissimulait pas que ce talent brillant qu'il portait avec lui, qu'il déployait avec complaisance dans les cercles, et dont jouissait le monde, lui attirait aussi bien des envies et des inimitiés : « L'homme qui porte son talent avec lui, pensait-il, afflige sans cesse les amours-propres; on aimerait encore mieux le lire, quand même son style serait inférieur à sa conversation. » Mais Rivarol, en causant, obéissait à un instinct méridional irrésistible. Il n'y trouvait aucune peine, aucune fatigue de pensée, et sa paresse s'accommodait de ce genre de succès, qui n'était pour lui qu'un exercice de sybarite délicat et qu'une jouissance.

Sa vanité s'en accommodait aussi, car, en causant, il se trouvait tout naturellement le premier; personne, lui présent, ne songeait à lui disputer cette prééminence. Ses amis (car il en eut) assurent qu'en s'emparant ainsi du sceptre il n'en était nullement orgueilleux au fond : « Ne se considérant que comme une combinaison heureuse de la nature, convaincu qu'il devait bien plus à son organisation qu'à l'étude ou au travail, il ne s'estimait que comme un métal plus rare et plus fin. » C'était sa manière de modestie. Semblable en cela aux artistes il se sentait pourvu d'un prodigieux instrument, et il en jouait devant tous. Il vocalisait. Pourtant ce qui se pardonne aisément chez un chanteur, un pianiste ou un violoniste, chez un talent spécial, se pardonne moins dans l'ordre de l'esprit. Cette parole aux mains d'un seul semble bientôt une usurpation, et Rivarol, tranchant, abondant dans son sens, imposant silence aux autres, n'a rien fait pour échapper au reproche de fatuité qui se mêle inévitablement jusque dans l'éloge de ses qualités les plus belles. Il s'étalait d'abord et partout dans toute la splendeur et l'insolence de son esprit. Le sens moral et sympathique ne l'avertissait pas.

Sur tout le reste, son goût était fin, vif, pénétrant, et, bien qu'il ne résistât point assez à une teinte de recherche et d'apprêt, on peut classer Rivarol au premier rang des juges littéraires éminents de la fin du dernier siècle. Il avait des parties bien autrement élevées et rares que la Harpe, Marmontel et les autres contemporains, il avait de la portée et de la distinction ; jointes à la plus exquise délicatesse. Dans ses jugements, il pensait surtout aux délicats, et l'on a pu dire qu'il avait, en littérature, « plus de volupté que d'ambition. » Son goût pourtant était trop sensible et trop amoureux pour ne pas laisser éclater hautement ce qu'il éprouvait.

« Le jugement, a-t-il dit, se contente d'approuver et de condamner, mais le goût jouit et souffre. Il est au jugement ce que l'honneur est à la probité : ses lois sont délicates, mystérieuses et sacrées. *L'honneur est tendre et se blesse de peu :* tel est le goût; et, tandis que le jugement se mesure avec son objet, ou le pèse dans la balance, il ne faut au goût qu'un coup d'œil pour décider son suffrage ou sa répugnance, je dirai presque son amour ou sa haine, son enthousiasme ou son indignation, tant il est sensible, exuis et prompt ! Aussi les gens de goût sont-ils les hauts justiciers de la littérature. L'esprit de critique est un esprit d'ordre : il connait des délits contre le goût et les porte au tribunal du ridicule, car le rire est souvent l'expression de sa colère, et ceux qui le blâment ne songent pas assez que l'homme de goût a reçu vingt blessures avant d'en faire une. On dit qu'un homme a l'esprit de critique lorsqu'il a reçu du ciel non-seulement la faculté de distinguer les beautés et les défauts des productions qu'il juge, mais une âme qui se passionne pour les unes et s'irrite des autres, une âme que le beau ravit, que le sublime transporte, et qui, furieuse contre la médiocrité, la flétrit de ses dédains et l'accable de son ennui. »

Cette définition si bien sentie, il a passé sa vie à la pratiquer, et presque toutes les inimitiés qu'il a soulevées viennent de là. Quand Rivarol débuta dans la littérature, les grands écrivains qui avaient illustré le siècle étaient déjà morts ou allaient disparaître : c'était le tour des médiocres et des petits. Comme au soir d'une chaude journée d'été, une foule d'insectes bourdonnaient dans l'air et harcelaient de leur bruit les honnêtes indifférents. Tout le siècle ayant tourné à la littérature, on se louait, on se critiquait à outrance; mais le plus souvent on se louait. A Paris, on n'en était pas dupe. « En vain les trompettes de la renommée ont proclamé telle prose ou tels vers, il y a toujours dans cette capitale, disait Rivarol, trente ou quarante têtes incorruptibles qui se taisent; ce silence des gens de goût sert de conscience aux mauvais écrivains et les tourmente le reste de leur vie. » Mais, en province, on était dupe. « Il serait temps enfin, conseillait-il, que plus d'un journal changeât de maxime, il faudrait mettre dans la louange la sobriété que la nature observe dans la production des grands talents, et cesser de tendre des piéges à l'innocence des provinces. » C'est cette pensée de haute police qui fit que Rivarol, un matin, s'avisa de publier son *petit Almanach de nos grands hommes pour l'année* 1788, où tous les auteurs éphémères et imperceptibles sont rangés par ordre alphabétique, avec accompagnement d'un éloge ironique. Il avait porté la guerre dans un guêpier, et il eut fort à faire ensuite pour se dérober à des milliers de morsures.

Ce *Petit Almanach des grands hommes*, qui avait pour épigraphe : *Dis ignotis* (aux dieux inconnus), est une de ces plaisanteries qui n'ont de piquant que l'à-propos. On peut remarquer qu'il commence par le nom d'un homme qui a depuis acquis une certaine célébrité dans la médecine, Alibert, et qui n'était connu alors que par une fable insérée dans un Recueil des muses provinciales. Andrieux, Ginguené, qui n'avaient débuté jusqu'alors que dans la littérature légère, y sont mentionnés, ainsi que Marie-Joseph Chénier, qui se vengea aussitôt par une satire virulente.

Quand Rivarol eut quitté la Fance, en 1791, il disait avec plus de gaieté que d'invraisemblance : « Si la Révolution s'était faite sous Louis XIV, Cotin eût fait guillotiner Boileau, et Pradon n'eût pas manqué Racine. En émigrant, j'ai échappé à quelques jacobins de mon *Almanach des grands hommes.* »

Rivarol, dès 1782, s'était attaqué à l'abbé Delille, alors dans tout son succès. Dans un écrit anonyme, mais qu'on savait de lui, il avait critiqué le poëme des *Jardins*, nouvellement imprimé.

« Il vient enfin de franchir le pas, disait Rivarol de ce poëte; il quitte un petit monde indulgent, dont il faisait les délices depuis tant d'années, pour paraître aux regards sévères du grand monde, qui va lui demander compte de ses succès : enfant gâté, qui passe des mains des femmes à celles des hommes, et pour qui on-prépare une éducation plus rigoureuse, il sera traité comme tous les petits prodiges. »

Suit une critique qui semblait amère et excessive alors, et qui n'est que trop justifiée aujourd'hui. En général, il y a dans

Rivarol le commencement et la matière de bien des hommes que nous avons vus depuis se développer et grandir sous d'autres noms. Il y a le commencement et le pressentiment d'un grand écrivain novateur, tel que Chateaubriand a paru depuis ; d'un grand critique et poëte, tel qu'André Chénier s'est révélé : par exemple, il critique Delille tout à fait comme André Chénier devait le sentir. Nous verrrons tout à l'heure qu'il y eut aussi en lui le commencement d'un de Maistre. Mais toutes ces intentions premières furent interceptées et arrêtées avant le temps par le malheur des circonstances et surtout par l'esprit du siècle, dans lequel Rivarol vécut trop et plongea trop profondément pour pouvoir ensuite, même à force d'esprit, s'en affranchir.

Rivarol n'a été qu'un homme de transition ; mais à ce titre il a une grande valeur, et nous osons dire qu'il n'a pas encore été mis à sa place. Ses bons mots, ses saillies, ses épigrammes, sont connus et cités en cent endroits : il y a lieu d'insister sur ses tentatives plus hautes.

M. Necker avait publié en 1787 son livre sur l'*Importance des Idées religieuses*. Rivarol lui adressa deux lettres pleines de hardiesse et de pensée, dans lesquelles il le harcèle sur son déisme. Dans ces lettres, où il cite souvent Pascal et où il prouve qu'il l'a bien pénétré, Rivarol se place à un point de vue d'épicuréisme élevé qu'il aura à modifier bientôt, quand la Révolution, en éclatant, lui aura démontré l'importance politique des religions.

Dès les premiers jours où la Révolution se prononça, Rivarol n'hésita point, et il embrassa le parti de la cour, ou du moins celui de la conservation sociale. Dès avant le 14 juillet, il avait dénoncé la guerre dans le *Journal* dit *politique national*, publié par l'abbé Sabatier. Ces articles de Rivarol ont été depuis réunis en volume, et quelquefois sous le titre de *Mémoires*; mais ce recueil s'est fait sans aucun soin. On a supprimé les dates, les divisions des articles; on a même supprimé des transitions; on a supprimé enfin les épigraphes que chaque morceau portait en tête, et qui, empruntées d'Horace, de Virgile, de Lucain, attestaient, jusque dans la polémique, un esprit éminemment orné : Rivarol, même en donnant des coups d'épée, tenait à ce que la poignée laissât voir quelques diamants.

Dans ce journal, dont le premier numéro est du 12 juillet 1789, Rivarol se montre, et avant Burke, l'un des plus vigoureux écrivains politiques qu'ait produits la Révolution. Il raconte ce qui s'est passé aux états généraux avant la réunion des ordres, et il suit ce récit à mesure que les événements se développent. « Il n'y a rien dans le monde qui n'ait son moment décisif, a dit le cardinal de Retz, et le chef-d'œuvre de la bonne conduite est de connaitre et de prendre ce moment. » Rivarol fait voir que, s'il exista jamais, ce moment fut manqué dès l'abord dans la Révolution française. Parlant de la déclaration du roi dans la séance royale du 23 juin, il se demande pourquoi cette déclaration, qui, un peu modifiée, pouvait devenir *la grande Charte du peuple français*, eut un si mauvais succès ; et la première raison qu'il en trouve, c'est qu'elle vint trop tard. « Les opérations des hommes ont leur saison, dit-il, comme celles de la nature ; six mois plus tôt, cette déclaration aurait été reçue et proclamée comme le plus gaand bienfait qu'aucun roi eût jamais accordé à ses peuples ; elle eût fait perdre jusqu'à l'idée, jusqu'au désir d'avoir des états généraux. » Il fait voir d'une manière très-sensible comment les questions changèrent bien vite de caractère dans cette mobilité, une fois soulevée, des esprits : « Ceux qui élèvent des questions publiques devraient considérer combien elle se dénaturent en chemin. On ne nous demande d'abord qu'un léger sacrifice, bientôt on en commande de très-grands ; enfin, on en exige d'impossibles. » L'idée secrète, la passion qui donne à toutes les questions d'alors la fermentation et l'embrasement, il la devine, il la dénonce : « Qui le croirait ? ce ne sont ni les impôts, ni les lettres de cachet, ni tous les autres abus de l'autorité, ce ne sont point les vexations des intendants et les longueurs ruineuses de la justice, qui ont le plus irrité la nation : c'est le *préjugé de la noblesse* pour lequel elle a manifesté le plus de haine ; ce qui prouve évidemment que ce sont les bourgeois, les gens de lettre, les gens de finance, et enfin tous ceux qui jalousaient la noblesse, qui ont soulevé contre elle le petit peuple dans les villes, et les paysans dans les campagnes. » Il montre les gens d'esprit, les gens riches, trouvant la noblesse insupportable; et si insupportable que la plupart finissaient par l'acheter. « Mais alors commençait pour eux un nouveau genre de supplice, ils étaient des anoblis, des gens nobles, mais ils n'étaient pas gentilshommes... Les rois de France guérissent leurs sujets de la roture à peu près comme des écrouelles, à condition qu'il en restera des traces. » Cette cause morale, la vanité, qui fut si puissante alors dans la haine irréconciliable et l'insurrection de la bourgeoisie, excitée par les demi-philosophes, est demêlée et exposée par Rivarol avec une vraie supériorité.

L'image chez lui s'ajoute à l'idée pour la mieux faire entrer; il ne dit volontiers les choses qu'en les peignant. Ainsi, pour rendre cette fureur de nivellement universel : « On a renversé, dit-il, les fontaines publiques, sous prétexte qu'elles accaparaient les eaux, et les eaux se sont perdues. »

Voici quelques pensées que ne désavoueraient ni un Machiavel ni un Montesquieu :

« La populace croit aller mieux à la liberté quand elle attente à celle des autres. »

« S'il est vrai que les conjurations soient quelquefois tracées par des gens d'esprit, elles sont toujours exécutées par des bêtes féroces. »

« Si un troupeau appelle des tigres contre ses chiens, qui pourra le défendre contre ses nouveaux défenseurs ? »

« Règle générale : les nations que les rois assemblent et consultent commencent par des vœux et finissent par des volontés. »

« Malheur à ceux qui remuent le fond d'une nation ! »

S'adressant aux législateurs si empressés d'afficher en tête de leur Constitution les droits de l'homme :

« Législateurs, s'écrie-t-il, fondateurs d'un nouvel ordre de choses, vous voulez faire marcher devant vous cette métaphysique que les anciens législateurs ont toujours eu la sagesse de cacher dans les fondements de leurs édifices. Ah ! ne soyez pas plus savants que la nature. Si vous voulez qu'un grand peuple jouisse de l'ombrage et se nourrisse des fruits de l'arbre que vous plantez, ne laissez pas ses racines à découvert...

« Pourquoi révéler au monde des vérités purement spéculatives? Ceux qui n'en abuseront pas sont ceux qui les connaissent comme vous, et ceux qui n'ont pas su les tirer de leur propre sein ne les comprendront jamais et en abuseront toujours. »

Rivarol, d'ailleurs, n'est point un écrivain *absolutiste*, comme nous dirions, et il faut bien se garder de le classer comme tel. Il a soin d'excepter, dans son blâme sévère, les philosophes tels que Montesquieu, « qui écrivaient avec élévation pour corriger les gouvernements, et non pour les renverser. » Il reconnaît énergiquement les fautes du côté même où il se range. « La populace de Paris, dit-il, et celle même de toutes les villes du royaume, ont encore bien des crimes à faire avant d'égaler les sottises de la cour. Tout le règne actuel peut se réduire à quinze ans de faiblesse et à un jour de force mal employée. »

Dans tout le cours de ce journal, Rivarol se dessine avec énergie, éclat, indépendance, et comme un de ces écrivains (et ils sont en petit nombre) que « l'événement n'a point corrompus. » Dès les premiers numéros du journal, et dans l'intervalle du 14 juillet au retour de M. Necker, on avait accusé le rédacteur d'être vendu au ministère.

« Si cela est, s'écriait Rivarol, nous sommes vendus et non payés, ce qui doit être quand l'acheteur n'existe pas; et, en effet, il n'y a point de ministère en ce moment... Les cours, à la vérité, ajoute-t-il en se redressant, se recommandent quelquefois aux gens de lettres comme les impies invoquent les saints dans le péril, mais tout aussi inutilement : la sottise mérite toujours ses malheurs. »

Si nous trouvions à redire à ce langage, ce serait plutôt à l'ironie du ton et à cet accent de dédain envers ceux mêmes qu'on défend, accent qui est trop naturel à Rivarol, que nous retrouvons plus tard à Chateaubriand, et qui fait trop beau jeu, vraiment, à l'amour-propre de celui qui parle. Le vrai conseiller politique sait se préserver de ce léger entêtement tout littéraire.

Nous ne pouvons indiquer tout ce qui paraît de saillant et de bien pensé dans ce journal de Rivarol quand on le relit en place et en situation. Voici quelques vûes sur Paris et sur sa destination naturelle comme ville européenne, qui sentent assurément l'homme d'une civilisation très-avancée, très-amollie, et l'épicurien politique plus que le citoyen-soldat ; nous les livrons toutefois, fût-ce même à la contradiction de nos lecteurs, parce que les réflexions qu'elles présentent n'ont pas encore trop vieilli :

« Paris est-il donc une ville de guerre ? se demande Rivarol : n'est-ce pas, au contraire, une ville de luxe et de plaisir ? Rendez-vous de la France et de l'Europe, Paris n'est la patrie de personne, et on ne peut que rire d'un homme qui se dit citoyen de Paris.

« Cette capitale n'est qu'un vaste spectacle qui doit être ouvert en tout temps. Ce n'est point la liberté qu'il lui faut : cet aliment des républiques est trop indigeste pour de frêles sybarites ; c'est la sûreté qu'elle exige, et, si une armée la menace, elle doit être désertée en deux jours. Il n'y a qu'un gouvernement doux et respecté qui puisse donner à Paris le repos nécessaire à son opulence et à sa prospérité.

« La capitale a donc agi contre ses intérêts en prenant des formes républicaines ; elle a été aussi ingrate qu'impolitique en écrasant cette autorité royale à qui elle doit ses embellissements et son accroissement prodigieux ; et, puisqu'il faut le dire, c'était plutôt à la France entière à se plaindre de ce que les rois ont fait dans tous les temps pour la capitale, et de ce qu'ils n'ont fait que pour elle. Ah ! si les provinces ouvrent jamais les yeux, si elles découvrent un jour combien leurs intérêts sont, je ne dis pas différents, mais opposés aux intérêts de Paris, comme cette ville sera abandonnée à elle-même !... Était-ce donc à toi à commencer une insurrection, ville insensée ! Ton Palais-Royal t'a poussée vers un précipice d'où ton Hôtel de Ville ne te tirera pas. »

Le Palais-Royal a été puni par où il avait péché; il a été mis finalement en pénitence, et il est devenu moral.

Ajoutons, comme correctif, que le pronostic de Rivarol sur Paris ne s'est pas tout à fait vérifié : « L'herbe croîtra dans tes sales rues, » s'écriait-il dans son anathème. Paris a eu bien des rechutes depuis juillet 89, et il n'a pas cessé de gagner et de s'embellir : il est vrai que ce n'a été que malgré ces rechutes et le lendemain qu'on l'a vu refleurir, avec le ferme propos de les racheter chaque fois et d'en effacer l'image. Sa vitalité n'a repris le dessus que sous des gouvernements respectés.

Sorti de France en 1791, Rivarol séjourna d'abord à Bruxelles, puis en Angleterre, et ensuite à Hambourg. C'est dans cette dernière ville qu'il parvint à établir une sorte de centre de société et d'atelier littéraire; tout ce qui y passait de distingué se groupait autour de lui. On peut dire qu'il y trônait. Marié, mais séparé de sa femme, qui n'était pas exempte de quelque extravagance, il avait emmené avec lui une petite personne appelée Manette, qui joue un certain rôle dans sa vie intime. C'est cette personne à qui il conseillait, comme elle ne savait pas lire, de ne jamais l'apprendre; la pièce de vers très-connue qu'il lui adressa se terminait ainsi :

> Ayez toujours pour moi du goût comme un bon fruit,
> Et de l'esprit comme une rose.

Je parle de Manette, parce que c'est une manière discrète d'indiquer comment Rivarol n'avait point dans ses mœurs toute la gravité qui convient à ceux qui défendent si hautement les principes primordiaux de la société et le lien religieux des empires. Il avait sa *Lisette*, en un mot, sans compter les distractions mondaines : voilà tout ce que je veux dire. Esprit tout littéraire, la nécessité l'avait fait triompher de sa paresse, et il se remit pendant son séjour à Hambourg à la composition de son dictionnaire de la langue française, dont le *Discours préliminaire* parut en 1797.

Jamais prospectus ni préface de dictionnaire n'a renfermé

tant de choses en apparence étrangères et disparates. Rivarol y fait entrer toute la métaphysique et la politique. Il considère la parole comme « la physique expérimentale de l'esprit, » et il en prend occasion d'analyser l'esprit, l'entendement et tout l'être humain dans ses éléments constitutifs et dans ses idées principales; il le compare avec les animaux, et marque les différences essentielles de nature : puis il se livre, en finissant, à des considérations éloquentes sur Dieu, sur les passions, sur la religion, sur la supériorité sociale des croyances religieuses, comparativement à la philosophie. C'est dans cette dernière partie qu'on trouve des tableaux de la Révolution et de la Terreur, au point de vue moral, qui rappellent parfois l'idée, la plume, et, j'ose le dire, la verve d'un Joseph de Maistre.

Il n'est ni de mon objet ni de ma compétence d'entrer avec Rivarol dans l'analyse à la Condillac qu'il tente de l'esprit humain. Je me bornerai à dire à ceux (comme j'en connais) qui seraient disposés à dédaigner son effort, que, dans cet écrit, Rivarol n'est pas un littérateur qui s'amuse à faire de l'idéologie et de la métaphysique; c'est mieux que cela, c'est un homme qui pense, qui réfléchit, et qui, maître de bien des points de son sujet, exprime ensuite ses résultats, non pas au hasard, mais en écrivain habile et souvent consommé. Ceux qui connaissent la philosophie de M. de la Romiguière, et qui prendront la peine de lire Rivarol, trouveront que c'est là que ce professeur distingué et élégant a dû emprunter son expédient de la transaction entre la *sensation* et l'*idée*, entre Condillac et M. Royer Collard, et de ce terme mitoyen qui a longtemps eu cours dans nos écoles sous le titre de *sentiment*. C'en est assez sur ce sujet. L'honneur de Rivarol, selon moi, est, dans quelque ordre d'idés qu'il pénètre, d'y rester toujours ce qu'il est essentiellement, un écrivain précis, brillant, animé, prompt aux métaphores. Jamais il ne consent à admettre le divorce entre l'imagination et le jugement. Il nous prouve très-bien, par l'exemple des langues, que la métaphore et l'image sont si naturelles à l'esprit humain, que l'esprit même le plus sec et le plus frugal ne peut parler longtemps sans y recourir, et, si l'on croit pouvoir s'en garder en écrivant, c'est qu'on revient alors à des images qui, étant vieilles et usées, ne frappent plus ni l'auteur ni les lecteurs. Que si Locke et Condillac « manquaient également tous deux du secret de l'expression, de *cet heureux pouvoir des mots qui sillonne si profondément l'attention des hommes en ébranlant leur imagination*, leur saura-t-on gré de cette impuissance? » Et il conclut en disant : « Les belles images ne blessent que l'envie. »

Il n'a manqué à plus d'une de ces pages de Rivarol, pour frapper davantage, que de naître quelques années plus tôt, en présence de juges moins dispersés et sous le soleil même de la patrie. Le sentiment qui anime les derniers chapitres, et qui fait que cet homme au cœur trop desséché par l'air des salons se relève et surnage par l'intelligence du milieu de la catastrophe universelle, me rappelle quelque chose du mouvement d'un naufragé qui s'attache au mât du navire et qui tend les bras vers le rivage. Le ciel à ses yeux se déchire, et Dieu enfin lui apparaît.

« Il me faut, comme à l'univers, s'écrie-t-il, un Dieu qui me sauve du chaos et de l'anarchie de mes idées !... Son idée délivre notre esprit de ses long tourments, et notre cœur de sa vaste solitude. »

« Chose admirable! unique et véritable fortune de l'entendement humain! dira-t-il encore avec un accent bien senti et qui ne se peut méconnaître, les objections contre l'existence de Dieu sont épuisées, et ses preuves augmentent tous les jours. Elles croissent et marchent sur trois ordres : dans l'intérieur des corps, toutes les substances et leurs affinités ; dans les cieux, tous les globes et les lois de l'attraction ; au milieu, la nature, animée de toutes ses pompes. »

Il est un quatrième ordre non moins essentiel, qui consiste à voir et à démontrer Dieu et sa providence jusque dans les catastrophes et les calamités même des empires. Rivarol omet cet ordre orageux d'objections et de preuves, et reste en chemin. Il n'atteint pas à la philosophie religieuse de l'histoire.

Venant aux passions des hommes, Rivarol les analyse et les

définit avec une précision colorée qui lui est propre. Il fait bien sentir à quel point les hommes se conduisent plus d'après leurs passions que par leurs idées, et il en donne un piquant exemple en action et en apologue.

« On dit à Voltaire dans les Champs-Élysées : *Vous vouliez donc que les hommes fussent égaux? — Oui. — Mais savez-vous qu'il a fallu pour cela une révolution effroyable? — N'importe.* — On parle à ses idées.

« *Mais savez-vous* (ajoute-t-on) *que le fils de Fréron est proconsul, et qu'il dévaste les provinces? — Ah! Dieu! quelle horreur!* — On parle à ses passions. »

Rivarol est plein de ces traits de détail et de ces exemples, de ce que les anciens appelaient les *lumières du discours*.

Il aborde, en finissant, la grande et nouvelle passion qui a produit la fièvre nationale et le délire dont la France a été saisie : c'est la passion philosophique, le fanatisme philosophique. On croyait jusqu'alors que le mot de *fanatisme* ne s'appliquait qu'aux idées et aux croyances religieuses : il était réservé à la fin du dix-huitième siècle de montrer qu'il ne s'appliquait pas moins à la philosophie, et il en est résulté aussitôt des effets monstrueux.

Et ici, dans une diatribe d'une verve, d'une invective incroyables, Rivarol prend à partie les philosophes modernes comme les pères du désordre et de l'anarchie, les uns à leur insu, les autres le sachant et le voulant. Il les montre possédés d'une manie d'analyse qui ne s'arrête et ne recule devant rien, qui porte en toute matière sociale les dissolvants et la décomposition.

« Dans la physique, ils n'ont trouvé que des objections contre l'auteur de la nature; dans la métaphysique, que doute et subtilités : la morale et la logique ne leur ont fourni que des déclamations contre l'ordre politique, contre les idées religieuses et contre les lois de la propriété; ils n'ont pas aspiré à moins qu'à la reconstruction du tout par la révolte contre tout, et, sans songer qu'ils étaient eux-mêmes dans le monde, ils ont renversé les colonnes du monde...

« Que dire d'un architecte qui, chargé d'élever un édifice, briserait les pierres pour y trouver des sels, de l'air et une base terreuse, et qui nous offrirait ainsi une analyse au lieu d'une maison?...

« La vraie philosophie est d'être astronome en astronomie, chimiste en chimie, et politique dans la politique.

« Ils ont cru cependant, ces philosophes, que définir les hommes, c'était plus que les réunir; que les émanciper, c'était plus que les gouverner, et qu'enfin les soulever, c'était plus que les rendre heureux. Ils ont renversé des États pour les régénérer, et disséqué des hommes vivants pour les mieux connaître... »

En écrivant ces pages éloquentes et enflammées (et il y en a quatre-vingts de suite sur ce ton-là), Rivarol se souvenait évidemment de ces hommes avec qui il avait passé tant d'années et dont il connaissait le fort et le faible, des Chamfort, des Condorcet, des Garat. Il y a des traits personnels qui s'élancent de toutes parts comme des flèches, et qui s'adressent à autre chose qu'à une idée et à une théorie. Sans qu'il les nomme, on voit bien à l'éclair de son regard, à la certitude de son geste, qu'il est en face de tels ou tels adversaires. Mais aussi ce qui honore en Rivarol l'intelligence et l'homme, c'est qu'il s'élève du milieu de tout cela comme un cri de la civilisation perdue, l'angoisse d'un puissant et noble esprit qui croit sentir échapper toute la conquête sociale. « *Malgré tous les efforts d'un siècle philosophique*, dit-il, *les empires les plus civilisés seront toujours aussi près de la barbarie que le fer le plus poli l'est de la rouille;* les nations comme les métaux n'ont de brillant que les surfaces. »

Il y a des moments où, porté par le mouvement de son sujet et par l'impulsion de la pensée sociale, il va si haut, qu'on se demande si c'est bien Rivarol qui écrit, le Rivarol né voluptueux avant tout et délicat, et si ce n'est pas plutôt franchement un homme de l'école religieuse.

« Le vice radical de la philosophie, c'est de ne pouvoir parler au cœur. Or l'esprit est le côté partiel de l'homme; le cœur est tout.. Aussi la religion, même la plus mal conçue, est-elle infiniment plus favorable à l'ordre politique et plus conforme à la nature humaine en général que la philosophie, parce qu'elle ne dit pas à l'homme d'aimer Dieu *de tout son esprit*, mais *de tout son cœur* : elle nous prend par ce côté *sensible et vaste* qui est à peu près le même dans tous les individus, et non par le côté *raisonneur, inégal et borné*, qu'on appelle *esprit*. »

N'est-ce pas là un croyant qui parle? Et se peut-il que ce ne soit qu'un philosophe repenti et devenu politique, un incrédule qui s'est guéri de la sottise d'être impie? Et ceci encore :

« Que l'histoire vous rappelle que partout où il y a mélange de religion et de barbarie, c'est toujours la religion qui triomphe; mais que partout où il y a mélange de barbarie et de philosophie, c'est la barbarie qui l'emporte... En un mot, la philosophie divise les hommes par les opinions, la religion les unit dans les mêmes principes : il y a donc un contrat éternel entre la politique et la religion. *Tout État, si j'ose le dire, est un vaisseau mystérieux qui a ses ancres dans le ciel.* »

Rœderer, dans le temps, essaya de répondre à cette partie de l'ouvrage de Rivarol; mais il ne l'a fait que dans le détail, et sans en atteindre la véritable portée ni en mesurer l'essor.

Rivarol n'était point un homme de génie, mais c'était plus qu'un homme d'esprit : il réalisait tout à fait l'idéal de l'homme de talent tel qu'il l'a défini : « Le talent, c'est un art mêlé d'enthousiasme. » Il est dommage que ce talent, chez lui, fût un peu gâté par du faste et de l'apprêt. Son style fait parfois l'effet d'une étoffe lustrée qui bruit et reluit.

. . . .

SAINTE-BEUVE.

Rivarol vaut bien la peine qu'on ne s'occupe pas sérieusement de purger sa naissance de tous les reproches malins qu'il n'a lui-même réfutés que par ses bons mots. Il en fut prodigue, et, en vérité, n'avait-il pas l'illustration suprême dans la trop heureuse société de nos pères, cette illustration de l'esprit demeurée la seule au milieu des lumières, de la lassitude de bonheur et de la folie des nouveautés? Avant d'avoir écrit une ligne, Rivarol était déjà célèbre dans les cercles de Paris, où on était bien vite un grand homme avec des épigrammes, avec des contes, avec le talent de la conversation et le génie de l'anecdote. La société ne voulait alors qu'être amusée, et elle était, à cet égard, d'une exigence et d'une facilité tout ensemble que nous avons peine à comprendre. Il y avait un certain art de causer, surtout de raconter, qui se recherchait beaucoup, s'obtenait fort peu et suffisait à la fortune littéraire de celui qui ne pouvait pas se vanter d'un seul mot de lui imprimé. Les contemporains de Rivarol l'ont admiré d'abord à ce titre, et l'on assure qu'il était vraiment extraordinaire pour la légèreté brillante, la vivacité railleuse, la soudaineté intarissable de ses idées, le bonheur et l'éclat de ses expressions. C'était de la faconde grecque, de l'improvisation italienne, et quelque chose de la grâce française très-bien servi par les avantages d'une fort belle figure. Cette gloire commode, qui se recueillait tous les soirs, et qui n'avait besoin, pour se renouveler, que des méditations faciles d'une paresse légèrement occupée, ravit à Rivarol ses plus belles années. Sa vie et son talent se dépensèrent en saillies, et, malgré l'empreinte vigoureuse que son esprit profond et mûri laissa sur quelques pages éclatantes, on ne peut guère que deviner son talent et prendre dans ses œuvres, composées de riens spirituels ou de grandes ébauches, une admiration qui s'agrandit par les regrets. Pour nous, qui n'avons point entendu ce causeur si étonnant, et qui, par le malheur ou le bienfait de notre âge, ne pouvons même le remplacer au milieu du monde aimable dont les mœurs sont devenues étrangères en France, il nous est impossible de décider si Rivarol faisait le matin sa conversation du soir, s'il travaillait ses bons mots et s'il méditait enfin tous ses impromptu. Pour un autre bel esprit de ce temps-là, pour Chamfort par exemple, nous dirions *oui*, parce qu'il nous a tenu fidèle registre des siens, et que la patience d'écrire suppose toujours une sorte de récompense qu'on se donne à soi-même pour la peine d'avoir pensé.

Mais Rivarol est absous par sa paresse même. Essayons de suivre cet esprit brillant et léger, cette imagination vive et forte, à travers les feuilles où elle n'a fait qu'arrêter son premier vol. Le *Discours sur l'universalité de la langue française*, qui partagea le prix proposé par l'Académie de Berlin, en 1784, valut à Rivarol de nombreux éloges, l'estime de Buffon et les remercîments du grand Frédéric. La chancellerie de Berlin mit ce discours à côté des ouvrages de Voltaire, dans une lettre officielle signée du roi. Toutes les académies auraient été heureuses de le couronner, mais il est peut-être plus piquant et plus juste que ce soit un corps étranger qui ait fait rendre un si éclatant hommage à la langue de notre patrie. Ce premier ouvrage, composé à trente ans, porte déjà tous les traits du talent de Rivarol, quoiqu'il n'en porte pas toute la mesure. C'est bien là le ton et l'esprit d'*un Français par excellence*, et les défauts de la jeunesse, qui s'y font un peu sentir, ajoutent peut-être à la grâce et à la vérité du caractère. On aurait pu se livrer à une comparaison plus érudite des idiomes et des littératures, on aurait pu être moins leste, moins écourté; mais on ne pouvait pas être plus fin, plus ingénieux, plus fécond en aperçus, plus riche de ces sortes d'images qui développent la pensée en la colorant. La traduction de l'*Enfer* du Dante parut la même année; Buffon dit à l'auteur que *traduire ainsi, c'était créer*. La Révolution vint ensuite élever Rivarol à l'éloquence par le courage. Personne n'aperçut plus vite que lui les dernières conséquences de la Révolution, la faiblesse des caractères précipitant la ruine des institutions vieillies, la philosophie impuissante à calmer les passions qu'elle avait soulevées. C'est dans son *Journal politique national* qu'éclate cette incroyable prévision des événements qui devança le génie de Burke lui-même et lui inspira peut-être cet anathème conservateur répété par toute l'Europe. Un seul éloge fera peut-être suffisamment ressortir la raison, la finesse, la vigueur des idées politiques : c'est que l'auteur croyait ne faire qu'un journal et qu'on croit lire une histoire. C'est à la même époque que, dans le recueil intitulé *Actes des apôtres*, à la rédaction duquel concouraient Peltier et

Champcenetz, il déversait le ridicule sur les partisans de la Révolution.

Les persécutions arrivèrent, et Rivarol, après avoir continué ses philippiques pleines d'une verve si indignée, dans un village près de Noyon, sous le nom de Salomon de Cambrai, fut enfin contraint de quitter la France. Il se réfugia d'abord à Bruxelles, puis à Londres, où il composa son *Discours sur les facultés morales et intellectuelles de l'homme,* magnifique préface dans laquelle l'auteur a voulu rappeler la parole à la pensée, l'homme à Dieu.

. . . .

ARMAND MALITOURNE.

Comme Voiture, Rivarol est né grand seigneur dans un cabaret. Tant d'autres qui naissent dans un palais ne seraient supportables qu'au cabaret! Le père de Rivarol était d'une ancienne noblesse italienne; sa mère s'était anoblie par la plus belle noblesse : elle mit au monde seize enfants.

Rivarol eut à peine perdu de vue le toit natal, qu'il prit déjà des airs de grand seigneur. Quand on lui demandait son nom dans une hôtellerie, il répondait avec le plus grand laisser-aller : Le comte de Rivarol. Il arriva à Paris sur la fin de l'automne 1774; il descendit bravement à l'autel d'Espagne, en faisant sonner son titre plus haut que ses écus, sans s'inquiéter le moins du monde du lendemain. Dès son arrivée à Paris, il rencontra quelques amis de collège ayant bu chopine au cabaret de son père; il craignit que son titre de comte de Rivarol, annoncé devant eux, ne leur parût aussi nouveau que le vin de son père; pour les dérouter, il prit un autre nom moins sonore : il se fit appeler M. de Parcieux, avec l'agrément de l'académicien du même nom, qui le croyait de sa famille, grâce à son esprit et aux recommandations de d'Alembert; mais, au bout de quelque temps, un neveu du savant voulut que Rivarol lui prouvât le droit qu'il avait de porter ce nom, ce qu'il ne put faire. Je laisse parler Grimm : « Il s'est vengé fort noblement en prenant le nom du chevalier de Rivarol, lequel, dit-on, ne lui appartient pas mieux, mais dont il faut espérer qu'il voudra bien se contenter tant qu'on ne l'obligera pas à en chercher un autre. »

Presque à son entrée dans le monde littéraire, il se mit à étudier et à traduire le Dante, travail qu'il comparait à celui que font les jeunes artistes d'après les cartons de Michel-Ange. Malgré sa paresse naturelle, il recommandait fort le labeur de la science aux écrivains : « Pour écrire, il faut se montrer armé de toutes pièces, comme Minerve sortant de la tête de Jupiter. »

Épris des beautés étranges et sauvages de l'*Enfer*, Rivarol s'élevait à la magnificence du poëte en le traduisant[*]. Buffon disait : « Ce n'est point une traduction, c'est une suite de création. » Il faut dire qu'alors Rivarol créait cette expression pour Buffon : la *solennité* du style. Rivarol d'ailleurs ne flattait pas toutes les œuvres de ce grand homme; il disait de son fils : « C'est le plus mauvais chapitre de l'histoire naturelle de son père; entre le fils et le père, tout un monde passerait. »

Dans les premières années de son séjour à Paris, il vécut on ne sait comment, toujours gai, vif, railleur. On le rencontrait partout où l'esprit avait ses grandes entrées, dans les salons, les cafés, les théâtres et le Caveau. Le Caveau était alors un antre enfumé semblable à l'entrée de l'Averne. Dans ce Parnasse à lanternes, Rivarol fut bientôt le plus écouté. Ce fut là que le jeune marquis de Champcenetz enregistra les premiers traits d'esprit de Rivarol. Peu à peu, Rivarol se glissa, à l'ombre de quelques personnages qu'il amusait, dans les salons les moins accessibles. Au grand jour de l'aristocratie, si son nom ne le sauvait pas tout à fait, son esprit protégeait son nom. Il paya d'audace; très-jeune encore, il comprit qu'un homme de bonne volonté peut toujours prendre ici-bas une belle place au soleil.

[*] Il n'y a qu'un homme après Rivarol qui ait compris et traduit le Dante : c'est M. C. de Lafayette. (*Dante, Michel-Ange, Machiavel.*)

Jusqu'à lui, plus d'un poëte avait vécu, comme le renard de la Fontaine, aux dépens de ceux qui l'écoutaient. Spéculer sur la flatterie, c'était un moyen vulgaire indigne de Rivarol; il aima mieux spéculer sur la satire. « Le monde, se dit-il alors, est une vaste arène semée de loups et d'agneaux; je serai loup, on me craindra, on fera ma fortune; à chaque coup de griffe, on me saluera à la ronde; à chaque coup de dent, on me jettera un gâteau. »

Ce système eut, pour lui, un plein succès; ses premiers mots méchants furent répandus de proche en proche. Buffon, qui aimait la satire et qui la craignait, accueillit Rivarol par mille marques de faveur. Il se trouva grand nombre de beaux esprits grands seigneurs de la trempe de Buffon; c'était à qui aurait Rivarol à sa table, c'était à qui l'emmènerait à sa campagne; Voltaire lui-même lui offrit une belle saison à Ferney. Rivarol n'eut plus à s'inquiéter de sa cuisine; il vécut alors très à sa guise, heureux de sa paresse et de son insouciance. Il se levait à deux heures de l'après-midi, se faisait habiller et coiffer, s'en allait dans le monde et se promettait toujours de travailler le lendemain.

Panckoucke lui vint offrir cinquante écus par mois pour écrire au *Mercure*. « Je veux bien, dit Rivarol avec le laisser-aller d'un grand seigneur; avec ces cinquante écus, je payerai un secrétaire et un valet. » Comme il l'avait dit, il le fit. Ce secrétaire et ce valet venaient à merveille à l'appui de ses prétentions aristocratiques. « Ce Panckoucke qui m'a donné un secrétaire, comme si c'était la peine d'enregistrer mon esprit! Il n'y a que les pauvres d'esprit qui enregistrent le leur, comme Chamfort et ses pareils. » Chamfort, qui était loin d'être un pauvre d'esprit, n'était pas de la taille de Rivarol : Chamfort n'avait de l'esprit qu'à certaines heures, quand il l'avait aiguisé et préparé le matin; Rivarol avait toujours de l'esprit.

Il ne trouva pas tout le monde disposé à l'admirer ou à le craindre; la plupart des gens de lettres, Marie-Joseph Chénier à leur tête, lui firent une rude guerre sur ses titres de noblesse et ses titres littéraires. Marie-Joseph Chénier a écrit contre lui une bonne et franche satire dont ces deux vers me reviennent à l'esprit :

> Enfant perdu de la littérature,
> Vrai don Quichotte et chercheur d'aventure.

Celui-ci lui reprochait d'être né dans un tournebroche; celui-là, de ne pas mettre assez de sel dans ses sauces, et mille autres injures de la même cuisine. On joua même, je ne sais où, une bouffonnerie contre lui et Champcenetz. Ce Champcenetz était un marquis de l'école de Rivarol, spirituel quand son ami n'était pas là, lui servant de compère dans les bonnes et mauvaises rencontres, colportant son esprit et l'affaiblissant. « *Mon clair de lune,* » disait Rivarol.

Rivarol a été un grand juge littéraire, n'écrivant pas plus ses jugements que ses mots heureux. Il se contentait de les répandre çà et là dans le monde, selon les caprices de son esprit. Mais telle parole de lui avait plus de retentissement qu'un long plaidoyer, lourd et pédantesque, de Marmontel ou de la Harpe. Il n'y a guère de Rivarol, en critique écrite, que son étude sur le Dante, qui est encore la plus belle page sur le sombre et radieux poëte.

. . . .

Il se maria, mais sa vraie femme fut Manette, dont le babil rieur et l'entrain léger le charmaient à certaines heures. Cet autre intérieur n'était pas exempt d'orages. Manette avait beaucoup voyagé ; elle avait laissé des traces de son pied léger en Italie et en Angleterre. Femme qui voyage laisse voyager son cœur. Rivarol était jaloux et volage ; il lui arriva plus d'une fois, selon Garat, de prendre aux cheveux sa tendre amie et de la vouloir bien tendrement jeter par la fenêtre ; mais il se ravisait à temps. Manette était tout simplement une aimable copie de Manon Lescaut, venue de sa province, ignorante et pauvre, mais très-jolie, mais très-perverse. Elle avait de l'esprit, mais surtout l'esprit de l'amour; d'ailleurs, elle avait été à l'école de Sophie Arnould.

Dans son grand *Discours sur l'universalité de la langue française*, Rivarol, devenu alors tout à fait comte de Rivarol, se montra un grammairien très-profond. Malgré la jalousie des journalistes écrivant contre le journalisme parlant, ce ne fut qu'un cri d'admiration dans toutes les gazettes; il y eut pourtant encore, comme toujours, des critiques violentes, ainsi celle de Garat. Ce *Discours* est un monument précieux pour notre langue; c'est l'œuvre d'un esprit sage, raisonnable, original, qui rejette avec dédain la vieille friperie des lieux communs de rhétorique ou de philosophie. Il effleure l'histoire des langues sans trop s'arrêter aux in-folio, comme Vossius, Bochart, Brigant, Gebelin, qui écrivaient pour n'être lus de personne. Les savants et les hommes frivoles peuvent suivre Rivarol du même pas; c'est mieux qu'avec le fil d'Ariane qu'il nous guide dans le labyrinthe, c'est avec son esprit hardi et lumineux.

Il avait fini par prendre beaucoup d'attrait à l'étude philosophique des langues. On sait que Leibnitz voulait qu'on divisât les peuples du globe selon les langues; il voulait même qu'on fît une carte à la façon des géographes. Rivarol, trouvant l'idée ingénieuse, disait qu'il entreprendrait la carte de Leibnitz, si on voulait le mettre en prison dans un paradis de Mahomet, sans femmes, en lui assurant la vie d'un patriarche. Même dans un paradis de Mahomet, Rivarol n'eût pu se résigner aux grincements laborieux de la plume : il eût plutôt parlé tout seul. Une telle paresse est à déplorer, quand on songe que cet esprit, ardent à tout dire et à bien dire, avait un horizon très-étendu dans les régions philosophiques. Un peu de bonne volonté, la plume à la main, il fût peut-être, qui le sait, arrivé à la connaissance de la langue primitive et à l'arbre généalogique de tous les dialectes secondaires qu'on parle sur le globe. Que n'eût-il pas laissé en outre dans tous les genres? car ce n'était que par caprice qu'il avait voulu briller en linguistique : il était, avant tout, poëte et philosophe; il parlait politique en grand homme d'État. Pour peindre d'un seul trait combien on estimait son esprit, je rappellerai ce mot du duc de Brancas, à qui on

proposait de souscrire à une nouvelle édition de l'*Encyclopédie* :
« L'*Encyclopédie* ! à quoi bon, quand Rivarol vient chez moi ? »

Malgré ses écrits sérieux sur la langue, la morale et la politique, Rivarol n'abdiquait point le sceptre de l'esprit léger ; il répandait toujours à pleines mains ses pluies d'étincelles, il poursuivait sans cesse ses amis et ses ennemis de ses vives satires. Un jour, au Palais-Royal, il voit passer devant lui Florian avec un manuscrit sortant à moitié de la poche de son habit. « Ah ! monsieur de Florian, lui cria-t-il avec son sourire moqueur, si on ne vous connaissait pas, comme on vous volerait ! » Vers le même temps, il dînait chez madame de Polignac, où on s'attendait à son esprit ; il dit une lourde bêtise pour voir la mine des convives. Tout le monde se récria : « C'est cela, je ne puis pas dire une bêtise sans qu'on crie au voleur. »

Durant quelques années encore, Rivarol fut toujours le plus redoutable pamphlétaire, soit qu'il écrivit, soit qu'il parlât. Son père étant mort, il appela près de lui un frère et deux de ses sœurs, leur donna des titres selon sa coutume, dépensa son dernier écu à leur toilette, les produisit dans le beau monde, où elles trouvèrent, sans trop attendre, des demandeurs en mariage. Rivarol avait bien compté là-dessus. Le frère lui-même fit très-bien son chemin : il devint maréchal de camp. Rivarol disait de lui : « Il serait l'homme d'esprit d'une autre famille ; c'est le sot de la nôtre. »

Aux approches de la Révolution, il aurait eu beau jeu de se faire le pamphlétaire du peuple ; il dédaigna, écrit un biographe, la politique de la borne et du cabaret ; il prit la défense de tous ces grands seigneurs aveugles qui avaient été ses compagnons de plaisirs*. Il faut dire que déjà M. de Maurepas l'avait royalement payé à tant la parole et à tant la ligne ; il faut dire que la reine Marie-Antoinette, qui cherchait des armes et des discours pour secourir le trône chancelant, avait appelé Rivarol

---

* Les grands seigneurs ne croyaient pas au blason de Rivarol, non plus que les gens de lettres. Rivarol avait le bon esprit de ne pas s'offenser des quolibets qu'on y inscrivait. On n'a pas oublié le mot du

à Versailles. Aussi, à son retour du palais, Rivarol, sans perdre de temps, écrivait contre Mirabeau et tonnait avec violence contre « cette égalité chimérique que des têtes exaltées voulaient établir dans la plus belle contrée de l'Europe. En berçant le peuple des rêves de l'âge d'or, vous lui rivez des chaînes plus dures pour l'avenir; vous lui donnez l'ardeur du lion sans l'armer de sa force. L'égalité absolue parmi les hommes sera toujours le mystère des philosophes. Du moins l'Église édifiait sans cesse; mais les maximes des novateurs ne tendent qu'à détruire : elles ruineront les riches sans enrichir les pauvres. Au lieu de l'égalité des biens, nous n'aurons bientôt que l'égalité des misères. » Pour peindre Mirabeau d'un seul mot, il disait : « Ce Mirabeau est capable de tout pour de l'argent, même d'une bonne action. »

Le duc d'Orléans lui dépêcha le duc de Biron pour le gagner à sa cause : il refusa. Le roi lui-même eut recours à Rivarol. Un matin, on lui annonça M. de Malesherbes. Rivarol se leva avec respect. « Je viens, dit l'ex-ministre, de la part du roi, vous proposer un rendez-vous avec Sa Majesté pour ce soir à neuf heures. Le roi, plein d'estime pour vos talents, a cru, dans les circonstances difficiles où l'État se trouve, pouvoir les réclamer. — Monsieur, lui répondit Rivarol, le roi n'a peut-être déjà eu que trop de conseils; je n'en ai qu'un seul à lui donner : s'il veut régner, *il est temps qu'il fasse le roi; sans cela, plus de roi.* »

On le voit, Rivarol gardait son franc parler; il ne se croyait obligé envers personne, même envers le roi. Il fut exact au rendez-vous. « Sire, dit-il à ce roi qui ne savait qu'écouter, pardonnez-moi, si j'ose dire la vérité. » Et, après ce préambule, Rivarol regarda autour de lui comme si devant le trône de Louis XVI la vérité eût été mal à l'aise. « L'État est appauvri,

duc de Créqui. A la Révolution, Rivarol s'écriait dans un salon : « Nous avons perdu nos droits! » M. de Créqui disait à voix basse : « *Nous avons..* — Eh bien! reprit Rivarol, qu'est-ce que vous trouvez de singulier dans ce mot? — C'est votre pluriel que je trouve singulier. »

sire, c'est là son côté faible. M. Necker est un charlatan; son compte rendu est un trébuchet où la confiance se laisse prendre sans qu'il en résulte rien pour le bien de l'État. Les notables sont convoqués; voilà bien des zéros pour une simple soustraction à faire. Songez-y bien, sire, lorsqu'on veut empêcher les horreurs d'une révolution, il faut la vouloir et la faire soi-même. Les parlements et les philosophes ont commencé le mal, les parlements surtout; ils formaient par esprit de corps un faisceau d'égoïsme qui contrariait presque toujours la puissance royale. Si j'avais été roi de France, je n'aurais pas exilé ces membres du parlement; mais je les aurais fait conduire à Charenton, où on les aurait traités comme des esprits aliénés. Il vaut mieux, lorsqu'on est condamné à commander à un grand peuple, commettre une injustice apparente que de voir briser dans ses mains le sceptre du pouvoir : la faiblesse est pire pour les rois qu'une tyrannie qui maintient l'ordre. Pour vous, sire, il en est temps encore : *faites le roi.* »

Le roi ne comprit pas un mot à ces paroles; il congédia Rivarol et déclara qu'il aviserait. Rivarol, de plus en plus lancé dans l'arène, devint de plus en plus ardent au combat; il déchaîna toute sa colère et tout son esprit sur la faction d'Orléans. Il fut bientôt averti qu'au club des Cordeliers on parlait beaucoup de le mettre à la lanterne. Il ne voulut pas braver le danger : il partit sans mot dire pour le château de Manicamp, où son vieil ami, le comte de Lauraguais, s'était déjà réfugié. C'était une solitude bruyante, pleine de laquais et d'équipages. De là Rivarol continua ses pamphlets, les *Actes des Apôtres*, avec Champcenetz, sa *Théorie des Corps politiques* et son *Journal national*. C'est aussi de ce temps qu'est datée son histoire du général Lafayette, qu'il nomme le général Morphée. Le célèbre Burke, lisant un peu plus tard toute cette politique de Rivarol, s'écriait avec enthousiasme qu'on la mettrait un jour à côté des *Annales* de Tacite [1].

---

[1] Le baron de Théis, qui a vu souvent Rivarol en 1791, à Manicamp, a bien voulu me noter ses souvenirs. M. de Théis a encore très-pré-

Cependant Rivarol, craignant d'être découvert par les sans-culottes de l'inquisition révolutionnaire, résolut de s'expatrier comme tant d'autres. Il rappela Manette à lui et partit pour la Flandre en sa joyeuse compagnie. A Bruxelles, il écrivit encore pour la défense du roi, qu'on venait d'emprisonner. De Bruxelles il alla à Londres, où il laissa Manette; de Londres à Hambourg, où il prit pied pour quelques années. Il y fut très-recherché des voyageurs, des émigrés et du petit nombre de savants qui se trouvaient là par hasard. Il y travailla un peu au *Spectateur du Nord*, mais, comme toujours, avec parcimonie. Les quelques lignes qui suivent vous donneront une juste idée de cette volupté du *far niente* qu'avait Rivarol : « Paresseux à l'excès, Rivarol avait déjà passé le terme où son dictionnaire devait être achevé, qu'il n'avait pas encore fait un article de ce dictionnaire. Fauch, imprimeur de Hambourg, l'attire chez lui, l'y loge, l'y enferme, met des sentinelles à sa porte, et la défend aux *écouteurs*, dont Rivarol aimait à s'entourer. En un mot, il le força d'écrire; Rivarol prisonnier fournit lentement, mais fournit enfin aux ouvriers de Fauch trois ou quatre pages chaque jour, en faisant l'appel de beaucoup de pensées éparses dans son portefeuille, ou plutôt dans de petits sacs étiquetés où il avait coutume de les jeter. Voilà comment Rivarol accoucha, au bout de trois mois, de son discours préliminaire. »

Je reproduis encore la fin d'une lettre de Rivarol touchant

sente à la mémoire toute la personne de Rivarol : « Il était grand et beau, avait de nobles façons, des traits heureux, un regard d'aigle, une bouche fine et gaie, et, pour couronner cela, une belle chevelure brune; c'était l'homme le mieux coiffé de son temps. » M. de Théis a vu à Manicamp une belle femme qui était venue en secret pour Rivarol; il n'a pu découvrir si c'était madame de Rivarol. Rivarol aimait le mystère en tout : il n'ouvrait à personne le grand livre de sa vie privée; il avait raison en ceci, car c'était un des livres scandaleux de cette époque fertile en scandales. M. de Théis a vu aussi le fils de Rivarol, qui s'appelait Raphaël, et qui était beau comme Raphaël avait dû l'être à dix ans.

Le fils de Rivarol est mort au service du Danemark.

sa paresse à Hambourg. « Ma paresse a beau me faire valoir ses anciens priviléges, je la traite comme une vieille connaissance : je travaille *le plus que je peux*, mais jamais autant que je voudrais. Une tarentule qu'on nomme *Fauch*, aussi avide d'une page de texte qu'un chien de chasse l'est de la curée, est continuellement à ma piste. Mon ami, il faut faire son sillon d'angoisse dans ce bas monde pour avoir des droits dans l'autre. J'ai, je pense, assez bien creusé le mien [1]. »

De Hambourg, Rivarol arriva à Berlin, où il résolut de vivre jusqu'à la fin de ce qu'il appelait les saturnales de la liberté française. Il fut accueilli par le roi de Prusse mieux que ne l'eût été un Condé ou un Montmorency. Il trouva à Berlin, comme à Paris, un brillant auditoire pour l'entendre parler politique ou belles-lettres; il trouva même des amis, ce qui ne lui était pas arrivé à Paris. Il se réconcilia avec Delille et quelques autres exilés qu'il avait naguère mordus au vif dans ses satires; mais sa plus belle amitié à Berlin fut celle de la princesse Olgorouska, qui aimait les sciences, les savants et les poëtes. Manette avait consolé de madame de Rivarol, la princesse consola de Manette. Ainsi va le cœur.

Il fut mortellement attaqué, le 5 avril 1801, les uns disent d'une fièvre pernicieuse, les autres d'une fluxion de poitrine. Il ne fut malade que durant sept jours. Tout ce qu'il y avait d'illustre à Berlin, à la cour, à la ville, lui témoigna de l'amitié et du dévouement. Il tint bon jusqu'au dernier moment; il mourut comme un philosophe antique, entouré de fleurs et d'amis. On a raconté diversement sa mort. D'après Sulpice de la

---

[1] Une des sœurs de Rivarol, mariée par lui au baron d'Angel, fut la maîtresse de Dumouriez. Elle avait suivi ce général dans son exil pour partager en amante fidèle sa mauvaise fortune. Elle écrivait souvent à son frère : « Tirez donc Dumouriez de son tombeau; par ce qu'il a fait on doit juger de ce qu'il fera encore, » répétait-elle sans cesse. Rivarol, importuné, répondit à sa sœur : « L'opinion a tué Dumouriez lorsqu'il a quitté la France. Dites-lui donc en ami de faire le mort; c'est le seul rôle qu'il lui convienne de jouer : plus il écrira qu'il vit, plus on s'obstinera à le croire mort. »

Platrière, il mourut pénétré de l'immortalité de l'âme, ne perdant jamais sa sérénité, s'accoutumant à mourir, entouré de fleurs printanières, ayant un parterre de roses en perspective, enfin expirant après ces mots solennels : « Mes amis, voilà la grande ombre qui s'avance ; ces roses vont se changer en pavots : il est temps de contempler l'éternité. » Sur le soir il eut un instant de délire, il demanda des figues attiques et du nectar. La princesse lui voulut prendre la main : il était mort.

D'après madame de Rivarol, qui s'avisa d'écrire sur lui après vingt ans d'*absence*, il est mort très-prosaïquement, en jetant *des cris de furieux, qui furent entendus trois jours durant, d'un bout à l'autre bout de la ville de Berlin*. Je pousserais bien la galanterie jusqu'à ajouter foi au récit d'une femme, si ce n'était pas madame de Rivarol écrivant sur son mari.

Ce qui est hors de doute, c'est que Rivarol est mort jeune, ne laissant après lui que les fragments dispersés çà et là d'une œuvre éclatante. Ses idées ont marqué les traces de leur passage, son style est de la grande école, tour à tour pompeux, énergique, original, ne fuyant pas assez les jeux de la phrase et le cliquetis du mot. Mais ce qui vivra surtout de cet homme, qui n'a fait que montrer ses forces, c'est son esprit pur et simple, c'est le souvenir de son éloquence mordante et enjouée ; en un mot, Rivarol vivra dans l'histoire politique et littéraire parce qu'il a été le plus beau parleur du dix-huitième siècle.

ARSÈNE HOUSSAYE.

Ces pages, attribuées à Chamfort, sont reproduites ici comme pour faire ombre au portrait :

Ce grand seigneur piémontais, né en Languedoc et perdu dans Paris depuis quinze ans, n'est pas encore aussi connu qu'il le mérite. On sera bien aise de trouver ici quelques détails sur sa personne.

Les grands hommes du dix-septième siècle allaient au cabaret ; celui-ci y est né [*] : il en sortit pour former son génie adolescent dans une étude de procureur. C'est ainsi que débutent les nobles génois et les patrices romains. Du silence de l'étude il passa au bruit des armes, et, malgré sa haute naissance, il voulut, comme Pierre le Grand, commencer par être simple soldat.

Ami précoce de l'antithèse et des travestissements, après avoir quitté la plume pour l'épée, il quitta l'épée pour le petit collet : il fut précepteur à Lyon, puis bourgeois à Paris, puis grand seigneur à Versailles, puis journaliste en Amérique, puis marié en Angleterre [**].

On voit qu'il a, pour parler sa langue, voyagé dans toutes les conditions. L'empire de Sottise n'a pas un coin qui ne lui soit familier, avantage inestimable pour piquer les gens à l'endroit sensible. La fortune s'est plu à lui donner l'éducation de la satire, comme la nature lui en avait formé l'heureux tempérament.

Aussi sa vie n'est qu'une raillerie continuelle. Il serait facile de rapporter toutes les bonnes plaisanteries qu'il a faites à une foule d'amis, de bienfaiteurs, de créanciers [***] ; mais c'est de la

---

[*] Le nommé Riverot, père de M. le *comte* de Rivarol, était aubergiste dans le bourg de Bagnols. Il a exercé cette profession hospitalière avec une noblesse qui préparait celle de son fils.

[**] Il épousa la fille d'un maître de langue anglaise : elle lui apporta en dot la grammaire de son père ; mais elle ne s'en tint pas là, il se trouva qu'elle descendait de la maison de Saxe, comme son mari descendait de la maison de Savoie.

[***] Voici l'espièglerie qu'il a faite à la dame Meunier, aubergiste de Fontainebleau. M. le comte, sa digne épouse, son noble fils et une servante étaient logés et nourris chez elle depuis six semaines. Tout à coup, M. le comte va à Paris pour un jour et ne revient point ; huit jours après, madame la comtesse part et ne revient plus : l'enfant reste seul pour caution. Les Égyptiens mettaient en gage les momies de leurs

gaieté de ses écrits, et non de ses actions, que le public a besoin.

Et d'abord, il est sûr que M. le comte n'a pas à se reprocher d'avoir jamais écrit autre chose que des satires. Son discours sur la langue française n'est au fond qu'une longue ironie, une caricature bizarre, dans laquelle il se moque de la langue italienne, de la langue espagnole, et encore plus de la langue française. Plusieurs personnes le devinèrent à la bigarrure des styles, aux anachronismes, aux plagiats, au tortillage des idées et au grotesque des expressions; mais le grand nombre prit à la lettre cette bouffonnerie sérieuse. Il faut convenir qu'il est bien gai à un jeune gentilhomme de mystifier, pour son début, deux grandes villes comme Paris et Berlin.

Sa traduction du Dante était un nouveau persiflage contre l'Italie et la France*. Cette plaisanterie n'eut point le succès de l'autre; les Italiens et les Français en eurent le vent, et ne la lurent point de peur d'être attrapés.

Nous ne parlerons pas ici de son dialogue entre le chou et le navet : c'est une sorte de fumier qu'il jetait sur les *Jardins* de M. Delille pour les faire mieux fructifier; mais il cacha trop bien ses intentions amicales, et on prit bêtement cette espièglerie pour le radotage de l'envie et du mauvais goût.

Cependant l'*incognito* de ses malices l'ennuya, et, renonçant à ses jouissances obscures, il voulut rire des gens en plein jour : alors parurent ses admirables parodies, genre si noble et si difficile, comme chacun sait. On distingua celle d'*Athalie*; elle avait le mérite de tuer en même temps Racine et Buffon.

C'est de là que, par une ascension inconcevable, il s'est élevé jusqu'à la haute conception de son *Petit Almanach*. Sa magie créa tout à coup un peuple de grands hommes. Deucalion jetant

---

ancêtres; le vaillant Albuquerque y mit sa moustache. M. le comte n'a ni moustache ni momie; mais il a un fils qu'il expose dans les grandes occasions.

* M. le comte disait plaisamment qu'il avait traduit l'*Enfer* du Dante, parce qu'il y retrouvait ses ancêtres.

des pierres derrière lui, et Jupiter transformant les fourmis en hommes pour repeupler l'île d'Égile, parurent moins féconds ; fécondité d'autant plus merveilleuse, qu'elle ne lui coûta qu'une seule plaisanterie : une seule plaisanterie a rempli deux ou trois cents pages. Son talent procède comme la nature : économe dans les moyens, prodigue dans les formes.

Cependant, quelle que soit sa facilité, il ne se repose point sur elle seule, et il se prépare de loin à la moindre bagatelle. Croirait-on qu'il a, pendant neuf mois entiers, couvé la prodigieuse nomenclature de son *Petit Almanach?* Ses idées s'élaborent en secret, ensuite il les passe à la filière de la conversation : il essaye ainsi les petites gaietés qu'il destine à la presse ; il récite son esprit avant de le vendre ; il babille d'avance tous ses pamphlets, et il improvise le libelle avec une prestesse qui laisse bien loin de lui les Corilla et les Baldinotti.

Comme toutes les grandes planètes, il a ses satellites. Le principal satellite de M. le comte est le marquis de Champcenetz. On sait combien son gros rire est encourageant pour un homme d'esprit ; et, dans ce sens, il est fort utile à notre auteur : c'est tantôt un prélude qui l'inspire, et tantôt un accompagnement qui le soutient.

C'est ainsi qu'il a coopéré au divin Almanach ; il y a même fourni de compte fait trois calembours et six des noms les plus baroques.

Mais, s'il a peu de part au travail, on prétend qu'il en a beaucoup à la récompense. De tels présents seraient glorieux : chaque vertu a ses martyrs, et le bâton doit être regardé comme *la palme de la satire*. Je crains seulement que nos illustres appuis ne succombent trop tôt sous leurs lauriers [*].

---

[*] Champcenetz, comme on sait, a été condamné par le tribunal révolutionnaire. Après avoir entendu sa sentence, il demanda en riant s'il pouvait se faire remplacer.

A la suite de ces physionomies de Rivarol, prises à divers points de vue par Chamfort et Sainte-Beuve[*], Arsène Houssaye[**] et Armand Malitourne, nous livrons l'homme en livrant ses œuvres.

Comme Chamfort, Rivarol n'a guère fait que des commencements : il a touché à tout avec un souverain esprit et une souveraine paresse; mais tous ces fragments réunis forment un volume qui surnagera au-dessus de beaucoup d'œuvres monumentales, et qui défiera l'oubli, parce que dans ce seul volume il y a toute la pensée d'un très-grand esprit.

L'Éditeur.

[*] Extrait du *Constitutionnel*, 26 octobre 1851.
[**] Extrait des *Portraits du dix-huitième siècle*, 1re série, — bibliothèque Charpentier.

MAXIMES, PENSÉES

ET

PARADOXES

MÉTAPHYSIQUE

.*. Flambeau du langage et de tous les arts, la métaphysique éclaire, indique et ne fait pas.

.*. Le sentiment est antérieur à toute sensation, et, par conséquent, à toute idée. En effet, il date de l'organisation.

.*. Semblable à l'aimant, qui n'attend que la présence du fer pour manifester son penchant et sa puissance, le sentiment est là, prêt à s'associer à tous les objets qui le frapperont par l'entremise des sens.

.*. Il n'y a rien dans l'homme de plus clair que le sentiment, parce qu'il n'y a rien de plus certain. Son nom seul confond idéalistes, matérialistes et pyrrhoniens : les nuages qui couvrent l'esprit et la matière n'arrivent pas jusqu'à lui, et le doute ne soutient pas sa présence.

.*. L'être qui ne fait que sentir ne pense pas encore, et l'être qui pense sent toujours.

.*. Dès qu'on a nommé la nature, il n'y a plus problème, mais mystère ; il ne s'agit plus d'expliquer, mais d'exposer.

.*. Nous raisonnons quand nous ne sentons pas, et le raisonnement, qui est le tâtonnement de la raison, cesse où le sentiment commence. Le raisonnement est donc pour les ouvrages de l'homme, et le sentiment pour ceux de la nature. Mais, en unissant le raisonnement au sentiment, on obtient le plus grand degré d'évidence, et, par conséquent, de certitude dont l'homme soit capable.

.*. Voyez le sentiment jeté dans les airs, au fond des mers et sur la terre, toujours content de son enveloppe et de ses formes ; couvert d'écorce, de plume, de poil ou d'écaille ; qu'il vole ou qu'il nage, qu'il marche ou qu'il rampe, ou reste immobile, toujours heureux d'être et de sentir, et toujours répugnant à sa destruction. Semblables à des vases inégaux par leur forme et leur capacité, mais égaux par la plénitude, tous les êtres animés sont également satisfaits de leur partage ; et c'est du concert de tant de satisfactions et de félicités particulières que se forme et s'élève vers le Père universel l'hymne de la nature.

.*. Plus occupé de la suite de ses idées que de sa propre fixité, le sentiment se considère comme un pendule qui oscille perpétuellement entre le passé et l'avenir : le présent n'est pour lui qu'un mouvement entre deux repos.

.*. Telle est la puissance variée du sentiment, qu'il peut être frappé de l'absence des objets comme de leur présence, du vide comme du plein, de la nuit comme du jour, et qu'il sent également ce qui est et ce qui n'est pas; il prend note de tout ce qui fait événement chez lui, et s'arrête à celle de ses modifications qu'il lui plaît; et, comme c'est successivement qu'il les a éprouvées, il sait et les grouper et les séparer à son gré. S'il considère le Louvre, il peut, en un clin d'œil, se le figurer tout entier; mais il peut aussi ne s'occuper que d'une de ses faces, et même, en contemplant cette seule face, il peut ne songer qu'à sa hauteur et oublier ses autres dimensions; car, s'il unit, il divise; s'il rassemble, il disperse; s'il s'associe, il se détache. Une pomme le conduit à l'idée du fruit en général, le fruit en général à tous les comestibles, les comestibles à toute sorte de matière, et la matière à l'être pur, idée la plus universelle et la plus simple qu'il puisse concevoir. De cette hauteur, qui est pour lui le sommet de la création, il descend à son gré de l'être en général à la matière, de la matière aux corps, et des corps à l'idée du moindre individu; parcourant sans relâche cette double échelle des abstractions et des collections, et laissant des classes entières en montant, qu'il ramasse en descendant : classes, méthodes et suites, qu'il enfante avec effort, mais qu'il manie avec adresse, et qui deviennent en lui les habitudes de l'esprit et les économies de la mémoire. Fort de ses organes, clair comme la vue, certain comme le toucher, délicat, avide, harmonieux comme l'odorat, le goût et l'ouïe, tour à tour il s'avance vers les objets et se replie sur lui-même. Tantôt il s'attache uniquement à la *blancheur* de la neige, et, frappé de sa ressemblance avec mille autres corps blancs, il n'accorde qu'une place à tant de sensations monotones; et, les rangeant sous un signe unique, il paraît s'agrandir de tout ce qu'il retranche à l'univers. Tantôt il rassemble curieusement toutes les qualités d'un même corps, c'est-à-dire toutes les impressions qu'il en a reçues, et, convaincu que l'odeur, la couleur et la forme ne suffisent pas seules pour constituer une fleur, il cherche sur quel appui reposent ces qualités qui ne sont qu'accidentelles, et, ne le trouvant pas, il donne le nom de *substance* à cette base mystérieuse qui existe chez lui, en attendant qu'on la trouve dans la nature. En un mot, il ne peut souffrir les lacunes ; il les remplit avant de les franchir, et le néant lui-même prend un nom à sa voix, et marche dans le discours à côté de la création. La douleur et le plaisir, qui ne le quittent pas, l'intéressent à tout, et lui font concevoir l'amour et la haine, le juste et l'injuste, l'imperfection et le beau idéal, et enfin l'extrême misère et le bonheur suprême. C'est ainsi qu'il s'identifie avec tout ce qui le touche, et qu'il ourdit la trame de son existence de compositions et d'abstractions, de rapprochements et d'oppositions, d'idées tant collectives qu'individuelles, et enfin de cette foule de signes qui, s'égalant au nombre de ses perceptions, en deviennent la monnaie, et tiennent pour toujours à sa disposition ces fugitives richesses : artifice admirable de la pensée, utile et noble commerce de la parole, sans qui la vie n'eût été pour l'homme qu'un jeu, où la perte eût toujours balancé le gain ! Mais les lois du langage, plus certaines que celles de la propriété, ont mis les trésors de l'esprit sous la garde de la mémoire, et l'écriture les sauve de l'oubli, en chargeant le temps même des archives de la pensée.

*** Le temps est le rivage de l'esprit ; tout passe devant lui, et nous croyons que c'est lui qui passe.

*** Il n'est pas digne d'un vrai philosophe de dire, comme Buffon : *que la nature est contemporaine du temps ; que le temps ne coûte rien à la nature ; qu'il entre comme ingrédient dans la composition des corps.* C'est le mouvement qui est contemporain du monde, et qui entre dans la composition de tous les corps, tant les animés que les inanimés. Buffon a fait d'une simple abstraction de l'esprit un élément matériel de la nature.

.*. On n'a qu'à supposer un moment la nature immobile, rien ne naîtra, mais rien ne périra.

.*. L'homme avait conçu le temps ; il créa les nombres.

.*. La nature ne compte que dans la tête humaine.

.*. L'homme, dans sa maison, n'habite pas l'escalier, mais il s'en sert pour monter et pénétrer partout ; ainsi l'esprit humain ne séjourne pas dans les nombres, mais il arrive par eux à la science et à tous les arts.

.*. L'imagination est une mémoire qui n'est point à nos ordres ; ses apparitions, ses brillantes décorations et ses éclipses sont également indépendantes de nous. Fortement émue par les objets, elle n'a que des durées sans mesures, des espaces par échappées, et, pour tous nombres, la foule ou l'unité. Fille aînée des sensations, tandis que la mémoire naît et s'accroît des idées du temps, des nombres et des proportions de toute espèce, l'imagination range les objets sur la même ligne ; elle peint et colore comme les Chinois : ses terrasses et ses montagnes sont en l'air, mais la mémoire entend la perspective.

.*. C'est l'imagination qui, dans l'absence des objets, ou pendant l'erreur d'un songe, dessine des tableaux dans l'œil d'un homme incapable de tracer un cercle, et lui fait découvrir sur le front changeant d'un nuage, ou dans les confuses inégalités d'une surface, des figures régulières que sa main suivrait avec grâce et facilité. Souvent aussi, dans ses peintures vagabondes, elle accouple les habitants de l'air, de la terre et des mers, et, déplaçant les couleurs, les formes et les proportions, elle n'enfante que des chimères et des monstres. Alliée naturelle des passions, elle accuse de lenteur l'impatience des amants, et précipite leurs jouissances. Douce et cruelle tour à tour, soit que, irritée par la douleur ou les privations, elle fasse rêver la joie au malheur, et la fortune à l'indigence; soit que, pleine encore des frayeurs de la veille, elle montre l'exil ou la mort aux idoles du peuple et aux favoris des rois, sa puissante baguette oppose le monde qu'elle crée au monde qu'elle habite. Combien de fois n'a-t-elle pas dressé des banquets pour l'homme affamé, et surpris à l'austère anachorète les songes de la volupté! Sa main fantastique joue sur tout le clavier des sens, agite et mêle sans ordre les passions et les idées, et, confondant et les temps et les distances, et les désirs et l'impuissance, c'est elle qui, sous les glaces de l'âge, réchauffe tout à coup un vieillard, et le réjouit d'un éclair de sa jeunesse. C'est par elle, enfin, que les illusions et les réalités se partagent la vie.

** L'imagination est amie de l'avenir.

** La mémoire se contente de tapisser en drapeaux; mais l'imagination s'entoure des tentures des Gobelins.

** La mémoire est toujours aux ordres du cœur.

** Les méthodes sont les habitudes de l'esprit et les économies de la mémoire.

** Maîtresse des éléments et des masses, la nature travaille du dedans au dehors; elle se développe dans ses œuvres, et nous appelons formes les limites où elle s'arrête. L'homme ne travaille qu'en dehors; le fond lui échappe sans cesse : il ne voit, il ne touche que des formes.

** L'homme n'est jamais qu'à la circonférence de ses ouvrages : la nature est à la fois au centre et à la circonférence des siens.

** L'identité du but est la preuve du sens commun parmi les hommes; la différence des moyens est la mesure des esprits, et l'absurdité dans le but est le signe de la folie.

.*. Le repos est pour les masses, et le mouvement pour les éléments.

.*. L'esprit est le côté partiel de l'homme; le cœur est tout.

.*. Les enfants crient ou chantent tout ce qu'ils demandent, caressent ou brisent tout ce qu'ils touchent, et pleurent tout ce qu'ils perdent.

.*. Puisque Hobbes a dit que le méchant est un grand enfant, il faut nécessairement que les enfants soient de petits philosophes.

.*. L'homme qui dort, l'homme ivre, c'est l'homme diminué.

.*. Il ne faut pas croire, comme Helvétius et Condillac, que l'attention dépende tout à fait de nous, et surtout qu'elle produise les mêmes effets dans deux hommes également attentifs. Combien de gens que la réflexion et l'attention la plus profonde ne mènent à rien! sans compter ceux qui n'en recueillent que des erreurs.

.*. Un instrument est un raisonnement qui, dans nos ateliers, a pris une forme éclatante et visible à nos yeux.

.*. Les anecdotes sont l'esprit des vieillards, le charme des enfants et des femmes : il n'y a que le fil des événements qui fixe leur sentiment et tienne leur attention en haleine. Une suite de raisonnements et d'idées demande toute la tête et la verve d'un homme.

.*. La parole remet la pensée en sensation.

.*. La raison est historienne, mais les passions sont actrices.

.*. Il y aura toujours deux mondes soumis aux spéculations des philosophes : celui de leur imagination, où tout est vraisemblable et rien n'est vrai, et celui de la nature, où tout est vrai sans que rien paraisse vraisemblable.

.*. On n'a pas le droit d'une chose impossible.

.*. Le prisme qui dissèque la lumière gâte à nos yeux le spectacle de la nature.

.*. On peut dire que Locke et Condillac, l'un plus occupé à combattre des erreurs, et l'autre à établir des vérités, manquaient également tous deux du secret de l'expression, de cet heureux pouvoir des mots qui sillonne si profondément l'attention des hommes en ébranlant leur imagination.

.*. La nature a fait présent à l'homme de deux puissants organes, de la digestion et de la génération. Par l'un, elle a assuré la vie à l'individu ; par l'autre, l'immortalité à l'espèce. Et tel est en nous le rôle de l'estomac, que les pieds et les mains ne sont pour lui que d'industrieux esclaves, et que cette tête elle-même, dont nous sommes si fiers, n'est qu'un satellite plus éclairé : c'est le fanal de l'édifice.

.*. On peut diviser les animaux en personnes d'esprit et en personnes à talent. Le chien, l'éléphant, par exemple, sont des gens d'esprit ; le rossignol et le ver à soie sont des gens à talent.

.*. La différence entre le principe social qui unit les hommes et les causes qui rassemblent certains animaux a été si bien établie par quelques philosophes, que, si j'en parlais ici, je ne pourrais que les répéter. Je dirai seulement qu'excepté les abeilles, les castors et les fourmis d'Afrique, tous les autres animaux ne savent que s'attrouper, s'accoupler et construire des nids ; mais les attroupements et l'amour, et même l'état de famille, ne sont pas l'ordre social : ce sont des rendez-vous assignés par le besoin, des appels et des congés donnés par les saisons. Quant aux trois espèces qui vivent et travaillent en commun, il est certain qu'elles poussent d'abord la combinaison des idées premières jusqu'à la division du travail; mais, une fois l'édifice construit, toute combinaison ultérieure cesse. Ces républiques-là ne savent pas enter la raison sur l'expérience; elles ignorent l'art d'échafauder leurs connaissances et de substituer des outils et des instruments à leurs organes; elles ne recueillent ni ne laissent d'héritage, et l'industrie publique meurt et renaît tout entière à chaque génération. Une prompte et fatale perfection les saisit au début de la vie, et leur interdit la perfectibilité. Les animaux sont donc plus immédiatement que nous les élèves de la nature. L'homme part plus tard pour arriver plus haut; mais cette immense carrière, c'est la société qui la lui ouvre : c'est là que l'homme se greffe sur l'homme, les nations sur les nations, les siècles sur les siècles; d'où résulte cette incontestable vérité : que le genre humain est toujours supérieur à quelque grand homme que ce soit, et que, chez les animaux, l'individu est toujours égal à l'espèce. On peut dire encore des animaux que, s'ils n'augmentent pas leur industrie par l'association, ils ne la perdent pas dans la solitude. Le castor, lorsqu'il n'est pas gêné par la présence de l'homme, retrouve ses talents en revoyant ses déserts, ses bois et ses rivières. Il n'en est pas ainsi de l'homme : il ne peut gagner beaucoup à l'association sans beaucoup perdre à l'isolement. Comme les diamants et les métaux, l'homme naît encroûté, et, comme eux, il ne doit son éclat qu'au frottement. Si la distance du sauvage solitaire au sauvage en corps de peuple est déjà prodigieuse, que sera-ce si on le met en comparaison avec l'homme de génie dans l'ordre social? Le sauvage, en général, ne veut pas de nos arts, parce qu'il ne les connaît pas, et nous ne voulons pas de son existence parce que nous la connaissons.

.*. Spectateur et scrutateur de la nature, l'homme sonde les mers, gravit les monts, classe non-seulement toutes les familles, mais les métaux et les pierres, interroge les volcans, se passionne pour une suite de minéraux, comme pour une collection d'insectes; s'enfonce dans la nuit de l'antiquité, comme dans les entrailles du globe; met à contribution la terre, l'air et l'eau, non-seulement pour y trouver sa nourriture et ses vêtements, mais pour ennoblir ces deux nécessités par les élégances du goût et les pompes de la parure. Car, dans l'homme, tout besoin devient art; toute sensation se prolonge et s'agrandit, toute fonction naturelle a ses règles, ses méthodes et ses perfections; tout sens a ses recherches, ses délicatesses et ses lois. Les couleurs, les parfums, les sons, les saveurs, tant de jouissances périodiques, si passagères pour les animaux, l'homme les fixe et les enchaîne à sa destinée, dont il égaye, diversifie et trompe artistement les longs détails et la courte durée. Et, pendant que les animaux peuplent et décorent la terre, l'air et l'onde, l'homme fait entrer l'onde, la terre, l'air et les animaux dans les riantes décorations de sa demeure. C'est là qu'il brave en paix les ardentes fureurs de l'été et la sombre rigueur des hivers. Quelle prodigieuse existence! quel excédant de vie! quel immense cortége pour un si frêle et si éphémère possesseur! Parlerai-je ici des passions, de cet appétit de gloire et d'empire qui nous a soumis la terre, et de ces monuments dont l'espèce humaine a couvert sa surface? L'amour lui-même, si impétueux dans les animaux, mais s'allumant et s'éteignant tour à tour avec les saisons, ou brûlant sans choix pour l'objet qui l'excite, peut-il entrer en comparaison avec ce sentiment tendre et fidèle qui ne voit qu'un homme entre tous les hommes, qu'une femme entre toutes les femmes? C'est cette préférence, ce côté moral et profond qui épure, consacre et divinise l'amour.

*. L'animal, qui jouit de sa manumission, court se désaltérer dans les eaux qui ne viendraient point à lui ; tandis que les fleuves et les mers s'élèvent en vapeurs, et, transformés en nuages, vont abreuver la plante immobile et altérée qui les attend.

Mais la nature ayant pourvu l'homme d'une industrie et d'une liberté indéfinies, ne lui devait que des matériaux. Voilée, mais d'un voile entr'ouvert, elle lui cache et lui indique tour à tour les gages de ses promesses. Ce fut donc à nous à présager la fécondité de la terre dans l'emploi de ses métaux, à deviner des maisons et des villes dans ses carrières, à demander des habits aux troupeaux, des navires aux forêts, et à l'aimant la clef des mers ; ce fut à nous à disputer le sable aux vents qui le dispersent, et à le fixer en cristal, qui devait un jour porter nos regards dans la structure d'un ciron, et nous ouvrir de nouveaux cieux.

*. Helvétius avait dit que, si nos jambes et nos bras se terminaient en sabots, et que si les chevaux avaient des mains, nous galoperions dans les champs, et que les chevaux bâtiraient des villes et feraient des livres et des lois.

Supposer la configuration humaine aux bêtes, et donner la configuration de la brute à l'homme, sans rien changer au sentiment qui les anime, c'est faire présent d'un palais inutile à l'agent subalterne, et plonger l'être supérieur dans une indigne prison ; c'est renverser sans fruit l'ordre de la nature, qui a mis les animaux d'accord avec leurs formes, et l'homme en harmonie avec la sienne.

En effet, quel spectacle offrirait l'univers! On verrait, d'un côté, la brute traînant la figure de l'homme, après avoir saisi et dévoré sa proie, condamner la bouche humaine au silence, les mains à l'inertie, et courber sans cesse vers la terre des regards faits pour les cieux ; de l'autre, on verrait le génie, captif, déshonoré, ramper sous son enveloppe, lutter sourdement contre ses formes, agiter en vain des griffes ou des écailles, et redresser souvent vers le ciel des yeux qui l'accuseraient de sa cruelle méprise. Le monde n'offrirait donc sous la figure humaine que des animaux imparfaits, et, sous la peau des brutes, que des hommes malheureux. Est-ce donc là une si heureuse hypothèse, un si beau déplacement d'idées, une bien mémorable révolution en métaphysique? C'est bien plutôt un rêve digne des métamorphoses ! c'est bien plutôt un double contre-sens effrontément proposé au genre humain, et follement supposé à la nature, qui ne met pas cette contradiction entre ses fins et ses moyens, entre ses plans et ses ouvrages !

POLITIQUE

.*. La politique est comme le sphinx de la fable : elle dévore tous ceux qui n'expliquent pas ses énigmes.

.*. La puissance est la force organisée, l'union de l'organe avec la force. L'univers est plein de forces, qui ne cherchent qu'un organe pour devenir puissances. Les vents, les eaux, sont des forces ; appliqués à un moulin ou à une pompe, qui sont leurs organes, ils deviennent puissance.

Cette distinction de la force et de la puissance donne la solution du problème de la souveraineté dans le corps politique. Le peuple est force, le gouvernement est organe, et leur réunion constitue la puissance politique. Sitôt que les forces se séparent de leur organe, la puissance n'est plus. Quand l'organe est détruit, et que les forces restent, il n'y a plus que convulsion, délire ou fureur ; et, si c'est le peuple qui s'est séparé de son organe, c'est-à-dire de son gouvernement, il y a révolution.

La souveraineté est la puissance conservatrice. Pour qu'il y ait souveraineté, il faut qu'il y ait puissance. Or la puissance, qui est l'union de l'organe avec la force, ne peut résider que dans le gouvernement. Le peuple n'a que des forces, comme on l'a dit ; et ces forces, bien loin de conserver, lorsqu'elles sont séparées de leur organe, ne tendent qu'à détruire. Mais le but de la souveraineté est de conserver, donc la souveraineté ne réside pas dans le peuple, donc elle réside dans le gouvernement.

.*. La même erreur qui plaça jadis la terre au centre du monde a fait attribuer la souveraineté au peuple. Mais, quand la boussole eut ouvert l'Océan, et les télescopes les cieux, la terre fut reléguée dans son orbite, et l'homme déchu, mais instruit, plaça mieux son orgueil.

.*. L'homme emprunte des palais aux carrières, des vaisseaux aux forêts, des horloges au soleil ; et, pour former une armée et un corps politique, l'homme s'imite et s'emprunte lui-même.

.*. La terre est le plan sur lequel le corps politique se dessine. Pour qu'un État parvienne à son plus haut point de grandeur relative, il faut qu'il y ait équation entre la population et le territoire. Dans l'Amérique septentrionale, le territoire l'emporte sur la population, et l'État n'a point encore acquis son plus haut degré de puissance. En Europe, où il y a équation parfaite entre les territoires et les populations, les États sont parvenus à leur plus haut point de puissance. A la Chine, où la population est en excès et le territoire en défaut, l'État est sur son déclin.

.*. Les corps politiques sont les grands conservatoires de l'espèce humaine, et les plus magnifiques copies de la création. En effet, après l'univers et l'homme, il n'existe point de plus belle composition que ces vastes corps, dont l'homme et la terre sont les deux moitiés, et qui vivent des inventions de l'un et des productions de l'autre. Sublimes alliances de la nature et de l'art, qui se composent d'harmonies, et dont la nécessité forme et serre les nœuds!

.*. Les corps politiques recommencent sans cesse; ils ne vivent que de remèdes.

.*. On ne jette pas brusquement un empire au moule.

.*. La loi est la réunion des lumières et de la force. Le peuple donne les forces, et le gouvernement donne les lumières.

.*. Les hommes naissent nus et vivent habillés, comme ils naissent indépendants et vivent sous des lois. Les habits gênent un peu les mouvements du corps, mais ils le protégent contre les accidents du dehors : les lois gênent les passions, mais elles défendent l'honneur, la vie et les fortunes.

.*. Le corps politique est comme un arbre : à mesure qu'il s'élève, il a autant besoin du ciel que de la terre.

.*. Tout État, si j'ose le dire, est un vaisseau mystérieux qui a ses ancres dans le ciel.

.*. Un peuple sans territoire et sans religion périrait, comme Anthée, suspendu entre le ciel et la terre.

.*. Les droits sont des propriétés appuyées sur la puissance. Si la puissance tombe, les droits tombent aussi.

.*. L'homme solitaire ne peut figurer que dans l'histoire naturelle; encore y sera-t-il toujours un phénomène.

.*. Le génie, en politique, consiste non à créer, mais à conserver ; non à changer, mais à fixer ; il consiste enfin à suppléer aux vérités par des maximes : car ce n'est pas la meilleure loi, mais la plus fixe qui est la bonne.

.*. Les anciens ayant donné des passions à leurs dieux, imaginèrent le destin qui était irrévocable, inexorable, impassible, afin que l'univers, ayant une base fixe, ne fût pas bouleversé par les passions des dieux. Jupiter consultait le livre du destin et l'opposait également aux prières des hommes, aux intrigues des dieux et à ses propres penchants, en faveur des uns et des autres.

.*. En législation comme en morale, le bien est toujours le mieux. Les hommes s'attroupent, parce qu'ils ont des passions ; il ne faut les traiter ni comme des moutons, ni comme des lions, mais comme s'ils étaient l'un et l'autre ; il faut que leur faiblesse les rassemble et que leur force les protége. Le despote qui ne voit que de vils moutons, et le philosophe qui ne voit que des lions indomptés, sont également insensés et coupables.

.*. Annuler les différences, c'est confusion ; déplacer les vérités, c'est erreur; changer l'ordre, c'est désordre. La vraie philosophie est d'être astronome en astronomie, chimiste en chimie, et politique dans la politique.

.*. La raison se compose de vérités qu'il faut dire et de vérités qu'il faut taire.

.*. Il faut au peuple des vérités usuelles, et non des abstractions.

.*. L'agriculture est une manufacture avare qui repousse les bras inutiles.

. L'homme rapproche les espaces par le commerce, et les temps par le crédit.

. L'or est le souverain des souverains.

. L'or et le papier-monnaie sont les deux signes des richesses; mais l'un est d'une convention universelle, et l'autre d'une convention locale et bornée. La rareté des métaux et les peines que coûte leur exploitation donnent à la terre le temps de porter des moissons, et les denrées peuvent atteindre ou suivre de près les signes qui les représentent. Mais est-ce que la nature peut marcher comme la plume d'un homme qui fait du papier-monnaie? L'or, borné dans sa quantité, est illimité dans ses effets, et le papier, illimité dans sa quantité, est, au contraire, fort circonscrit dans ses effets.

. Le centre du corps politique peut être de papier, mais il faut toujours que les extrémités soient d'or. Si les extrémités se changent en papier, la circulation s'arrête, et le corps politique expire.

. Les souverains ne doivent jamais oublier que, le peuple étant toujours enfant, le gouvernement doit toujours être père.

. Il en est de la personne des rois comme des statues des dieux : les premiers coups portent sur le dieu même, les derniers ne tombent plus que sur un marbre défiguré.

. La guerre est le tribunal des rois, et les victoires sont ses arrêts.

. Les coups d'autorité des rois sont comme les coups de la foudre qui ne durent qu'un moment; mais les révolutions des peuples sont comme ces tremblements de terre dont les secousses se communiquent à des distances incommensurables.

. Il n'y a que les gens de lettres qui aient une reconnaissance bruyante qui se mêle à l'éclat du trône.

.*. L'imprimerie est l'artillerie de la pensée.

.*. Les souverains ne doivent jamais oublier qu'un écrivain peut recruter parmi des soldats, et qu'un général ne peut jamais recruter parmi des lecteurs.

.*. Dans une armée, la discipline pèse comme bouclier et non comme joug.

.*. La noblesse est un instrument brillanté par le temps.

.*. Le peuple donne sa faveur, jamais sa confiance.

.*. Voltaire a dit : « Plus les hommes seront éclairés et plus ils seront libres ; » ses successeurs ont dit au peuple que « plus il serait libre, plus il serait éclairé ; » ce qui a tout perdu.

.*. Les peuples les plus civilisés sont aussi voisins de la barbarie que le fer le plus poli l'est de la rouille. Les peuples, comme les métaux, n'ont de brillant que les surfaces.

.*. La philosophie étant le fruit d'une longue méditation et le résultat de la vie entière, ne peut et ne doit jamais être présentée au peuple, qui est toujours au début de la vie.

.*. La Révolution est sortie tout à coup des livres des philosophes comme une doctrine armée.

.*. Malheur à ceux qui remuent le fond d'une nation !

.*. Il n'est point de siècles de lumière pour la populace : elle n'est ni française, ni anglaise, ni espagnole. La populace est, toujours et en tout pays, la même : toujours cannibale, toujours anthropophage, et, quand elle se venge de ses magistrats, elle punit des crimes qui ne sont pas toujours avérés par des crimes qui sont toujours certains.

.*. Il faut plutôt, pour opérer une révolution, une certaine masse de bêtise d'une part qu'une certaine dose de lumière de l'autre.

⁎ Il y a eu des présages de la Révolution pour toutes les classes et toutes les conditions. La cour s'en aperçut à la tournure des Noailles ; l'Académie et la police, aux nouvelles allures des Rulhières et des S... ; le petit peuple, aux propos des gardes françaises ; les filles, aux lazzi insolents du sieur Dugazon ; les clubs et les cafés, à la lecture du *Journal de Paris*.

⁎ Quand le peuple est plus éclairé que le trône, il est bien près d'une révolution. C'est ce qui arriva en 1789, où le trône se trouva éclipsé au milieu des lumières.

⁎ Rivarol écrivait en 1789 : « Les vices de la cour ont commencé la Révolution ; les vices du peuple l'achèveront. »

⁎ Que faire, disait-il en parlant des révolutionnaires, de ces hommes qui lancent autant de traits que de regards, qui combattent avec la plume et écrivent avec des poignards ?

⁎ Tout le règne de Louis XVI se réduit à quinze ans de faiblesse et à un jour de force mal employée.

⁎ Les nations que les rois assemblent et consultent commencent par des vœux et finissent par des volontés.

⁎ La philosophie moderne n'est rien autre chose que les passions armées de principes.

⁎ Les philosophes sont comme les vers qui piquent et qui percent les digues de la Hollande ; ils prouvent que ces ouvrages sont périssables comme l'homme qui les construit, mais ils ne prouvent point qu'ils ne soient pas nécessaires.

⁎ Tout philosophe constituant est gros d'un jacobin ; c'est une vérité que l'Europe ne doit pas perdre de vue.

⁎ Le peuple ne goûte de la liberté, comme de liqueurs violentes, que pour s'enivrer et devenir furieux.

.*. Les clubs sont des camps démocratiques disséminés sur toute la surface de la France.

.*. Quand la raison monte sur le trône, les passions entrent au conseil, et, quand il y a crise, les passions sont plus tôt averties du péril que la raison.

.*. Il faut attaquer l'opinion avec ses armes : on ne tire pas des coups de fusil aux idées.

.*. A propos des agitateurs : Quand Neptune veut calmer les tempêtes, ce n'est pas aux flots, mais aux vents qu'il s'adresse.

.*. J. J. Rousseau ressemble à ces conquérants qui jettent de l'éclat sur des ruines, et jouissent de l'impunité attachée à la gloire.

.*. Les satires violentes et les tableaux enflammés de cet orateur ambidextre (J. J.) ne pouvaient manquer de réussir chez un peuple dégoûté de sa gloire, et qui ne demandait qu'à changer d'attitude.

.*. Sur les coalisés : Ils ont toujours été en arrière d'une année, d'une armée et d'une idée.

.*. Au sujet des nobles, qui avaient laissé échapper la puissance de leurs mains : Ils prenaient leurs souvenirs pour des droits.

.*. Sans doute, il faut bien que les archives du temps périssent. La mémoire des hommes est un organe trop borné pour se mesurer éternellement avec l'étendue des choses ; et notre histoire, lamentable mélange d'un peu de bien et de beaucoup de maux, ne serait bientôt plus proportionnée à la brièveté de la vie, si le temps, qui l'allonge d'une main, ne l'accourcissait de l'autre. C'est donc par un bienfait du ciel que tant de races criminelles reçoivent, d'époque en époque, l'amnistie de l'oubli.

.*. Ainsi, dans l'homme, pour l'homme, autour de l'homme, tout s'use, tout change, tout périt : tout marche du printemps à la décrépitude; les lois, les mœurs, les beaux-arts, les empires, ont leur éclat et leur déclin, leur fraîcheur et leur vétusté, quelquefois même une fin prématurée, et cependant la nature, mère constante de tant de formes fugitives, reste appuyée sur la nécessité, au sein des mouvements, des vicissitudes et des métamorphoses, immobile, invariable, immortelle.

RELIGION

.*. Dieu est la plus haute mesure de notre incapacité : l'univers, l'espace lui-même, ne sont pas si inaccessibles.

.*. L'être qui pense a dû naturellement tomber à genoux devant la plus haute de ses pensées.

.*. Dieu explique le monde, et le monde le prouve ; mais l'athée nie Dieu en sa présence.

.*. Un peu de philosophie écarte de la religion, et beaucoup y ramène.

.*. La religion unit les hommes dans les mêmes dogmes, la politique les unit dans les mêmes principes, et la philosophie les renvoie dans les bois : c'est le dissolvant de la société.

.*. L'univers est composé de cercles concentriques ordonnés les uns autour des autres, et qui se répondent tous avec une merveilleuse harmonie, depuis l'insecte et l'homme, depuis l'atome et le soleil, jusqu'à l'être unique, éclatant et mystérieux, qui leur sert de centre, et qui est le *moi* de l'univers.

.*. Dans les sujets ordinaires, les idées les plus justes sont souvent les plus nobles : en parlant de la Divinité, les plus nobles nous paraîtront toujours les plus justes.

.*. La philosophie ne répond que des individus, mais la religion répond des masses.

.*. Bayle distingue fort bien entre l'incrédulité des jeunes gens et celle de l'âge mûr. L'incrédulité d'un savant, étant le fruit de ses études, doit être aussi son secret ; mais l'incrédulité dans les jeunes gens étant le fruit des passions, elle est toujours indiscrète, toujours sans excuse, jamais sans danger.

.*. C'est un terrible luxe que l'incrédulité.

.*. La philosophie manque à la fois de tendresse avec l'infortuné, et de magnificence avec le pauvre. Chez elle, les misères de la vie ne sont que des maux sans remède, et la mort est le néant ; mais la religion échange ces misères contre des félicités sans fin, et, avec elle, le soir de la vie touche à l'aurore d'un jour éternel.

.*. Tel est, s'il est permis de le faire, le rapprochement du créateur et de sa créature, que le sentiment sent qu'il est, mais Dieu est ; que le sentiment sent qu'il est simple, mais Dieu seul est simple. Il appuie ses créatures, et elles ont la conviction de l'existence ; il les compose, et elles ont la conscience de la simplicité.

.*. Chose admirable ! unique et véritable fortune de l'entendement humain ! les objections contre l'existence de Dieu sont épuisées, et ses preuves augmentent tous les jours ; elles croissent et marchent sur trois ordres : dans l'intérieur des corps, toutes les substances et leurs affinités ; dans les cieux, tous les globes et les lois de l'attraction; au milieu, la nature animée et toutes ses pompes.

MORALE

.. La morale élève un tribunal plus haut et plus redoutable que celui des lois. Elle veut non-seulement que nous évitions le mal, mais que nous fassions le bien; non-seulement que nous paraissions vertueux, mais que nous le soyons; car elle ne se fonde pas sur l'estime publique, qu'on peut surprendre, mais sur notre propre estime, qui ne nous trompe jamais.

.. Le despotisme de la volonté dans les idées s'appelle plan, projet, caractère, opiniâtreté; son despotisme dans les désirs s'appelle passion.

.. On peut dire que toute passion est une vraie conjuration, dont le sentiment est à la fois le chef, le dénonciateur et l'objet.

.. Tout est présence d'esprit pour les passions.

.. Les vices sont souvent des habitudes plutôt que des passions.

.. Celui qui n'a qu'un désir ou qu'une opinion est un homme à caractère.

.. Nos goûts et nos passions nous dégradent plus que nos

opinions et nos erreurs. J. J. Rousseau s'est plus avili par ses *Confessions* que par ses paradoxes.

.*. Exiger l'homme sans passions, c'est vouloir régenter la nature.

.*. Les passions sont les orateurs des grandes assemblées.

.*. Le premier né de l'amour-propre est l'orgueil : c'est contre lui que la raison et la morale doivent réunir leurs attaques ; mais il faut le faire mourir sans le blesser, car, si on le blesse, l'orgueil ne meurt pas.

.*. L'orgueil est toujours plus près du suicide que du repentir.

.*. Il y a quelque chose de plus haut que l'orgueil, et de plus noble que la vanité, c'est la modestie ; et quelque chose de plus rare que la modestie, c'est la simplicité.

.*. L'homme modeste a tout à gagner, et l'orgueilleux a tout à perdre ; car la modestie a toujours affaire à la générosité, et l'orgueil à l'envie.

.*. Si l'amour et la guerre ont leurs fureurs, ils ont aussi leurs périodes : la haine a sa patience.

.*. Il circule dans le monde une envie au pied léger, qui vit de conversation : on l'appelle médisance. Elle dit étourdiment le mal dont elle n'est pas sûre, et se tait prudemment sur le bien qu'elle sait. Quant à la calomnie, on la reconnaît à des symptômes plus graves ; pétrie de haine et d'envie, ce n'est pas sa faute si sa langue n'est pas un poignard.

.*. L'avare est le pauvre par excellence : c'est l'homme le plus sûr de n'être pas aimé pour lui-même.

.*. Si la tristesse est si près de la fortune, pourquoi l'envie est-elle si loin de la pitié ?

.*. Nul homme ne voudrait être seul au monde, pas même l'avare, quoiqu'il eût tout ; pas même l'envieux, quoiqu'il ne vît que des ruines.

.*. Le mépris doit être le plus mystérieux de nos sentiments.

.*. On ne pleure jamais tant que dans l'âge des espérances; mais, quand on n'a plus d'espoir, on voit tout d'un œil sec, et le calme naît de l'impuissance.

.*. L'amour qui vit dans les orages, et croît souvent au sein des perfidies, ne résiste pas toujours au calme de la fidélité.

.*. Ces liaisons fondées sur un sentiment calme et froid ; ces intimités qui s'accommodent de l'absence ; ces cœurs qui s'estiment et s'aiment de loin, sont fort communs : ce sont eux qui parlent sans cesse de services, de bienfaits, d'obligations et de reconnaissance : sorte de mots qui ne se trouve pas dans le répertoire de l'amitié.

.*. En général, l'indulgence pour ceux qu'on connaît est bien plus rare que la pitié pour ceux qu'on ne connaît pas.

.*. Les hommes n'aiment pas à s'approfondir jusqu'à un certain point ; ils vivent au jour la journée avec leur conscience. C'est surtout dans les siècles corrompus qu'on se scandalise aisément, et qu'on exige des livres qu'ils nous donnent bonne opinion de nous-mêmes : on voudrait être flatté par des philosophes ; mais des hommes simples et droits supporteraient sans horreur la dissection du cœur humain.

.*. Dans les grandes villes, l'innocence est le dernier repas du vice.

.*. Les sots devraient avoir pour les gens d'esprit une méfiance égale au mépris que ceux-ci ont pour eux.

.*. L'envie qui parle et qui crie est toujours maladroite ; c'est l'envie qui se tait qu'on doit craindre.

.*. « Quand je me demande, dit Montaigne, d'où vient

« cette joie, cet aise, ce repos que je sens lorsque je vois mon
« ami, c'est que c'est lui, c'est que c'est moi; c'est tout ce
« que je puis dire. » Et Pythagore n'a-t-il pas dit très-excellemment encore : « Quand je suis avec mon ami, je ne suis
« pas seul, et nous ne sommes pas deux. » Enfin Cicéron, en
parlant de l'amitié, l'appelle une nécessité, et Aristote une
âme en deux corps.

.*. Semblables aux chevaliers errants, qui se donnaient
une maîtresse imaginaire, et se la figuraient si parfaite
qu'ils la cherchaient toujours sans la trouver jamais, les
grands hommes n'ont eu qu'une théorie d'amitié.

.*. L'amitié entre le monarque et le sujet doit toujours
trembler, comme cette nymphe de la fable, que Jupiter ne
s'oublie un jour, et ne lui apparaisse environné de foudres
et d'éclairs.

.*. On sait par quelle fatalité les grands talents sont, pour
l'ordinaire, plus rivaux qu'amis; ils croissent et brillent séparés, de peur de se faire ombrage : les moutons s'attroupent
et les lions s'isolent.

.*. Pourquoi l'amour est-il toujours si mécontent de lui,
et pourquoi l'amour-propre en est-il toujours si content ?
C'est que tout est recette pour l'un, et que tout est dépense
pour l'autre.

.*. L'or, semblable au soleil qui fond la cire et durcit la
boue, développe les grandes âmes et rétrécit les mauvais
cœurs.

.*. Si la pauvreté fait gémir l'homme, il bâille dans l'opulence. Quand la fortune nous exempte du travail, la nature
nous accable du temps.

.*. Les pavots de la vieillesse s'interposent entre la vie et
la mort pour nous faire oublier l'une et nous assoupir sur
l'autre.

.*. La victime qui se pare de roses rend son sacrifice plus

douloureux, et les souvenirs sans espoir ne sont que des regrets.

.*. Quand la vertu est unie au talent, elle met un grand homme au-dessus de sa gloire. Le nom de Fénelon a je ne sais quoi de plus tendre et de plus vénérable que l'éclat de ses talents.

.*. Les femmes ont deux sortes d'honneur : l'un, qui leur est propre, et que nous attaquons sans relâche; l'autre, qui leur est à peu près commun avec nous, et qui ne tient guère quand le premier n'est plus. Ce qui est modération dans un homme sera incontinence dans une femme.

.*. Si les gens de la cour pensent et s'expriment plus finement que les autres hommes, c'est qu'on y est sans cesse forcé de dissimuler sa pensée et ses sentiments.

.*. Les proverbes sont le fruit de l'expérience de tous les peuples, et comme le bon sens de tous les siècles réduit en formules.

.*. Un bon esprit paraît souvent heureux, comme un homme bien fait paraît souvent adroit.

.*. Pour le riche ignorant, le loisir est sans repos, le repos sans charmes, et le temps, trésor de l'homme occupé, tombe comme un impôt sur le désœuvrement. Le savant se cherche, et le riche s'évite.

.*. Que pouvait faire le bon sens dans un siècle malade de métaphysique, où l'on ne permettait plus au bonheur de se présenter sans preuves?

.*. L'homme passe sa vie à raisonner sur le passé, à se plaindre du présent, à trembler pour l'avenir.

.*. Quelques jouissances, quelques idées, voilà ce qui fait le grand homme ou l'heureux; et c'est dans une page d'écriture ou dans les bornes d'un jour qu'on peut resserrer la gloire et le bonheur de la plus longue vie.

.*. Tout homme qui s'élève s'isole; et je comparerais volontiers la hiérarchie des esprits à une pyramide. Ceux qui sont vers la base répondent aux plus grands cercles et ont beaucoup d'égaux. A mesure qu'on s'élève, on répond à des cercles plus resserrés. Enfin la pierre qui surmonte et termine la pyramide est seule et ne répond à rien.

HISTOIRE

.*. L'histoire n'est que le temps muni de dates et riche d'événements.

.*. L'histoire sans chronologie manquerait d'autorité, de témoignage et d'ordre, et la chronologie réduite à ses dates serait une galerie sans statues et sans tableaux.

.*. Voyez tous ces brillants fondateurs de tant de sectes ! leurs théories sont à peine comptées parmi les rêves de l'esprit humain, et leurs systèmes ne sont que des variétés dans une histoire qui varie toujours.

.*. Les opinions, les théories, les systèmes, passent tour à tour sur la meule du temps, qui leur donne d'abord du tranchant et de l'éclat, et qui finit par les user.

.*. L'histoire se charge d'arracher les grands hommes à l'oubli, ce tyran muet et cruel qui suit la gloire de près, et dévore à ses yeux ses plus chers favoris.

LANGUES

.*. L'homme ne pouvait donner une enveloppe à sa pensée sans que cette enveloppe ne fût très-ingénieuse. Aussi que de finesse, que d'esprit, et quelle métaphysique déliée dans la création d'une langue! Le philosophe s'en aperçoit, surtout lorsqu'il veut écarter ces fils mystérieux dont l'homme a entouré sa pensée, comme le ver à soie s'entoure de son brillant réseau.

.*. La parole est la pensée extérieure, et la pensée est la parole intérieure.

.*. L'homme qui parle est l'homme qui pense tout haut.

.*. Celui qui créa l'alphabet remit en nos mains le fil de nos pensées et la clef de la nature.

.*. La langue est un instrument dont il ne faut pas faire crier les ressorts.

.*. Les langues sont les vraies médailles de l'histoire.

.*. La grammaire est la physique expérimentale des langues.

.*. La grammaire étant l'art de lever les difficultés d'une langue, il ne faut pas que le levier soit plus lourd que le fardeau.

.*. Les signes sont la monnaie des perceptions.

.*. Les mots sont comme les monnaies : ils ont une valeur propre avant d'exprimer tous les genres de valeur.

.*. Il est bon de ne pas donner trop de vêtements à sa pensée. Il faut, pour ainsi dire, voyager dans les langues; et, après avoir savouré le goût des plus célèbres, se renfermer dans la sienne.

.*. On dirait que la langue française est composée d'une géométrie tout élémentaire, de la simple ligne droite, tandis que les courbes et leurs variétés infinies semblent avoir présidé à la formation des langues grecque et latine.

.*. L'*e* muet, semblable à la dernière vibration des corps sonores, donne à la langue française une harmonie légère qui n'est qu'à elle.

.*. La langue française est la seule qui ait une probité attachée à son génie.

.*. La prose italienne, composée de mots dont toutes les lettres se prononcent, et roulant toujours sur des sons pleins, se traîne avec trop de lenteur. Son éclat est monotone, l'oreille se lasse de sa douceur et la langue de sa mollesse : ce qui peut venir de ce que, chaque mot étant harmonieux en particulier, l'harmonie du tout ne vaut rien.

.*. La langue italienne a des formes cérémonieuses, ennemies de la conversation, et qui ne donnent pas assez bonne opinion de l'espèce humaine. On y est toujours dans la fâcheuse alternative d'ennuyer ou d'insulter un homme.

.*. La majesté de sa prononciation (de la langue espagnole) invite à l'enflure, et la simplicité de la pensée se perd dans la longueur des mots et sous la plénitude des désinences.

On est tenté de croire qu'en espagnol la conversation n'a plus de familiarité, l'amitié plus d'épanchement, le commerce de la vie plus de liberté, et que l'amour y est toujours un culte.

4.

.*. Les langues à construction directe perdent moins à la traduction que les langues à inversion. Dans la langue directe, l'écrivain est obligé de faire beaucoup d'efforts pour rendre sa pensée d'une manière satisfaisante. Dans la langue à inversion, l'écrivain très-souvent se contente de s'abandonner à tous les caprices de l'harmonie, et néglige la pensée. Ainsi, Pascal et Bossuet perdent moins à la traduction que Cicéron et Tite-Live. Dans les premiers, il y a un fond qui ne peut pas se perdre; dans les seconds, il n'y a que des surfaces qui disparaissent.

.*. Les lois du langage, plus certaines que celles de la propriété, ont mis les trésors de l'esprit sous la garde de la mémoire, et l'écriture les sauve de l'oubli, en chargeant le temps même des archives de la pensée.

.*. L'imprimerie est à l'écriture ce que l'écriture avait été aux hiéroglyphes : elle a fait faire un second pas à la pensée; ce n'est vraiment qu'à l'époque de cette invention que l'art a pu dire à la nature : « Ton exubérance et tes destructions ne m'épouvantent plus. J'égalerai le nombre des livres au nombre des hommes, mes éditions à tes générations, et mes bibliothèques, semées sur toute la surface du globe, triompheront de l'ignorance des barbares et du temps. »

LITTÉRATURE

.*. Les idées font le tour du monde; elles roulent de siècle en siècle, de langue en langue, de vers en prose, jusqu'à ce qu'elles s'enveloppent d'une image sublime, d'une expression vivante et lumineuse qui ne les quitte plus, et c'est ainsi qu'elles entrent dans le patrimoine du genre humain.

.*. Pour arriver à des choses neuves en littérature, il faut déplacer les expressions, et, en philosophie, il faut déplacer les idées.

.*. Les idées sont des fonds qui ne portent intérêt qu'entre les mains du talent.

.*. Les idées mendient l'expression.

.*. Il y a généralement plus d'esprit que de talent en ce monde : la société fourmille de gens d'esprit qui manquent de talent.

Il y a cette différence entre ces deux présents de la nature, que l'esprit, à quelque degré qu'on le suppose, est plus avide de concevoir et d'enfanter, le talent plus jaloux d'exprimer et d'orner. L'esprit s'occupe du fond, qu'il creuse sans cesse; le talent s'attache à la forme, qu'il embellit toujours : car, par sa nature, l'homme ne veut que deux choses, ou des idées neuves ou de nouvelles tournures : il exprime l'inconnu clairement pour se faire entendre, et il relève le connu par l'expression pour se faire remarquer. L'esprit a donc besoin qu'on lui dise : Je vous entends; et le talent : Je vous admire. Il est donc vrai que c'est l'esprit qui éclaire, et que c'est le talent qui charme : l'esprit peut s'égarer, sans doute; mais il craint l'erreur; au lieu que le talent se familiarise d'abord avec elle, et en tire parti : car ce n'est pas la vérité, c'est une certaine perfection qui est son objet; les variations, si déshonorantes pour l'esprit, étonnent si peu le talent, que, dans le conflit des opinions, c'est toujours la plus brillante qui l'entraîne; d'où il résulte que l'esprit a plus de juges, le talent plus d'admirateurs; et qu'enfin, après les passions, le talent est dans l'homme ce qui tend le plus de piéges au bon sens.

.*. La différence du talent à l'esprit entraîne aussi pour eux des conséquences morales. Le talent est sujet aux vapeurs de l'orgueil et aux orages de l'envie; l'esprit en est plus exempt. Voyez, d'un côté, les poëtes, les peintres, les acteurs, et, de l'autre, les vrais penseurs, les métaphysiciens et les géomètres. C'est que l'esprit court après les secrets de la nature, qu'il n'atteint guère ou qu'il n'atteint que pour mieux se mesurer avec sa propre faiblesse, tandis que le talent poursuit une perfection humaine dont il est sûr, et a toujours le goût pour témoin et pour juge. De sorte que le talent est toujours satisfait de lui-même ou du public, quand l'esprit se méfie et doute de la nature et des hommes. En un mot, les gens d'esprit ne sont que des voyageurs humiliés qui ont été toucher aux bornes du monde, et qui en parlent, à leur retour, à des auditeurs indifférents, qui ne demandent qu'à être gouvernés par la puissance ou charmés par le talent.

.*. Il n'y a que les expressions créées qui portent un écrivain à la postérité.

.*. Le génie égorge ceux qu'il pille.

.*. Le génie des idées est le comble de l'esprit : le génie des expressions est le comble du talent.

.*. Dans le monde, l'esprit est toujours improvisateur; il ne demande ni délai ni rendez-vous pour dire un mot heureux, il bat plus vite que le simple bon sens; il est, en un mot, sentiment prompt et brillant.

.*. Le talent est un art mêlé d'enthousiasme. S'il n'était qu'art, il serait froid; s'il n'était qu'enthousiasme, il serait déréglé : le goût leur sert de lien.

.*. Si le talent empêche le génie de tomber, le génie l'empêche de ramper.

∴ La parole est la physique expérimentale de l'esprit : chaque mot est un fait, chaque phrase une analyse ou un développement, tout livre une révélation plus ou moins longue du sentiment et de la pensée.

∴ Un mot, par lui-même, n'est rien qu'un assemblage de lettres ; mais une expression est tout, c'est d'elle que les mots attendent la vie. L'expression est une assemblée plutôt qu'un assemblage de mots : elle les réunit et les allie pour peindre un sentiment, une image, une pensée.

∴ La parole est le vêtement de la pensée, et l'expression en est l'armure.

∴ Les belles images ne blessent que l'envie.

∴ Les idées sont comme les hommes : elles dépendent de l'état et de la place qu'on leur donne.

∴ La rapidité est sublime, et la lenteur majestueuse.

∴ Dans la fable, il y a autant de législateurs que de poëtes ; il ne faut pas donner un code à l'imagination.

∴ On ne saurait entourer l'art des vers de trop de remparts et d'obstacles, afin qu'il n'y ait que ceux qui ont des ailes qui puissent les franchir.

∴ L'Olympe d'Homère est plus riche que celui de Virgile. Le haut du tableau de l'*Iliade* est bien mieux garni que celui de l'*Énéide*.

∴ On ferait souvent un bon livre de ce qu'on n'a pas dit, et tel édifice ne vaut que par ses réparations.

∴ Plus d'un écrivain est persuadé qu'il a fait penser son lecteur quand il l'a fait suer. Il est pourtant vrai que celui qui ne rend sa pensée que d'une manière louche et entortillée propose réellement un problème, et que ce problème n'est résolu que par celui qui parvient à la bien exprimer.

∴ Les titres de la plupart des livres ne sont qu'un prétexte pour le génie.

.*. Le poëte épique n'emprunte point avec succès les grands personnages de l'histoire, parce que le merveilleux est l'âme de l'épopée. Les couleurs de la fiction ne tiennent point sur ces bustes vénérables, qui portent les vieilles empreintes de l'histoire et du temps.

.*. Ronsard avait bâti des chaumières avec des tronçons de colonnes grecques; Malherbe éleva le premier des monuments nationaux.

.*. Comme le théâtre donne un grand éclat à une nation, les Anglais se sont ravisés sur leur Shakspeare, et ont voulu non-seulement l'opposer, mais le mettre encore fort au-dessus de notre Corneille, honteux d'avoir jusqu'ici ignoré leur propre richesse. Cette opinion est d'abord tombée en France, comme une hérésie en plein concile; mais il s'y est trouvé des esprits chagrins et anglomans qui ont pris la chose avec enthousiasme. Ils regardent en pitié ceux que Shakspeare ne rend pas complétement heureux, et demandent toujours qu'on les enferme avec ce grand homme. Partie malsaine de notre littérature, lasse de reposer sa vue sur les belles proportions! Essayons de rendre à Shakspeare sa véritable place.

On convient d'abord que ses tragédies ne sont que des romans dialogués, écrits d'un style obscur et mêlé de tous les tons; qu'elles ne seront jamais des monuments de la langue anglaise que pour les Anglais mêmes, car les étrangers voudront toujours que les monuments d'une langue en soient aussi les modèles, et ils les choisiront dans les meilleurs siècles. Les poëmes de Plaute et d'Ennius étaient des monuments pour les Romains et pour Virgile lui-même; aujourd'hui, nous ne reconnaissons que l'*Énéide*. Shakspeare, pouvant à peine se soutenir à la lecture, n'a pu supporter la traduction, et l'Europe n'en a jamais joui : c'est un fruit qu'il faut goûter sur le sol où il croît. Un étranger qui n'apprend l'anglais que dans Pope et Addison n'entend pas Shakspeare, à l'exception de quelques scènes admirables que tout le monde sait par cœur. Il ne faut pas plus imiter Shakspeare que le traduire. Celui qui aurait son génie demanderait aujourd'hui le style et le grand sens d'Addison ; car, si le langage de Shakspeare est presque toujours vicieux, le fond de ses pièces l'est bien davantage : c'est un délire perpétuel ; mais c'est quelquefois le délire du génie. Veut-on avoir une idée juste de Shakspeare? Qu'on prenne le *Cinna* de Corneille, qu'on mêle parmi les grands personnages de cette tragédie quelques cordonniers disant des quolibets, quelques poissardes chantant des couplets, quelques paysans parlant le patois de leur province, et faisant des contes de sorciers ; qu'on ôte l'unité de lieu, de temps et d'action, mais qu'on laisse subsister les scènes sublimes, et on aura la plus belle tragédie de Shakspeare. Il est grand comme la nature et inégal comme elle, disent ses enthousiastes. Ce vieux sophisme mérite à peine une réponse.

L'art n'est jamais grand comme la nature, et, puisqu'il ne peut tout embrasser comme elle, il est contraint de faire un choix. Tous les hommes aussi sont dans la nature, et pourtant on choisit parmi eux, et dans leur vie on fait encore choix des actions. Quoi ! parce que Caton, prêt à se donner la mort, châtie l'esclave qui lui refuse un poignard, vous me représentez ce grand personnage donnant des coups de poing! Vous me montrez Marc-Antoine ivre et goguenardant avec des gens de la lie du peuple! Est-ce par là qu'ils ont mérité les regards de la postérité? Vous voulez donc que l'action théâtrale ne soit qu'une doublure insipide de la vie? Ne sait-on pas que les hommes, en s'enfonçant dans l'obscurité des temps, perdent une foule de détails qui les déparent, et qu'ils acquièrent par les lois de la perspective une grandeur et une beauté d'illusion qu'ils n'auraient pas s'ils étaient trop près de nous ? La vérité est que Shakspeare, s'étant quelquefois transporté dans cette région du beau idéal, n'a jamais pu s'y maintenir. Mais dira-t-on, d'où vient l'enthousiasme de l'Angleterre pour lui ? De ses beautés, de ses défauts. Le génie de Shakspeare est comme la majesté du peuple anglais ; on l'aime inégal et sans frein : il en paraît plus libre. Son style bas et populaire en participe mieux de la souveraineté nationale. Ses beautés désordonnées causent des émotions plus vives, et le peuple s'intéresse à une tragédie de Shaskpeare comme à un événement qui se passerait dans les rues. Les plaisirs purs que donnent la décence, la raison, l'ordre et la perfection ne sont faits que pour les âmes délicates et exercées. On peut dire que Shakspeare, s'il était moins monstrueux, ne charmerait pas tant le peuple ; et qu'il n'étonnerait pas tant les connaisseurs, s'il n'était pas quelquefois si grand. Cet homme extraordinaire a deux sortes d'ennemis : ses détracteurs et ses enthousiastes ; les uns ont la vue trop courte pour le reconnaître quand il est sublime ; les autres l'ont trop fascinée pour le voir jamais autre. *Nec rude quid prosit video ingenium.* — Hor.

⁎ Voltaire régnait depuis un siècle ; il ne donnait de relâche ni à ses admirateurs ni à ses ennemis. L'infatigable mobilité de son âme de feu l'avait appelé à l'histoire fugitive des hommes. Il attacha son nom à toutes les découvertes, à tous les événements de son temps, et la renommée s'accoutuma à ne plus parler sans lui. Ayant caché le despotisme de l'esprit sous des grâces toujours nouvelles, il devint une puissance en Europe, et fut pour elle le Français par excellence, lorsqu'il était pour

les Français l'homme de tous les lieux et de tous les siècles. Il joignit enfin à l'universalité de sa langue son universalité personnelle, et c'est un problème de plus pour la postérité.

.*. Racine a des couleurs, mais Corneille a des ressorts.

.*. Quand un homme, sorti d'une longue retraite, se révèle tout à coup au public dans un ouvrage où il a donné une grande puissance à son expression, la foule des imitateurs se presse autour de lui : ils se font lierre, parce qu'il s'est fait chêne.

.*. Ceux qui empruntent les tournures des anciens auteurs pour être naïfs sont des vieillards qui, ne pouvant parler en hommes, bégayent pour paraître enfants.

.*. Celui qui, pour être naïf, emprunte une phrase d'Amyot, demanderait, pour être brave, l'armure de Bayard.

.*. Il y a des mots pleins de sel, que l'esprit crée au besoin et pour le moment, et que le goût ne veut pas qu'on déplace.

.*. Madame de la Sablière appelait la Fontaine *son fablier*, pour faire entendre que cet auteur portait des fables comme un arbre porte des fruits. Ce grand fabuliste dit que *l'âne se prélasse*, pour dire qu'*il marche comme un prélat*.

On trouve dans Molière : *Et vous serez, ma foi, tartufiée*, pour dire : *Et vous épouserez Tartufe*.

L'impératrice des Russies, en peignant je ne sais quel avocat français, qui allait faire le législateur dans ses États, écrit à Voltaire que *cet homme est venu législater chez elle*.

Ces mots, je le répète, sont du répertoire de la grâce. La

grammaire les méconnaît, et on ne les trouve pas dans ses dictionnaires.

.*. En vain les trompettes de la renommée ont proclamé telle prose ou tel vers : il y a toujours dans la capitale trente ou quarante têtes incorruptibles qui se taisent. Ce silence des gens de goût sert de conscience aux mauvais écrivains, et les tourmente le reste de leur vie.

.*. L'envie pardonne quelquefois l'éclat du style à un grand homme qui n'a pas le don de la parole; parce que, s'il paraît dans le monde, qu'il y montre de l'embarras ou de la disgrâce, il a l'air d'un enchanteur qui a perdu sa baguette, et on le félicite de son malheur.

.*. Voltaire produisant une pièce fugitive était Hercule maniant de petits fardeaux et les faisant voltiger sur ses doigts; son excès de force était sa grâce. Mais quand, avec la même force, de poésie, il est entré dans l'épopée, il n'a fait que la *Henriade*.

.*. Diderot est un génie d'un ordre composite.

DE L'UNIVERSALITÉ
DE LA
LANGUE FRANÇAISE.

SUJET PROPOSÉ PAR L'ACADÉMIE DE BERLIN, EN 1783.

Qu'est-ce qui a rendu la langue française universelle ?
Pourquoi mérite-t-elle cette prérogative ?
Est-il à présumer qu'elle la conserve ?

Une telle question, proposée sur la langue latine, aurait flatté l'orgueil des Romains, et leur histoire l'eût consacrée comme une de ses belles époques : jamais, en effet, pareil hommage ne fut rendu à un peuple plus poli par une nation plus éclairée.

Le temps semble être venu de dire le *monde français*, comme autrefois le *monde romain;* et la philosophie, lasse de voir les hommes toujours divisés par les intérêts divers de la politique, se réjouit maintenant de les voir, d'un bout de la terre à l'autre, se former en République sous la domination d'une même langue. Spectacle digne d'elle que cet uniforme et paisible empire des lettres qui s'étend sur la variété des peuples, et qui, plus durable et plus fort que l'empire des armes, s'accroît également des fruits de la paix et des ravages de la guerre !

Mais cette honorable universalité de la langue française, si bien reconnue et si hautement avouée dans notre Europe, offre pourtant un grand problème : elle tient à des causes si délicates et si puissantes à la fois, que, pour les démêler, il s'agit de montrer jusqu'à quel point la position de la France, sa constitution politique, l'influence de son climat, le génie de ses écrivains, le caractère de ses habitants et l'opinion qu'elle a su donner d'elle au reste du monde, jusqu'à quel point, dis-je, tant de causes diverses ont pu se combiner et s'unir pour faire à cette langue une fortune si prodigieuse.

Quand les Romains conquirent les Gaules, leur séjour et et leurs lois y donnèrent d'abord la prééminence à la langue latine; et, quand les Francs leur succédèrent, la religion chrétienne, qui jetait ses fondements dans ceux de la monarchie, confirma cette prééminence. On parla latin à la cour, dans les cloîtres, dans les tribunaux et dans les écoles; mais les jargons que parlait le peuple corrompirent peu à peu cette latinité, et en furent corrompus à leur tour. De ce mélange naquit cette multitude de patois qui vivent encore dans nos provinces. L'un d'eux devait un jour être la langue française.

Il serait difficile d'assigner le moment où ces différents dialectes se dégagèrent du celte, du latin et de l'allemand ; on voit seulement qu'ils ont dû se disputer la souveraineté dans un royaume que le système féodal avait divisé en tant de petits royaumes. Pour hâter notre marche, il suffira de dire que la France, naturellement partagée par la Loire, eut deux patois auxquels on peut rapporter tous les autres, le *picard* et le *provençal*. Des princes s'exercèrent dans l'un et l'autre, et c'est aussi dans l'un et l'autre que furent d'abord écrits les romans de chevalerie et les petits poëmes du temps. Du côté du midi florissaient les *troubadours*, et du côté du nord les *trouveurs*. Ces deux mots, qui, au fond, n'en sont qu'un, expriment assez bien la physionomie des deux langues.

Si le provençal, qui n'a que des sons pleins, eût prévalu, il aurait donné au français l'éclat de l'espagnol et de l'italien ; mais le midi de la France, toujours sans capitale et sans roi, ne put soutenir la concurrence du nord, et l'influence du patois picard s'accrut avec celle de la couronne. C'est donc le génie clair et méthodique de ce jargon et sa prononciation, un peu sourde, qui dominent aujourd'hui dans la langue française.

Mais, quoique cette nouvelle langue eût été adoptée par la cour et par la nation, et que, dès l'an 1260, un auteur italien lui eût trouvé assez de charmes pour la préférer à la sienne, cependant l'Église, l'Université et les parlements la repoussèrent encore, et ce ne fut que dans le seizième siècle qu'on lui accorda solennellement les honneurs dus à une langue légitime.

A cette époque, la renaissance des lettres, la découverte de l'Amérique et du passage aux Indes, l'invention de la poudre et de l'imprimerie, ont donné une autre face aux empires. Ceux qui brillaient se sont tout à coup obscurcis, et d'autres, sortant de leur obscurité, sont venus figurer à leur tour sur la scène du monde. Si du nord au midi un nouveau schisme a déchiré l'Église, un commerce immense a jeté de nouveaux liens parmi les hommes. C'est avec les sujets de l'Afrique que nous cultivons l'Amérique, et c'est avec les richesses de l'Amérique que nous trafiquons en Asie. L'univers n'offrit jamais un tel spectacle. L'Europe surtout est parvenue à un si haut degré de puissance, que l'histoire n'a rien à lui comparer ; le nombre des capitales, la fréquence et la célérité des expéditions, les communications publiques et particulières, en ont fait une immense république et l'ont forcée à se décider sur le choix d'une langue.

Ce choix ne pouvait donc tomber sur l'allemand, car vers la fin du quinzième siècle et dans tout le cours du seizième, cette langue n'offrait pas un seul monument. Négligée par le peuple qui la parlait, elle cédait toujours le pas à la langue latine. Comment donc faire adopter aux autres ce qu'on n'ose adopter soi-même ? C'est des Allemands que l'Europe apprit à négliger la langue allemande. Observons aussi que l'empire n'a pas joué le rôle auquel son étendue et sa population l'appelaient naturellement ; ce vaste corps n'eut jamais un chef qui lui fût proportionné, et, dans tous les temps, cette ombre du trône des Césars, qu'on affectait de montrer aux nations, ne fut en effet qu'une ombre. Or on ne saurait croire combien une langue emprunte d'éclat du prince et du peuple qui la parlent. Et lorsque enfin la maison d'Autriche, fière de toutes ses couronnes, a pu faire craindre à l'Europe une monarchie universelle, la politique s'est encore opposée à la fortune de la langue tudesque. Charles-Quint, plus attaché à son sceptre héréditaire qu'à un trône où son fils ne pouvait monter, fit rejaillir l'éclat des Césars sur la nation espagnole.

A tant d'obstacles tirés de la situation de l'empire, on peut en ajouter d'autres fondés sur la nature même de la langue allemande ; elle est trop riche et trop dure à la fois. N'ayant aucun rapport avec les langues anciennes, elle fut, pour l'Europe, une langue mère, et son abondance effraya des têtes déjà fatiguées de l'étude du latin et du grec. En effet, un Allemand qui apprend la langue française ne fait, pour ainsi dire, qu'y descendre, conduit par la langue latine; mais rien ne peut nous faire remonter du français à l'allemand : il aurait fallu se créer pour lui une nouvelle mémoire, et sa littérature, il y a un siècle, ne valait pas un tel effort. D'ailleurs, sa prononciation gutturale choqua trop l'oreille des peuples du Midi; et les imprimeurs allemands, fidèles à l'écriture gothique, rebutèrent des yeux accoutumés aux caractères romains.

On peut donc établir pour règle générale que, si l'homme du Nord est appelé à l'étude des langues méridionales, il faut de longues guerres dans l'empire pour faire surmonter aux peuples du Midi leur répugnance pour les langues septentrionales. Le genre humain est comme un fleuve qui coule du nord au midi; rien ne peut le faire rebrousser contre sa source; et voilà pourquoi l'universalité de la langue française est moins vraie pour l'Espagne et pour l'Italie que pour le reste de l'Europe. Ajoutez que l'Allemagne a presque autant de dialectes que de capitales, ce qui fait que ses écrivains s'accusent réciproquement de patavinité. On dit, il est vrai, que les plus distingués d'entre eux ont fini par s'accorder sur un choix de mots et de tournures qui met déjà leur langage à l'abri de cette accusation, mais qui le met aussi hors de la portée du peuple dans toute la Germanie.

Il reste à savoir jusqu'à quel point la révolution qui s'opère aujourd'hui dans la littérature des Germains influera sur la réputation de leur langue. On peut seulement présumer que cette révolution s'est faite un peu tard et que leurs écrivains ont repris les choses de trop haut. Des poëmes tirés de la Bible, où tout respire un air patriarcal, et qui annoncent des mœurs admirables, n'auront de charmes que pour une nation simple et sédentaire, presque sans ports et sans commerce, et qui ne sera peut-être jamais réunie sous un même chef. L'Allemagne offrira longtemps le spectacle d'un peuple antique et modeste gouverné par une foule de princes amoureux des modes et du langage d'une nation attrayante et polie. D'où il suit que l'accueil extraordinaire que ces princes et leurs académies ont fait à un idiome étranger est un obstacle de plus qu'ils opposent à leur langue et comme une exclusion qu'ils lui donnent.

La monarchie espagnole pouvait, ce semble, fixer le choix de l'Europe. Toute brillante de l'or de l'Amérique, puissante dans l'empire, maîtresse des Pays-Bas et d'une partie de l'Italie, les malheurs de François Ier lui donnaient un nouveau lustre, et ses espérances s'accroissaient encore des troubles de la France et du mariage de Philippe II avec la reine d'Angleterre. Tant de grandeur ne fut qu'un éclair. Charles-Quint ne put laisser à son fils la couronne impériale, et ce fils perdit la moitié des Pays-Bas. Bientôt l'expulsion des Maures et les émigrations en Amérique blessèrent l'État dans son principe, et ces deux grandes plaies ne tardèrent pas à paraître. Aussi, quand ce colosse fut frappé par Richelieu, ne put-il résister à la France, qui s'était comme rajeunie dans les guerres civiles ; ses armées plièrent de tous côtés, sa réputation s'éclipsa. Peut-être, malgré ses pertes, sa décadence eût été moins prompte en Europe si sa littérature avait pu alimenter l'avide curiosité des esprits qui se réveillaient de toutes parts ; mais le castillan, substitué partout au patois catalan, comme notre picard l'avait été au provençal, le castillan, dis-je, n'avait point cette galanterie moresque dont l'Europe fut quelque temps charmée, et le génie national était devenu plus sombre. Il est vrai que la folie des chevaliers errants nous valut le *Don Quichotte* et que l'Espagne acquit un théâtre ;

il est vrai qu'on parlait espagnol dans les cours de Vienne, de Bavière, de Bruxelles, de Naples et de Milan ; que cette langue circulait en France avec l'or de Philippe, du temps de la Ligue, et que le mariage de Louis XIII avec une princesse espagnole maintint si bien sa faveur, que les courtisans la parlaient et que les gens de lettres empruntèrent la plupart de leurs pièces au théâtre de Madrid ; mais le génie de Cervantes et celui de Lope de Vega ne suffirent pas longtemps à nos besoins. Le premier, d'abord traduit, ne perdit point à l'être ; le second, moins parfait, fut bientôt imité et surpassé. On s'aperçut donc que la magnificence de la langue espagnole et l'orgueil national cachaient une pauvreté réelle. L'Espagne, n'ayant que le signe de la richesse, paya ceux qui commerçaient pour elle, sans songer qu'il faut toujours les payer davantage. Grave, peu communicative, subjuguée par des prêtres, elle fut, pour l'Europe, ce qu'était autrefois la mystérieuse Égypte, dédaignant des voisins qu'elle enrichissait et s'enveloppant du manteau de cet orgueil politique qui a fait tous ses maux.

On peut dire que sa position fut un autre obstacle au progrès de sa langue. Le voyageur qui la visite y trouve encore les colonnes d'Hercule, et doit toujours revenir sur ses pas ; aussi l'Espagne est-elle, de tous les royaumes, celui qui doit le plus difficilement réparer ses pertes lorsqu'il est une fois dépeuplé.

Mais, en supposant que l'Espagne eût conservé sa prépondérance politique, il n'est pas démontré que sa langue fût devenue la langue usuelle de l'Europe. La majesté de sa prononciation invite à l'enflure et la simplicité de la pensée se perd dans la longueur des mots et sous la plénitude des désinences. On est tenté de croire qu'en espagnol la conversation n'a plus de familiarité, l'amitié plus d'épanchement, le commerce de la vie plus de liberté, et que l'amour y est toujours un culte. Charles-Quint lui-même, qui parlait plusieurs langues, réservait l'espagnol pour des jours de solennité et pour ses prières. En effet, les livres ascétiques y sont admirables, et il semble que le commerce de l'homme à Dieu se fasse mieux en espagnol qu'en tout autre idiome. Les proverbes y ont aussi de la réputation, parce qu'étant le fruit de l'expérience de tous les peuples et le bon sens de tous les siècles réduit en formules, l'espagnol leur prête encore une tournure plus sentencieuse ; mais les proverbes ne quittent pas les lèvres du petit peuple. Il paraît donc probable que ce sont et les défauts et les avantages de la langue espagnole qui l'ont exclue à la fois de l'universalité.

Mais comment l'Italie ne donna-t-elle pas sa langue à l'Europe ? Centre du monde depuis tant de siècles, on était accoutumé à son empire et à ses lois. Aux Césars, qu'elle n'avait plus, avaient succédé les pontifes, et la religion lui rendait constamment les États que lui arrachait le sort des armes. Les seules routes praticables en Europe conduisaient à Rome; elle seule attirait les vœux et l'argent de tous les peuples, parce qu'au milieu des ombres épaisses qui couvraient l'Occident il y eut toujours, dans cette capitale, une masse de lumières ; et quand les beaux-arts, exilés de Constantinople, se réfugièrent dans nos climats, l'Italie se réveilla la première à leur approche, et fut une seconde fois la grande Grèce. Comment s'est-il donc fait qu'à tous ces titres elle n'ait pas ajouté l'empire du langage ?

C'est que, dans tous les temps, les papes ne parlèrent et n'écrivirent qu'en latin ; c'est que, pendant vingt siècles, cette langue régna dans les républiques, dans les cours, dans les écrits et dans les monuments de l'Italie, et que le toscan fut toujours appelé la *langue vulgaire*. Aussi, quand le Dante entreprit d'illustrer ses malheurs et ses vengeances, hésita-t-il longtemps entre le toscan et le latin. Il voyait que sa langue n'avait pas, même dans le midi de l'Europe, l'éclat et la vogue du provençal ; et il pensait, avec son siècle, que l'immortalité était exclusivement attachée à la langue latine. Pétrarque et Boccace eurent les mêmes craintes ; et, comme le Dante, ils ne purent résister à la tentation d'écrire la plupart de leurs ouvrages en latin. Il est arrivé pourtant le contraire de ce qu'ils espéraient : c'est dans leur langue maternelle que leur nom vit encore ; leurs œuvres latines sont dans l'oubli. Il est même à présumer que, sans les sublimes conceptions de ces trois grands hommes, le patois des troubadours aurait disputé le pas à la langue italienne, au milieu même de la cour pontificale établie en Provence.

Quoi qu'il en soit, les poëmes du Dante et de Pétrarque, brillants de beautés antiques et modernes, ayant fixé l'admiration de l'Europe, la langue toscane acquit de l'empire. A cette époque, le commerce de l'ancien monde passait tout entier par les mains de l'Italie : Pise, Florence, et surtout Venise et Gênes, étaient les seules villes opulentes de l'Europe. C'est d'elles qu'il fallut, au temps des croisades, emprunter des vaisseaux pour passer en Asie, et c'est d'elles que les barons français, anglais et allemands tiraient le peu de luxe qu'ils avaient. La langue toscane régna sur toute la Méditerranée. Enfin le beau siècle des Médicis arriva. Machiavel débrouilla le chaos de la politique, et Galilée sema les germes de cette philosophie qui n'a porté des fruits que pour la France et le nord de l'Europe. La sculpture et la peinture prodiguaient leurs miracles, et l'architecture marchait d'un pas égal. Rome se décora de chefs-d'œuvre sans nombre, et l'Arioste et le Tasse portèrent bientôt la plus douce des langues à sa plus haute perfection dans des poëmes qui seront toujours les premiers monuments de l'Italie et le charme de tous les hommes. Qui pouvait donc arrêter la domination d'une telle langue ?

D'abord, une cause tirée de l'ordre même des événements : cette maturité fut trop précoce. L'Espagne, toute politique et guerrière, parut ignorer l'existence du Tasse et de l'Arioste ; l'Angleterre, théologique et barbare, n'avait pas un livre, et la France se débattait dans les horreurs de la Ligue. On dirait que l'Europe n'était pas prête et qu'elle n'avait pas encore senti le besoin d'une langue universelle.

Une foule d'autres causes se présentent. Quand la Grèce était un monde, dit fort bien Montesquieu, ses plus petites villes étaient des nations ; mais ceci ne put jamais s'appliquer à l'Italie dans le même sens. La Grèce donna des lois aux barbares qui l'environnaient ; et l'Italie, qui ne sut pas, à son exemple, se former en république fédérative, fut tour à tour envahie par les Allemands, par les Espagnols et par les Français. Son heureuse position et sa marine auraient pu la soutenir et l'enrichir ; mais, dès qu'on eut doublé le cap de Bonne-Espérance, l'Océan reprit ses droits, et, le commerce des Indes ayant passé tout entier aux Portugais, l'Italie ne se trouva plus que dans un coin de l'univers. Privée de l'éclat des armes, et des ressources du commerce, il lui restait sa langue et ses chefs-d'œuvre ; mais, par une fatalité singulière, le bon goût se perdit en Italie au moment où il se réveillait en France. Le siècle des Corneille, des Pascal et des Molière fut celui d'un cavalier Marin, d'un Achillini et d'une foule d'auteurs plus méprisables encore : de sorte que, si l'Italie avait conduit la France, il fallut ensuite que la France ramenât l'Italie.

Cependant l'éclat du nom français augmentait ; l'Angleterre se mettait sur les rangs, et l'Italie se dégradait de plus en plus. On sentit généralement qu'un pays qui ne fournissait plus que des baladins à l'Europe ne donnerait jamais assez de considération à sa langue. On observa que l'Italie n'ayant pu, comme la Grèce, ennoblir ses différents dialectes, elle s'en était trop occupée. A cet égard, la France paraît plus heureuse ; les patois y sont abandonnés aux provinces, et c'est sur eux que le petit peuple exerce ses caprices, tandis que la langue nationale est hors de ses atteintes.

Enfin le caractère même de la langue italienne fut ce qui l'écarta le plus de cette universalité qu'obtient chaque jour la langue française. On sait quelle distance sépare, en Italie, la poésie de la prose ; mais, ce qui doit étonner, c'est que le vers y ait réellement plus d'âpreté, ou, pour mieux dire, moins de mignardise que la prose. Les lois de la mesure et de l'harmonie ont forcé le poëte à tronquer les mots, et, par ces syncopes fréquentes, il s'est fait une langue à part, qui, outre la hardiesse des inversions, a une marche plus rapide et plus ferme. Mais la prose, composée de mots dont toutes les lettres se prononcent, et roulant toujours sur des sons pleins, se traîne avec trop de lenteur ; son éclat est monotone ; l'oreille se lasse de sa douceur et la langue de sa mollesse, ce qui peut venir de ce que, chaque mot étant harmonieux en particulier, l'harmonie du tout ne vaut rien. La pensée la plus vigoureuse se détrempe dans la prose italienne. Elle est souvent ridicule et presque insupportable dans une bouche virile, parce qu'elle ôte à l'homme cette teinte d'austérité qui doit en être inséparable. Comme la langue allemande, elle a des formes cérémonieuses, ennemies de la conversation, et qui ne donnent pas assez bonne opinion de l'espèce humaine. On y est toujours dans la fâcheuse alternative d'ennuyer ou d'insulter un homme. Enfin il paraît difficile d'être naïf ou vrai dans cette langue, et la plus simple assertion y est toujours renforcée du serment. Tels sont les inconvénients de la prose italienne, d'ailleurs si riche et si flexible. Or c'est la prose qui donne l'empire à une langue, parce qu'elle est tout usuelle : la poésie n'est qu'un objet de luxe.

Malgré tout cela, on sent bien que la patrie de Raphaël,

de Michel-Ange et du Tasse ne sera jamais sans honneurs. C'est dans ce climat fortuné que la plus mélodieuse des langues s'est unie à la musique des anges, et cette alliance leur assure un empire éternel. C'est là que les chefs-d'œuvre antiques et modernes et la beauté du ciel attirent le voyageur et que l'affinité des langues toscane et latine le fait passer avec transport de l'*Énéide* à la *Jérusalem*. L'Italie, environnée des puissances qui l'humilient, a toujours droit de le charmer ; et sans doute que, si les littératures anglaise et française n'avaient éclipsé la sienne, l'Europe aurait encore accordé plus d'hommages à une contrée deux fois mère des arts.

Dans ce rapide tableau des nations, on voit le caractère des peuples et le génie de leur langue marcher d'un pas égal, et l'un est toujours garant de l'autre. Admirable propriété de la parole de montrer ainsi l'homme tout entier !

Des philosophes ont demandé si la pensée peut exister sans parole ou sans quelque autre signe : non, sans doute. L'homme, étant une machine très-harmonieuse, n'a pu être jeté dans le monde sans s'y établir une foule de rapports. La seule présence des objets lui a donné des *sensations*, qui sont nos idées les plus simples et qui ont bientôt amené les *raisonnements*. Il a d'abord senti le plaisir et la douleur, et il les a nommés ; ensuite il a connu et nommé l'erreur et la vérité. Or, *sensation* et *raisonnement*, voilà de quoi tout l'homme se compose : l'enfant doit sentir avant de parler, mais il faut qu'il parle avant de penser. Chose étrange ! Si l'homme n'eût pas créé des signes, ses idées simples et fugitives, germant et mourant tour à tour, n'auraient pas laissé plus de traces dans son cerveau que les flots d'un ruisseau qui passe n'en laissent dans ses yeux. Mais l'idée simple a d'abord nécessité le signe, et bientôt le signe a fécondé l'idée ;

chaque mot a fixé la sienne, et telle est leur association, que, si la parole est une pensée qui se manifeste, il faut que la pensée soit une parole intérieure et cachée. L'homme qui parle est donc l'homme qui pense tout haut ; et, si on peut juger un homme par ses paroles, on peut aussi juger une nation par son langage. La forme et le fond des ouvrages dont chaque peuple se vante n'y fait rien : c'est d'après le caractère et le génie de leur langue qu'il faut prononcer, car presque tous les écrivains suivent des règles et des modèles, mais une nation entière parle d'après son génie.

On demande souvent ce que c'est que le génie d'une langue, et il est difficile de le dire. Ce mot tient à des idées très-composées ; il a l'inconvénient des idées abstraites et générales ; on craint, en le définissant, de le généraliser encore. Mais, afin de mieux rapprocher cette expression de toutes les idées qu'elle embrasse, on peut dire que la douceur ou l'âpreté des articulations, l'abondance ou la rareté des voyelles, la prosodie et l'étendue des mots, leurs filiations et enfin le nombre et la forme des tournures et des constructions qu'ils prennent entre eux, sont les causes les plus évidentes du génie d'une langue ; et ces causes se lient au climat et au caractère de chaque peuple en particulier.

Il semble, au premier coup d'œil, que, les proportions de l'organe vocal étant invariables, elles auraient dû produire surtout les mêmes articulations et les mêmes mots, et qu'on ne devrait entendre qu'un seul langage dans l'univers. Mais, si les autres proportions du corps humain, non moins invariables, n'ont pas laissé de changer de nation à nation, et si les pieds, les pouces et les coudées d'un peuple ne sont pas ceux d'un autre, il fallait aussi que l'organe brillant et compliqué de la parole éprouvît de grands changements de peuple en peuple et souvent de siècle en siècle. La nature, qui n'a qu'un modèle pour tous les hommes, n'a pourtant pas confondu tous les visages sous une même physionomie. Ainsi, quoiqu'on trouve les mêmes articulations radicales chez des peuples différents, les langues n'en ont pas moins varié comme la scène du monde ; chantantes et voluptueuses dans les beaux climats, âpres et sourdes sous un ciel triste, elles ont constamment suivi la répétition et la fréquence des mêmes sensations.

Après avoir expliqué la diversité des langues par la nature même des choses, et fondé l'union du caractère d'un peuple et du génie de sa langue sur l'éternelle alliance de la parole et de la pensée, il est temps d'arriver aux deux peuples qui nous attendent, et qui doivent fermer cette lice des nations : peuples chez qui tout diffère, climat, langage, gouvernement, vices et vertus : peuples voisins et rivaux, qui, après avoir disputé trois cents ans, non à qui aurait l'empire, mais à qui existerait, se disputent encore la gloire des lettres, et se partagent depuis un siècle les regards de l'univers.

L'Angleterre, sous un ciel nébuleux, et séparée du reste du monde, ne parut qu'un exil aux Romains, tandis que la Gaule, ouverte à tous les peuples, et jouissant du ciel de la Grèce, faisait les délices des Césars. Première différence établie par la nature, et d'où dérivent une foule d'autres différences. Ne cherchons pas ce qu'était la nation anglaise lorsque, répandue dans les plus belles provinces de France, adoptant notre langue et nos mœurs, elle n'offrait pas une physionomie distincte ; ni dans les temps où, consternée par le despotisme de Guillaume le Conquérant ou des Tudor, elle donnait à ses voisins des modèles d'esclavage ; mais considérons-la dans son île, rendue à son propre génie, parlant sa propre langue, florissante de ses lois, s'asseyant enfin à son véritable rang en Europe.

Par sa position et par la supériorité de sa marine, elle peut nuire à toutes les nations et les braver sans cesse. Comme elle doit toute sa splendeur à l'Océan qui l'environne, il faut qu'elle l'habite, qu'elle le cultive, qu'elle se l'approprie ; il faut que cet esprit d'inquiétude et d'impatience, auquel elle doit sa liberté, se consume au dedans s'il n'éclate au dehors. Mais, quand l'agitation est intérieure, elle peut être fatale au prince, qui, pour lui donner un autre cours, se hâte d'ouvrir ses ports ; et les pavillons de l'Espagne, de la France ou de la Hollande, sont bientôt insultés. Son commerce, qui s'est ramifié dans les quatre parties du monde, fait aussi qu'elle peut être blessée de mille manières différentes, et les sujets de guerre ne lui manquent jamais : de sorte qu'à toute l'estime qu'on ne peut refuser à une nation puissante et éclairée, les autres peuples joignent toujours un peu de haine, mêlée de crainte et d'envie.

Mais la France, qui a dans son sein une subsistance assurée et des richesses immortelles, agit contre ses intérêts et méconnaît son génie quand elle se livre à l'esprit de conquête. Son influence est si grande dans la paix et dans la guerre, que, toujours maîtresse de donner l'une ou l'autre, il doit lui sembler doux de tenir dans ses mains la balance des empires, et d'associer le repos de l'Europe au sien. Par sa situation, elle tient à tous les États ; par sa juste étendue, elle touche à ses véritables limites. Il faut donc que la France conserve et qu'elle soit conservée ; ce qui la distingue de tous les peuples anciens et modernes. Le commerce des deux mers enrichit ses villes maritimes et vivifie son intérieur ; et c'est de ses productions qu'elle alimente son commerce, si bien que tout le monde a besoin de la France, quand l'Angleterre a besoin de tout le monde. Aussi, dans les cabinets de l'Europe, c'est plutôt l'Angleterre qui inquiète, c'est plutôt la France qui domine. Sa capitale, enfoncée dans les terres, n'a point eu, comme les villes maritimes, l'affluence des peuples ; mais elle a mieux senti et mieux rendu l'influence de son propre génie, le goût de son terroir, l'esprit de son gouvernement. Elle a attiré par ses charmes plus que par ses richesses ; elle n'a pas eu le mélange, mais le choix des nations ; les gens d'esprit y ont abondé, et son empire a été celui du goût. Les opinions exagérées du Nord et du Midi viennent y prendre une teinte qui plaît à tous. Il faut donc que la France craigne de détourner, par la guerre, l'heureux penchant de tous les peuples pour elle : quand on règne par l'opinion, a-t-on besoin d'un autre empire ?

Je suppose ici que, si le principe du gouvernement s'affaiblit chez l'une des deux nations, il s'affaiblit aussi dans l'autre ; ce qui fera subsister longtemps le parallèle et leur rivalité : car si l'Angleterre avait tout son ressort, elle serait trop remuante, et la France serait trop à craindre, si elle déployait toute sa force. Il y a pourtant cette observation à faire, que le monde politique peut changer d'attitude, et la France n'y perdrait pas beaucoup. Il n'en est pas ainsi de l'Angleterre, et je ne puis prévoir jusqu'à quel point elle tombera, pour avoir plutôt songé à étendre sa domination que son commerce.

La différence de peuple à peuple n'est pas moins forte d'homme à homme. L'Anglais, sec et taciturne, joint à l'embarras et à la timidité de l'homme du Nord une impatience, un dégoût de toute chose, qui va souvent jusqu'à celui de la vie ; le Français a une saillie de gaieté qui ne l'abandonne pas, et à quelque régime que leurs gouvernements les aient mis l'un et l'autre, ils n'ont jamais perdu cette première empreinte. Le Français cherche le côté plaisant de ce monde, l'Anglais semble toujours assister à un drame : de sorte que ce qu'on a dit du Spartiate et de l'Athénien se prend ici à la lettre; on ne gagne pas plus à ennuyer un Français qu'à divertir un Anglais. Celui-ci voyage pour voir, le Français pour être vu. On n'allait pas beaucoup à Lacédémone, si ce n'est pour étudier son gouvernement; mais le Français, visité par toutes les nations, peut se croire dispensé de voyager chez elles, comme d'apprendre leurs langues, puisqu'il retrouve partout la sienne. En Angleterre, les hommes vivent beaucoup entre eux; aussi les femmes, qui n'ont pas quitté le tribunal domestique, ne peuvent entrer dans le tableau de la nation : mais on ne peindrait les Français que de profil, si on faisait le tableau sans elles; c'est de leurs vices et des nôtres, de la politesse des hommes et de la coquetterie des femmes, qu'est née cette galanterie des deux sexes qui les corrompt tour à tour, et qui donne à la corruption même des formes si brillantes et si aimables. Sans avoir la subtilité qu'on reproche aux peuples du Midi, et l'excessive simplicité du Nord, la France a la politesse et la grâce, et non-seulement elle a la grâce et la politesse, mais c'est elle qui en fournit les modèles dans les mœurs, dans les manières et dans les parures. Sa mobilité ne donne pas à l'Europe le temps de se lasser d'elle. C'est pour toujours plaire que le Français change toujours; c'est pour ne pas trop se déplaire à lui-même que l'Anglais est contraint de changer. On nous reproche l'imprudence et la fatuité; mais nous en avons tiré plus de parti que nos ennemis de leur flegme et de leur fierté : la politesse ramène ceux qu'a choqués la vanité; il n'est point d'accommodement avec l'orgueil. On peut d'ailleurs en appeler aux Français de quarante ans, et l'Anglais ne gagne rien aux délais. Il est bien des moments où le Français pourrait payer de sa personne; mais il faudra toujours que l'Anglais paye de son argent ou du crédit de sa nation. Enfin, s'il est possible que le Français n'ait acquis tant de grâces et de goût qu'aux dépens de ses mœurs, il est encore très-possible que l'Anglais ait perdu les siennes sans acquérir ni le goût ni les grâces.

Quand on compare un peuple du Midi à un peuple du Nord, on n'a que des extrêmes à rapprocher ; mais la France, sous un ciel tempéré, changeante dans ses manières et ne pouvant se fixer elle-même, parvient pourtant à fixer tous les goûts. Les peuples du Nord viennent y chercher et trouver l'homme du Midi, et les peuples du Midi y cherchent et y trouvent l'homme du Nord. *Plas mi cavalier francès*, c'est le chevalier français qui me plaît, disait, il y a huit cents ans, ce Frédéric Ier qui avait vu toute l'Europe et qui était notre ennemi. Que devient maintenant le reproche si souvent fait au Français qu'il n'a pas le caractère de l'Anglais ? Ne voudrait-on pas qu'il parlât la même langue ? La nature, en lui donnant la douceur d'un climat, ne pouvait lui donner la rudesse d'un autre : elle l'a fait l'homme de toutes les nations, et son gouvernement ne s'oppose point au vœu de la nature.

J'avais d'abord établi que la parole et la pensée, le génie des langues et le caractère des peuples se suivaient d'un même pas ; je dois dire aussi que les langues se mêlent entre elles comme les peuples, qu'après avoir été obscures comme eux, elles s'élèvent et s'ennoblissent avec eux ; une langue riche ne fut jamais celle d'un peuple ignorant et pauvre. Mais, si les langues sont comme les nations, il est encore très-vrai que les mots sont comme les hommes. Ceux qui ont dans la société une famille et des alliances étendues y ont aussi une plus grande consistance. C'est ainsi que les mots qui ont de nombreux dérivés et qui tiennent à beaucoup d'autres sont les premiers mots d'une langue et ne vieilliront jamais ; tandis que ceux qui sont isolés ou sans harmonie tombent comme des hommes sans recommandation et sans appui. Pour achever le parallèle, on peut dire que les uns et les autres ne valent qu'autant qu'ils sont à leur place. J'insiste sur cette analogie, afin de prouver combien le goût qu'on a dans l'Europe pour les Français est inséparable de celui qu'on a pour leur langue, et combien l'estime dont cette langue jouit est fondée sur celle que l'on sent pour la nation.

Voyons maintenant si le génie et les écrivains de la langue française auraient pu lui donner cette universalité qu'elle n'a point obtenue du caractère et de la réputation du peuple qui la parle. Opposons sa langue à la nôtre, sa littérature à notre littérature, justifions le choix de l'univers.

S'il est vrai qu'il n'y eut jamais ni langage ni peuple sans mélange, il n'est pas moins évident qu'après une conquête il faut du temps pour consolider le nouvel État, et pour bien fondre ensemble les idiomes et les familles des vainqueurs et des vaincus. Mais on est étonné quand on voit qu'il a fallu plus de mille ans à la langue française pour arriver à sa maturité. On ne l'est pas moins quand on songe à la prodigieuse quantité d'écrivains qui ont fourmillé dans cette langue depuis le cinquième siècle jusqu'à la fin du seizième, sans compter ceux qui écrivaient en latin. Quelques monuments qui s'élèvent encore dans cette mer d'oubli nous offrent autant de français différents. Les changements et les révolutions de la langue étaient si brusques, que le siècle où on vivait dispensait toujours de lire les ouvrages du siècle précédent. Les auteurs se traduisaient mutuellement de demi-siècle en demi-siècle, de patois en patois, de vers en prose, et, dans cette longue galerie d'écrivains, il ne s'en trouve pas un qui n'ait cru fermement que la langue était arrivée pour lui à sa dernière perfection. Pasquier affirmait de son temps qu'il ne s'y connaissait pas, ou que Ronsard avait fixé la langue française.

A travers ces variations, on voit cependant combien le caractère de la nation influait sur elle : la construction de la phrase fut toujours directe et claire. La langue française n'eut donc que deux sortes de barbaries à combattre : celle des mots et celle du mauvais goût de chaque siècle. Les conquérants français, en adoptant les expressions celtes et latines, les avaient marquées chacune à son coin; on eut une langue pauvre et décousue, où tout fut arbitraire, et le désordre régna dans la disette. Mais, quand la monarchie acquit plus de force et d'unité, il fallut refondre ces monnaies éparses et les réunir sous une empreinte générale, conforme d'un côté à leur origine, et de l'autre au génie même de la nation ; ce qui leur donna une physionomie double. On se fit une langue écrite et une langue parlée, et ce divorce de l'orthographe et de la prononciation dure encore. Enfin le bon goût ne se développa tout entier que dans la perfection même de la société : la maturité du langage et celle de la nation arrivèrent ensemble.

En effet, quand l'autorité publique est affermie, que les fortunes sont assurées, les priviléges confirmés, les droits éclaircis, les rangs assignés; quand la nation, heureuse et respectée, jouit de la gloire au dehors, de la paix et du commerce au dedans; lorsque dans la capitale un peuple immense se mêle toujours sans jamais se confondre, alors on commence à distinguer autant de nuances dans le langage que dans la société; la délicatesse des procédés amène celle des propos; les métaphores sont plus justes, les comparaisons plus nobles, les plaisanteries plus fines; la parole étant le vêtement de la pensée, on veut des formes plus élégantes. C'est ce qui arriva aux premières années du règne de Louis XIV. Le poids de l'autorité royale fit rentrer chacun à sa place; on connut mieux ses droits et ses plaisirs, l'oreille, plus exercée, exigea une prononciation plus douce : une foule d'objets nouveaux demandèrent des expressions nouvelles; la langue française fournit à tout, et l'ordre s'établit dans l'abondance.

Il faut donc qu'une langue s'agite jusqu'à ce qu'elle se repose dans son propre génie, et ce principe explique un fait assez extraordinaire. C'est qu'aux treizième et quatorzième siècles, la langue française était plus près d'une certaine perfection qu'elle ne le fut au seizième. Ses éléments s'étaient déjà incorporés, ses mots étaient assez fixes, et la construction de ses phrases directe et régulière; il ne manquait donc à cette langue que d'être parlée dans un siècle plus heureux, et ce temps approchait. Mais, contre tout espoir, la renaissance des lettres la fit tout à coup rebrousser vers la barbarie. Une foule de poëtes s'élevèrent dans son sein, tels que les Jodelle, les Baïf et les Ronsard. Épris d'Homère et de Pindare, et n'ayant pas digéré les beautés de ces grands modèles, ils s'imaginèrent que la nation s'était trompée jusque-là, et que la langue française aurait bientôt le charme du grec, si on y transportait les mots composés, les diminutifs, les péjoratifs, et surtout la hardiesse des inversions, choses précisément opposées à son génie. Le ciel fut *porte-flambeaux*, Jupiter *lance-tonnerre*; on eut des *agnelets doucelets*; on fit des vers sans rime, des hexamètres, des pentamètres; les métaphores basses ou gigantesques se cachèrent sous un style entortillé; enfin ces poëtes parlèrent grec en français, et de tout un siècle on ne s'entendit point dans notre poésie. C'est sur leurs sublimes échasses que le burlesque se trouva naturellement monté quand le bon goût vint à paraître.

A cette même époque, les deux reines Médicis donnaient une grande vogue à l'italien, et les courtisans tâchaient de l'introduire de toute part dans la langue française. Cette irruption du grec et de l'italien la troubla d'abord; mais, comme une liqueur déjà saturée, elle ne put recevoir ces nouveaux éléments : ils ne tenaient pas; on les vit tomber d'eux-mêmes.

Les malheurs de la France sous les derniers Valois retardèrent la perfection du langage; mais la fin du règne de Henri IV et celui de Louis XIII ayant donné à la nation l'avant-goût de son triomphe, la poésie française se montra d'abord sous les auspices de son propre génie. La prose, plus sage, ne s'en était pas écartée comme elle; témoin Amyot, Montaigne et Charron : aussi, pour la première fois peut-être, elle précéda la poésie, qui la devança toujours.

Il manque un trait à cette faible esquisse de la langue romance ou gauloise. On est persuadé que nos pères étaient tous naïfs ; que c'était un bienfait de leur temps et de leurs mœurs, et qu'il est encore attaché à leur langage, si bien que certains auteurs empruntent aujourd'hui leurs tournures, afin d'être naïfs aussi. Ce sont des vieillards qui, ne pouvant parler en hommes, bégayent pour paraître enfants; le naïf qui se dégrade tombe dans le niais. Voici donc comment s'explique cette naïveté gauloise.

Tous les peuples ont le naturel : il ne peut y avoir un siècle très-avancé qui connaisse et sente le naïf. Celui que nous trouvons et que nous sentons dans le style de nos ancêtres l'est devenu pour nous; il n'était pour eux que le naturel. C'est ainsi qu'on trouve tout naïf dans un enfant, qui ne s'en doute pas. Chez les peuples perfectionnés et corrompus, la pensée a toujours un voile, et la modération, exilée des mœurs, se réfugie dans le langage; ce qui le rend plus fin et plus piquant. Lorsque, par une heureuse absence de finesse et de précaution, la phrase montre la pensée toute nue, le naïf paraît. De même, chez les peuples vêtus, une nudité produit la pudeur; mais les nations qui vont nues sont chastes sans être pudiques, comme les Gaulois étaient naturels sans être naïfs. On pourrait ajouter que ce qui nous fait sourire dans une expression antique n'eut rien de plaisant dans son siècle, et que telle épigramme, chargée de sel d'un vieux mot, eût été fort innocente il y a deux cents ans. Il me semble donc qu'il est ridicule, quand on n'a pas la naïveté, d'en emprunter les livrées : nos grands écrivains l'ont trouvée dans leur âme, sans quitter leur langue, et celui qui, pour être naïf, emprunte une phrase d'Amyot, demanderait, pour être brave, l'armure de Bayard.

C'est une chose bien remarquable qu'à quelque époque de la langue française qu'on s'arrête, depuis sa plus obscure origine jusqu'à Louis XIII, et dans quelque imperfection qu'elle se trouve de siècle en siècle, elle ait toujours charmé l'Europe, autant que le malheur des temps l'a permis. Il faut donc que la France ait toujours eu une perfection relative et certains agréments fondés sur sa position et sur l'heureuse humeur de ses habitants. L'histoire, qui confirme partout cette vérité, n'en dit pas autant de l'Angleterre.

Les Saxons, l'ayant conquise, s'y établirent, et c'est de leur idiome et de l'ancien jargon du pays que se forma la langue anglaise, appelée *anglo-saxon*. Cette langue fut abandonnée au peuple depuis la conquête de Guillaume jusqu'à Édouard III, intervalle pendant lequel la cour et les tribunaux d'Angleterre ne s'exprimèrent qu'en français. Mais enfin, la jalousie nationale s'étant réveillée, on exila une langue rivale que le génie anglais repoussait depuis longtemps. On sent bien que les deux langues s'étaient mêlées malgré leur haine; mais il faut observer que les mots français qui émigrèrent en foule dans l'anglais, et qui se fondirent dans une prononciation et une syntaxe nouvelles, ne furent pourtant pas défigurés. Si notre oreille les méconnaît, nos yeux les retrouvent encore ; tandis que les mots latins qui entraient dans les différents jargons de l'Europe furent toujours mutilés, comme les obélisques et les statues qui tombaient entre les mains des barbares. Cela vient de ce que les Latins ayant placé les nuances de la déclinaison et de la conjugaison dans les finales des mots, nos ancêtres, qui avaient leurs articles, leurs pronoms et leurs verbes auxiliaires, tronquèrent ces finales qui leur étaient inutiles et qui défiguraient le mot à leurs yeux. Mais, dans les emprunts que les langues modernes se font entre elles, le mot ne s'altère que dans la prononciation.

Pendant un espace de quatre cents ans, je ne trouve en Angleterre que Chaucer et Spencer. Le premier mérita, vers le milieu du quinzième siècle, d'être appelé l'Homère anglais : notre Ronsard le mérita de même, et Chaucer, aussi obscur que lui, fut encore moins connu. De Chaucer jusqu'à Shakspeare et Milton, rien ne transpire dans cette île célèbre, et sa littérature ne vaut pas un coup d'œil.

Me voilà tout à coup revenu à l'époque où j'ai laissé la langue française. La paix de Vervins avait appris à l'Europe sa véritable position ; on vit chaque État se placer à son rang. L'Angleterre brilla pour un moment de l'éclat d'Élisabeth et de Cromwell, et ne sortit pas du pédantisme ; l'Espagne épuisée ne put cacher sa faiblesse ; mais la France montra toute sa force, et les lettres commencèrent sa gloire.

Si Ronsard avait bâti des chaumières avec des tronçons de colonnes grecques, Malherbe éleva le premier des monuments nationaux. Richelieu, qui affectait toutes les grandeurs, abaissait d'une main la maison d'Autriche, et, de l'autre, attirait à lui le jeune Corneille, en l'honorant de sa jalousie. Ils fondaient ensemble ce théâtre, où, jusqu'à l'apparition de Racine, l'auteur du *Cid* régna seul. Pressentant les accroissements et l'empire de la langue, il lui créait un tribunal, afin de devenir par elle le législateur des lettres. A cette époque, une foule de génies vigoureux s'emparèrent de la langue française, et lui firent parcourir rapidement toutes ses périodes, de Voiture jusqu'à Pascal, et de Racan jusqu'à Boileau.

Cependant l'Angleterre, échappée à l'anarchie, avait repris ses premières formes, et Charles II était paisiblement assis sur un trône teint du sang de son père. Shakspeare avait

paru; mais son nom et sa gloire ne devaient passer les mers
que deux siècles après; il n'était pas alors, comme il l'a été
depuis, l'idole de sa nation et le scandale de notre littérature. Son génie agreste et populaire déplaisait au prince et
aux courtisans : Milton, qui le suivit, mourut inconnu : sa
personne était odieuse à la cour; le titre de son poëme rebuta :
on ne goûta point des vers durs, hérissés de termes techniques,
sans rimes et sans harmonie, et l'Angleterre apprit un peu
tard qu'elle possédait un poëme épique. Il y avait pourtant
de beaux esprits et des poëtes à la cour de Charles, Cowley,
Rochester, Hamilton, Waller, y brillaient, et Shaftesbury hâtait les progrès de la pensée en épurant la prose anglaise.
Cette faible aurore se perdit tout à coup dans l'éclat du siècle
de Louis XIV : les beaux jours de la France étaient arrivés.

Il y eut un admirable concours de circonstances. Les grandes
découvertes qui s'étaient faites depuis cent cinquante ans
dans le monde avaient donné à l'esprit humain une impulsion
que rien ne pouvait plus arrêter, et cette impulsion tendait
vers la France. Paris fixa les idées flottantes de l'Europe, et
devint le foyer des étincelles répandues chez tous les peuples.
L'imagination de Descartes régna dans la philosophie, la raison de Boileau dans les vers; Bayle plaça le doute aux pieds
de la vérité; Bossuet tonna sur la tête des rois, et nous comptâmes autant de genres d'éloquence que de grands hommes.
Notre théâtre surtout achevait l'éducation de l'Europe : c'est
là que le grand Condé pleurait aux vers du grand Corneille,
et que Racine corrigeait Louis XIV. Rome tout entière parut
sur la scène française, et les passions parlèrent leur langage.
Nous eûmes et ce Molière plus comique que les Grecs, et le
Télémaque, plus antique que les ouvrages des anciens, et ce
la Fontaine qui, ne donnant pas à la langue des formes si
pures, lui prêtait des beautés plus incommunicables. Nos
livres, rapidement traduits en Europe et même en Asie, de-

vinrent les livres de tous les pays, de tous les goûts et de tous les âges. La Grèce, vaincue sur le théâtre, le fut encore dans des pièces fugitives qui volèrent de bouche en bouche, et donnèrent des ailes à la langue française. Les premiers journaux qu'on vit circuler en Europe étaient français, et ne racontaient que nos victoires et nos chefs-d'œuvre. C'est de nos académies qu'on s'entretenait, et la langue s'étendait par leurs correspondances. On ne parlait enfin que de l'esprit et des grâces françaises : tout se faisait au nom de la France, et notre réputation s'accroissait de notre réputation.

Aux productions de l'esprit se joignaient encore celles de l'industrie : des pompons et des modes accompagnaient nos meilleurs livres chez l'étranger, parce qu'on voulait être partout raisonnable et frivole comme en France. Il arriva donc que nos voisins, recevant sans cesse des meubles, des étoffes et des modes qui se renouvelaient sans cesse, manquèrent de termes pour les exprimer ; ils furent comme accablés sous l'exubérance de l'industrie française ; si bien qu'il prit comme une impatience générale à l'Europe, et que, pour n'être plus séparé de nous, on étudia notre langue de tous côtés.

Depuis cette explosion, la France a continué de donner un théâtre, des habits, du goût, des manières, une langue, un nouvel art de vivre et des jouissances inconnues aux États qui l'entourent : sorte d'empire qu'aucun peuple n'a jamais exercé. Et comparez-lui, je vous prie, celui des Romains, qui semèrent partout leur langue et l'esclavage, s'engraissèrent de sang, et détruisirent jusqu'à ce qu'ils fussent détruits !

On a beaucoup parlé de Louis XIV ; je n'en dirai qu'un mot. Il n'avait ni le génie d'Alexandre, ni la puissance et l'esprit d'Auguste ; mais, pour avoir su régner, pour avoir connu l'art d'accorder ce coup d'œil, ces faibles récompenses dont le talent veut bien se payer, Louis XIV marche, dans l'histoire de l'esprit humain, à côté d'Auguste et d'Alexandre. Il fut le véritable Apollon du Parnasse français ; les poëmes, les tableaux, les marbres, ne respirèrent que pour lui. Ce qu'un autre eût fait par politique, il le fit par goût. Il avait de la grâce ; il aimait la gloire et les plaisirs ; et je ne sais quelle tournure romanesque qu'il eut dans sa jeunesse remplit les Français d'un enthousiasme qui gagna toute l'Europe. Il fallut voir ses bâtiments et ses fêtes, et souvent la curiosité des étrangers soudoya la vanité française. En fondant à Rome une colonie de peintres et de sculpteurs, il faisait signer à la France une alliance perpétuelle avec les arts. Quelquefois son humeur magnifique allait avertir les princes étrangers du mérite d'un savant ou d'un artiste caché dans leurs États, et il en faisait l'honorable conquête. Aussi le nom français et le sien pénétrèrent jusqu'aux extrémités orientales de l'Asie. Notre langue domina comme lui dans tous les traités, et, quand il cessa de dicter des lois, elle garda si bien l'empire qu'elle avait acquis, que ce fut dans cette même langue, organe de son ancien despotisme, que ce prince fut humilié vers la fin de ses jours. Ses prospérités, ses fautes et ses malheurs servirent également à la langue ; elle s'enrichit à la révocation de l'édit de Nantes de tout ce que perdait l'État. Les réfugiés emportèrent dans le Nord leur haine pour le prince et leurs regrets pour leur patrie, et ces regrets et cette haine s'exhalèrent en français.

Il semble que c'est vers le milieu du règne de Louis XIV que le royaume se trouva à son plus haut point de grandeur relative. L'Allemagne avait des princes nuls, l'Espagne était divisée et languissante, l'Italie avait tout à craindre, l'Angleterre et l'Écosse n'étaient pas encore unies, la Prusse et la Russie n'existaient pas. Aussi l'heureuse France, profitant de ce silence de tous les peuples, triompha dans la paix, dans la guerre et dans les arts. Elle occupa le monde de ses entreprises et de sa gloire. Pendant près d'un siècle, elle donna à ses rivaux et les jalousies littéraires, et les alarmes politiques, et la fatigue de l'admiration. Enfin l'Europe, lasse d'admirer et d'envier, voulut imiter : c'était un nouvel hommage. Des essaims d'ouvriers entrèrent en France et en rapportèrent notre langue et nos arts, qu'ils propagèrent.

Vers la fin du siècle, quelques ombres se mêlèrent à tant d'éclat. Louis XIV vieillissant n'était plus heureux. L'Angleterre se dégagea des rayons de la France et brilla de sa propre lumière. De grands esprits s'élevèrent dans son sein. Sa langue s'était enrichie, comme son commerce, de la dépouille des nations. Pope, Addison et Dryden en adoucirent les sifflements, et l'anglais fut, sous leur plume, l'italien du Nord. L'enthousiasme pour Shakspeare et Milton se réveilla, et cependant Locke posait les bornes de l'esprit humain, Newton trouvait la nature de la lumière et la loi de l'univers.

Aux yeux du sage, l'Angleterre s'honorait autant par la philosophie que nous par les arts ; mais, puisqu'il faut le dire, la place était prise : l'Europe ne pouvait donner deux fois le droit d'aînesse, et nous l'avions obtenu ; de sorte que tant de grands hommes, en travaillant pour leur gloire, illustrèrent leur patrie et l'humanité plus encore que leur langue.

Supposons cependant que l'Angleterre eût été moins lente à sortir de la barbarie, et qu'elle eût précédé la France ; il me semble que l'Europe n'en aurait pas mieux adopté sa langue. Sa position n'appelle pas les voyageurs, et la France leur sert toujours de passage ou de terme. L'Angleterre vient elle-même faire son commerce chez les différents peuples, et on ne va point commercer chez elle. Or celui qui voyage ne donne pas sa langue ; il prendrait plutôt celle des autres : c'est presque sans sortir de chez lui que le Français a étendu la sienne.

Supposons enfin que, par sa position, l'Angleterre ne se trouvât pas reléguée dans l'Océan, et qu'elle eût attiré ses voisins; il est encore probable que sa langue et sa littérature n'auraient pu fixer le choix de l'Europe; car il n'est point d'objection un peu forte contre la langue allemande qui n'ait encore de la force contre celle des Anglais : les défauts de la mère ont passé jusqu'à la fille. Il est vrai aussi que les objections contre la littérature anglaise deviennent plus terribles contre celle des Allemands : ces deux peuples s'excluent l'un par l'autre.

Quoi qu'il en soit, l'événement a démontré que, la langue latine étant la vieille souche, c'était un de ses rejetons qui devait fleurir en Europe. On peut dire en outre que, si l'anglais a l'audace des langues à inversions, il en a l'obscurité, et que sa syntaxe est si bizarre, que la règle y a quelquefois moins d'applications que d'exceptions. On lui trouve des formes serviles, qui étonnent dans la langue d'un peuple libre et la rendent moins propre à la conversation que la langue française, dont la marche est si leste et si dégagée. Ceci vient de ce que les Anglais ont passé du plus extrême esclavage à la plus haute liberté politique, et que nous sommes arrivés d'une liberté presque démocratique à une monarchie presque absolue. Les deux nations ont gardé les livrées de leur ancien état, et c'est ainsi que les langues sont les vraies médailles de l'histoire. Enfin la prononciation de cette langue n'a ni la plénitude ni la fermeté de la nôtre.

J'avoue que la littérature des Anglais offre des monuments de profondeur et d'élévation, qui seront l'éternel honneur de l'esprit humain; et cependant leurs livres ne sont pas devenus les livres de tous les hommes; ils n'ont pas quitté certaines mains; il a fallu des essais et de la précaution pour n'être pas rebuté de leur ton, de leur goût et de leurs formes. Accoutumé au crédit immense qu'il a dans les affaires, l'Anglais semble porter cette puissance fictive dans les lettres, et sa littérature en a contracté un caractère d'exagération opposé au bon goût : elle se sent trop de l'isolement du peuple et de l'écrivain. C'est avec une ou deux sensations que quelques Anglais ont fait un livre. Le désordre leur a plu, comme si l'ordre leur eût semblé trop près de je ne sais quelle servitude. Aussi leurs ouvrages, qu'on ne lit pas sans fruit, sont trop souvent dépourvus de charme, et le lecteur y trouve toujours la peine que l'écrivain ne s'est pas donnée.

Mais le Français, ayant reçu des impressions de tous les peuples de l'Europe, a placé le goût dans les opinions modérées, et ses livres composent la bibliothèque du genre humain. Comme les Grecs, nous avons eu toujours, dans le temple de la gloire, un autel pour les grâces, et nos rivaux les ont trop oubliées. On peut dire, par supposition, que si le monde finissait tout à coup pour faire place à un monde nouveau, ce n'est point un excellent livre anglais, mais un excellent livre français qu'il faudrait lui léguer, afin de lui donner de notre espèce humaine une idée plus heureuse. A richesse égale, il faut que la sèche raison cède le pas à la raison ornée.

Ce n'est point l'aveugle amour de la patrie ni le préjugé national qui m'ont conduit dans ce rapprochement des deux peuples : c'est la nature et l'évidence des faits. Eh! quelle est la nation qui loue plus franchement que nous? N'est-ce pas la France qui a tiré la littérature anglaise du fond de son île? N'est-ce pas Voltaire qui a présenté Locke et même Newton à l'Europe? Nous sommes les seuls qui imitions les Anglais, et, quand nous sommes las de notre goût, nous y mêlons leurs caprices. Nous faisons entrer une mode anglaise dans l'immense tourbillon des nôtres, et le monde l'adopte au sortir de nos mains. Il n'en est pas ainsi de l'Angleterre : quand les peuples du Nord ont aimé la nation française, imité ses manières, exalté ses ouvrages, les Anglais se sont tus, et ce concert de toutes les voix n'a été troublé que par leur silence.

Il me reste à prouver que, si la langue française a conquis l'empire par ses livres, par l'humeur et par l'heureuse position du peuple qui la parle, elle le conserve par son propre génie.

Ce qui distingue notre langue des langues anciennes et modernes, c'est l'ordre et la construction de la phrase. Cet ordre doit toujours être direct et nécessairement clair. Le Français nomme d'abord le *sujet* du discours, ensuite le *verbe*, qui est l'action, et enfin l'*objet* de cette action : voilà la logique naturelle à tous les hommes ; voilà ce qui constitue le sens commun. Or cet ordre si favorable, si nécessaire au raisonnement, est presque toujours contraire aux sensations, qui nomment le premier l'objet qui frappe le premier. C'est pourquoi tous les peuples, abandonnant l'ordre direct, ont eu recours aux tournures plus ou moins hardies, selon que leurs sensations ou l'harmonie l'exigeaient ; et l'inversion a prévalu sur la terre, parce que l'homme est plus impérieusement gouverné par les passions que par la raison.

Le Français, par un privilége unique, est seul resté fidèle à l'ordre direct, comme s'il était tout raison ; et on a beau, par les mouvements les plus variés et toutes les ressources du style, déguiser cet ordre, il faut toujours qu'il existe, et c'est en vain que les passions nous bouleversent et nous sollicitent de suivre l'ordre des sensations : la syntaxe française est incorruptible ; c'est de là que résulte cette admirable clarté, base éternelle de notre langue. *Ce qui n'est pas clair n'est pas français ;* ce qui n'est pas clair est encore anglais, italien, grec ou latin. Pour apprendre les langues à inversions, il suffit de connaître les mots et les régimes ; pour apprendre la langue française, il faut encore retenir l'arrangement des mots. On dirait que c'est d'une géométrie tout élémentaire, de la simple ligne droite, que s'est formée la langue française, et que ce sont les courbes et leurs variétés infinies qui ont présidé aux langues grecque et latine. La nôtre règle et conduit la pensée; celles-là se précipitent et s'égarent avec elle dans le labyrinthe des sensations, et suivent tous les caprices de l'harmonie : aussi furent-elles merveilleuses pour les oracles, et la nôtre les eût absolument décriés.

Il est arrivé de là que la langue française a été moins propre à la musique et aux vers qu'aucune langue ancienne ou moderne, car ces deux arts vivent de sensations; la musique surtout, dont la propriété est de donner de la force à des paroles sans verve, et d'affaiblir les expressions fortes : preuve incontestable qu'elle est elle-même une puissance à part, et qu'elle repousse tout ce qui veut partager avec elle l'empire des sensations. Qu'Orphée redise sans cesse : « J'ai perdu mon Eurydice, » la sensation grammaticale d'une phrase tant répétée sera bientôt nulle, et la sensation musicale ira toujours croissant. Et ce n'est point, comme on l'a dit, parce que les mots français ne sont pas sonores que la musique les repousse ; c'est parce qu'ils offrent l'ordre et la suite, quand le chant demande le désordre et l'abandon. La musique doit bercer l'âme dans le vague, et ne lui présenter que des motifs. Malheur à celle dont on dira qu'elle a tout défini ! Les accords plaisent à l'oreille par la même raison que les saveurs et les parfums plaisent au goût et à l'odorat.

Mais, si la rigide construction de la phrase gêne la marche du musicien, l'imagination du poëte est encore arrêtée par le génie circonspect de la langue. Les métaphores des poëtes étrangers ont toujours un degré de plus que les nôtres; ils serrent le style figuré de plus près, et leur poésie est plus haute en couleur. Il est généralement vrai que les figures orientales étaient folles; que celles des Grecs et des Latins ont été hardies, et que les nôtres sont simplement justes. Il faut donc que le poëte français plaise par la pensée, par une élégance continue, par des mouvements heureux, par des alliances de mots. C'est ainsi que les grands maîtres n'ont pas laissé de cacher d'heureuses hardiesses dans le tissu d'un style clair et sage ; et c'est de l'artifice avec lequel ils ont su déguiser leur fidélité au génie de leur langue que résulte tout le charme de leur style. Ce qui fait croire que la langue française, sobre et timide, serait encore la dernière des langues, si la masse de ses bons écrivains ne l'eût poussée au premier rang en forçant son naturel.

Un des plus grands problèmes qu'on puisse proposer aux hommes est cette constance de l'ordre régulier dans notre langue. Je conçois bien que les Grecs et même les Latins, ayant donné une famille à chaque mot et de riches modifications à leurs finales, se soient livrés aux plus hardies tournures pour obéir aux impressions qu'ils recevaient des objets; tandis que, dans nos langues modernes, l'embarras des conjugaisons et l'attirail des articles, la présence d'un nom mal apparenté ou d'un verbe défectueux, nous font tenir sur nos gardes, pour éviter l'obscurité. Mais pourquoi, entre les langues modernes, la nôtre s'est-elle trouvée seule si rigoureusement asservie à l'ordre direct? Serait-il vrai que, par son caractère, la nation française eût souverainement besoin de clarté ?

Tous les hommes ont ce besoin sans doute, et je ne croirai jamais que dans Athènes et dans Rome les gens du peuple aient usé de fortes inversions. On voit même les plus grands écrivains se plaindre de l'abus qu'on en faisait en vers et en prose. Ils sentaient que l'inversion était l'unique source des difficultés et des équivoques dont leurs langues fourmillent; parce qu'une fois l'ordre du raisonnement sacrifié, l'oreille et l'imagination, ce qu'il y a de plus capricieux dans l'homme, restent maîtresses du discours. Aussi, quand on lit Démétrius de Phalère, est-on frappé des éloges qu'il donne à Thucydide, pour avoir débuté, dans son histoire, par une phrase de construction toute française. Cette phrase était élégante et directe à la fois, ce qui arrivait rarement; car toute langue accoutumée à la licence des inversions ne peut plus porter le joug de l'ordre sans perdre ses mouvements et sa grâce.

Mais la langue française, ayant la clarté par excellence, a dû chercher toute son élégance et sa force dans l'ordre direct; l'ordre et la clarté ont dû surtout dominer dans la prose, et la prose a dû lui donner l'empire. Cette marche est dans la nature; rien n'est, en effet, comparable à la prose française.

Il y a des piéges et des surprises dans les langues à inversions; le lecteur reste suspendu dans une phrase latine, comme un voyageur devant des routes qui se croisent; il attend que toutes les finales l'aient averti de la correspondance des mots; son oreille reçoit, et son esprit, qui n'a cessé de décomposer pour composer encore, résout enfin le sens de la phrase comme un problème. La prose française se développe en marchant, et se déroule avec grâce et noblesse. Toujours sûre de la construction de ses phrases, elle entre avec plus de bonheur dans la discussion des choses abstraites, et sa sagesse donne de la confiance à la pensée. Les philosophes l'ont adoptée parce qu'elle sert de flambeau aux sciences qu'elle traite, et qu'elle s'accommode également et de la frugalité didactique, et de la magnificence qui convient à l'histoire de la nature.

On ne dit rien en vers qu'on ne puisse très-souvent exprimer aussi bien dans notre prose, et cela n'est pas toujours réciproque. Le prosateur tient plus étroitement sa pensée, et la conduit par le plus court chemin, tandis que le versificateur laisse flotter les rênes, et va où la rime le pousse. Notre prose s'enrichit de tous les trésors de l'expression ; elle poursuit le vers dans toutes ses hauteurs, et ne laisse entre elle et lui que la rime. Étant commune à tous les hommes, elle a plus de juges que la versification, et sa difficulté se cache sous une extrême facilité. Le versificateur enfle sa voix, s'arme de la rime et de la mesure, et tire une pensée commune du sentier vulgaire ; mais aussi que de faiblesses ne cache pas l'art des vers! La prose accuse le nu de la pensée ; il n'est pas permis d'être faible avec elle. Selon Denys d'Halicarnasse, il y a une prose qui vaut mieux que les meilleurs vers, et c'est elle qui fait lire les ouvrages de longue haleine, parce qu'elle seule peut se charger des détails, et que la variété de ses périodes lasse moins que le charme continu de la rime et de la mesure. Et qu'on ne croie pas que je veuille par là dégrader les beaux vers ; l'imagination pare la prose, mais la poésie pare l'imagination. La raison elle-même a plus d'une route, et la raison en vers est admirable ; mais le mécanisme du vers fatigue, sans offrir à l'esprit des tournures plus hardies, dans notre langue surtout, où les vers semblent être les débris de la prose qui les a précédés ; tandis que chez les Grecs, sauvages plus harmonieusement organisés que nos ancêtres, les vers et les dieux régnèrent longtemps avant la prose et les rois. Aussi peut-on dire que leur langue fut longtemps chantée avant d'être parlée ; et la nôtre, à jamais dénuée de prosodie, ne s'est dégagée qu'avec peine de ses articulations rocailleuses. De là nous est venue cette rime tant reprochée à la versification moderne, et pourtant si nécessaire pour lui donner cet air de chant qui la distingue de la prose. Au reste, les anciens n'eurent-ils pas le retour des mesures comme nous celui des sons ; et n'est-ce pas ainsi que tous les arts ont leurs rimes, qui sont les symétries? Un jour cette rime des modernes aura de grands avantages pour la postérité; car il s'élèvera des scolastiques qui compileront laborieusement toutes celles des langues mortes; et, comme il n'y a presque pas un mot qui n'ait passé par la rime, ils fixeront par là une sorte de prononciation uniforme et plus ou moins semblable à la nôtre, ainsi que par les lois de la mesure nous avons fixé la valeur des syllabes chez les Grecs et les Latins.

Quoi qu'il en soit de la prose et des vers français, quand cette langue traduit, elle explique véritablement un auteur. Mais les langues italienne et anglaise, abusant de leurs inversions, se jettent dans tous les moules que le texte leur présente; elles se calquent sur lui, et rendent difficulté pour difficulté: je n'en veux pour preuve que Davanzati. Quand le sens de Tacite se perd comme un fleuve qui disparaît tout à coup sous la terre, le traducteur plonge et se dérobe avec lui. On les voit ensuite reparaître ensemble; ils ne se quittent pas l'un l'autre, mais le lecteur les perd souvent tous deux.

La prononciation de la langue française porte l'empreinte de son caractère; elle est plus variée que celle des langues du Midi, mais moins éclatante; elle est plus douce que celle des langues du Nord, parce qu'elle n'articule pas toutes ses lettres. Le son de l'*e* muet, toujours semblable à la dernière vibration des corps sonores, lui donne une harmonie légère qui n'est qu'à elle.

Si on ne lui trouve pas les diminutifs et les mignardises de la langue italienne, son allure est plus mâle. Dégagée de tous les protocoles que la bassesse inventa pour la vanité et la faiblesse pour le pouvoir, elle en est plus faite pour la conversation, lien des hommes et charme de tous les âges; et, puisqu'il faut le dire, elle est de toutes les langues la seule qui ait une probité attachée à son génie. Sûre, sociale, raisonnable, ce n'est plus la langue française, c'est la langue humaine. Et voilà pourquoi les puissances l'ont appelée dans leurs traités; elle y règne depuis les conférences de Nimègue; et désormais les intérêts des peuples et les volontés des rois reposeront sur une base plus fixe; on ne sèmera plus la guerre dans des paroles de paix.

Aristipe, ayant fait naufrage, aborda dans une île inconnue, et, voyant des figures de géométrie tracées sur le rivage, il s'écria que les dieux ne l'avaient pas conduit chez des barbares. Quand on arrive chez un peuple et qu'on y trouve la langue française, on peut se croire chez un peuple poli.

Leibnitz cherchait une langue universelle, et nous l'établissions autour de lui. Ce grand homme sentait que la multitude des langues était fatale au génie, et prenait trop sur la brièveté de la vie. Il est bon de ne pas donner trop de vêtements à sa pensée; il faut, pour ainsi dire, voyager dans les langues, et, après avoir savouré le goût des plus célèbres, se renfermer dans la sienne.

Si nous avions des littératures de tous les peuples passés comme nous avons celles des Grecs et des Romains, ne faudrait-il pas que tant de langues se réfugiassent dans une seule par la traduction? Ce sera vraisemblablement le sort des langues modernes, et la nôtre leur offre un port dans le naufrage. L'Europe présente une république fédérative, composée d'empires et de royaumes, et la plus redoutable qui ait jamais existé; on ne peut en prévoir la fin, et cependant la langue française doit encore lui survivre. Les États se renverseront, et notre langue sera toujours retenue dans la tempête par deux ancres, sa littérature et sa clarté, jusqu'au moment où, par une de ces grandes révolutions qui remettent les choses à leur premier point, la nature vienne renouveler ses traités avec un autre genre humain.

Mais, sans attendre l'effort des siècles, cette langue ne peut-elle pas se corrompre? Une telle question mènerait trop loin ; il faut seulement soumettre la langue française au principe commun à toutes les langues.

Le langage est la peinture de nos idées, qui à leur tour sont des images plus ou moins étendues de quelques parties de la nature. Comme il existe deux mondes pour chaque homme en particulier, l'un hors de lui, qui est le monde physique, et l'autre au dedans, qui est le monde moral ou intellectuel, il y a aussi deux styles dans le langage, le *naturel* et le *figuré*. Le premier exprime ce qui se passe hors de nous et dans nous par des causes physiques ; il compose le fond des langues, s'étend par l'expérience, et peut être aussi grand que la nature. Le second exprime ce qui se passe dans nous et hors de nous ; mais c'est l'imagination qui le compose des emprunts qu'elle fait au premier. *Le soleil brûle ; le marbre est froid ; l'homme désire la gloire :* voilà le langage propre ou naturel. *Le cœur brûle de désir ; la crainte le glace ; la terre demande la pluie :* voilà le style figuré, qui n'est que le simulacre de l'autre, et qui double ainsi la richesse des langues. Comme il tient à l'idéal, il paraît plus grand que la nature.

L'homme le plus dépourvu d'imagination ne parle pas longtemps sans tomber dans la métaphore. Or c'est ce perpétuel mensonge de la parole, c'est le style métaphorique qui porte un germe de corruption. Le style naturel ne peut être que vrai ; et, quand il est faux, l'erreur est de fait, et nos sens la corrigent tôt ou tard. Mais les erreurs dans les figures ou dans les métaphores annoncent de la fausseté dans l'esprit et un amour de l'exagération qui ne se corrige guère.

Une langue vient donc à se corrompre, lorsque, confondant les limites qui séparent le style naturel du figuré, on met de l'affectation à outrer les figures et à rétrécir le naturel qui est la base, pour charger d'ornements superflus l'édifice de l'imagination. Par exemple, il n'est point d'art ou de profession dans la vie qui n'ait fourni des expressions figurées au langage ; on dit : *la trame de la perfidie ; le creuset du malheur ;* et on voit que ces expressions sont comme à la porte de nos ateliers et s'offrent à tous les yeux. Mais, quand on veut aller plus avant, et qu'on dit : *cette vertu qui sort du creuset n'a pas perdu tout son alliage ; il lui faut plus de cuisson :* lorsqu'on passe de la trame de la perfidie *à la navette de la fourberie,* on tombe dans l'affectation.

C'est ce défaut qui perd les écrivains des nations avancées : ils veulent être neufs, et ne sont que bizarres ; ils tourmentent leur langue, pour que l'expression leur donne la pensée, et c'est toujours celle-ci qui doit toujours amener l'autre. Ajoutons qu'il y a une seconde espèce de corruption, mais qui n'est pas à craindre pour la langue française : c'est la bassesse des figures. Ronsard disait : *le soleil perruqué de lumière ; la voile s'enfle à plein ventre.* Ce défaut précède la maturité des langues, et disparaît avec la politesse.

Par tous les mots et toutes les expressions dont les arts et les métiers ont enrichi les langues, il semble qu'elles aient peu d'obligation aux gens de la cour et du monde ; mais, si c'est la partie laborieuse d'une nation qui crée, c'est la partie oisive qui choisit et qui règne. Le travail et le repos sont pour l'une, le loisir et les plaisirs pour l'autre. C'est au goût dédaigneux, c'est à l'ennui d'un peuple d'oisifs que l'art a dû ses progrès et ses finesses. On sent, en effet, que tout est bon pour l'homme de cabinet et de travail, qui ne cherche le soir qu'un délassement dans les spectacles et les chefs-d'œuvre des arts; mais, pour des âmes excédées de plaisirs et lasses de repos, il faut sans cesse des attitudes nouvelles et des sensations toujours plus exquises.

Peut-être est-ce ici le lieu d'examiner ce reproche de pauvreté et d'extrême délicatesse si souvent fait à la langue française. Sans doute il est difficile d'y tout exprimer avec noblesse ; mais voilà précisément ce qui constitue en quelque sorte son caractère. Les styles sont classés dans notre langue, comme les sujets dans notre monarchie. Deux expressions qui conviennent à la même chose ne conviennent pas au même ordre de choses ; et c'est à travers cette hiérarchie des styles que le bon goût sait marcher. On peut ranger nos grands écrivains en deux classes : les premiers, tels que Racine et Boileau, doivent tout à un travail obstiné ; ils parlent un langage parfait dans ses formes, sans mélange, toujours idéal, toujours étranger au peuple qui les environne; ils deviennent les écrivains de tous les temps et perdent bien peu dans la postérité. Les seconds, nés avec plus d'originalité, tels que Molière ou la Fontaine, revêtent leurs idées de toutes les formes populaires ; mais avec tant de sel, de goût et de vivacité, qu'ils sont à la fois les modèles et les répertoires de leur langue. Cependant leurs couleurs plus locales s'effacent à la longue: le charme du style mêlé s'affadit ou se perd, et ces auteurs ne sont pour la postérité, qui ne peut les traduire, que les écrivains de leur nation. Il serait donc aussi injuste de juger de l'abondance de notre langue par le *Télémaque* ou *Cinna* seulement, que de la population de la France par le petit nombre appelé la *bonne compagnie*.

J'aurais pu examiner jusqu'à quel point et par combien de nuances les langues passent et se dégradent en suivant le déclin des empires. Mais il suffit de dire qu'après s'être élevées d'époque en époque jusqu'à la perfection, c'est en vain qu'elles en descendent ; elles y sont fixées par les bons livres, et c'est en devenant langues mortes qu'elles se font réellement immortelles. Le mauvais latin du Bas-Empire n'a-t-il pas donné un nouveau lustre à la belle latinité du siècle d'Auguste? Les grands écrivains ont tout fait. Si notre France cessait d'en produire, la langue de Racine et de Voltaire deviendrait une langue morte ; et, si les Esquimaux nous offraient tout à coup douze écrivains du premier ordre, il faudrait bien que les regards de l'Europe se tournassent vers cette littérature des Esquimaux.

Terminons, il est temps, l'histoire déjà trop longue de la langue française. Le choix de l'Europe est expliqué et justifié ; voyons d'un coup d'œil comment, sous le règne de Louis XV, il a été confirmé, et comment il se confirme encore de jour en jour.

Louis XIV, se survivant à lui-même, voyait commencer un autre siècle, et la France ne s'était reposée qu'un moment. La philosophie de Newton attira d'abord nos regards, et Fontenelle nous la fit aimer en la combattant. Astre doux et paisible, il régna pendant le crépuscule qui sépara les deux règnes. Son style clair et familier s'exerçait sur des objets profonds, et nous déguisait notre ignorance. Montesquieu vint ensuite montrer aux hommes les droits des uns et les usurpations des autres, le bonheur possible et le malheur réel. Pour écrire l'histoire grande et calme de la nature, Buffon emprunta ses couleurs et sa majesté ; pour en fixer les époques, il se transporta dans des temps qui n'ont point existé pour l'homme ; et là son imagination rassembla plus de siècles que l'histoire n'en a depuis gravé dans ses annales : de sorte que ce qu'on appelait le commencement du monde, et qui touchait pour nous aux ténèbres d'une éternité antérieure, se trouve placé par lui entre deux suites d'événements comme entre deux foyers de lumière. Désormais l'histoire du globe précédera celle de ses habitants.

Partout on voyait la philosophie mêler ses fruits aux fleurs de la littérature, et l'Encyclopédie était annoncée. C'est l'Angleterre qui avait tracé ce vaste bassin où doivent se rendre nos diverses connaissances ; mais il fut creusé par des mains françaises. L'éclat de cette entreprise rejaillit sur la nation, et couvrit le malheur de nos armes. En même temps un roi du Nord faisait à notre langue l'honneur que Marc-Aurèle et Julien firent à celle des Grecs : il associait son immortalité à la nôtre ; Frédéric voulut être loué des Français, comme Alexandre des Athéniens. Au sein de tant de gloire, parut le philosophe de Genève. Ce que la morale avait jusqu'ici enseigné aux hommes, il le commanda, et son impérieuse éloquence fut écoutée. Raynal donnait enfin aux deux mondes le livre où sont pesés les crimes de l'un et les malheurs de l'autre. C'est là que les puissances de l'Europe sont appelées tour à tour au tribunal de l'humanité, pour y frémir des barbaries exercées en Amérique ; au tribunal de la philosophie, pour y rougir des préjugés qu'elles laissent encore aux nations ; au tribunal de la politique, pour y entendre leurs véritables intérêts, fondés sur le bonheur des peuples.

Mais Voltaire régnait depuis un siècle, et ne donnait de relâche ni à ses admirateurs ni à ses ennemis. L'infatigable mobilité de son âme de feu l'avait appelé à l'histoire fugitive des hommes. Il attacha son nom à toutes les découvertes, à tous les événements, à toutes les révolutions de son temps, et la renommée s'accoutuma à ne plus parler sans lui. Ayant caché le despotisme de l'esprit sous des grâces toujours nouvelles, il devint une puissance en Europe, et fut pour elle le Français par excellence, lorsqu'il était pour les Français l'homme de tous les lieux et de tous les siècles. Il joignit enfin à l'universalité de sa langue son universalité personnelle ; et c'est un problème de plus pour la postérité.

Ces grands hommes nous échappent, il est vrai, mais nous vivons encore de leur gloire, et nous la soutiendrons, puisqu'il nous est donné de faire dans le monde physique les pas de géant qu'ils ont faits dans le monde moral. L'airain vient de parler entre les mains d'un Français, et l'immortalité que les livres donnent à notre langue, des automates vont la donner à sa prononciation. C'est en France et à la face des nations que deux hommes se sont trouvés entre le ciel et la terre, comme s'ils eussent rompu le contrat éternel que tous les corps ont fait avec elle. Ils ont voyagé dans les airs, suivi des cris de l'admiration et des alarmes de la reconnaissance. La commotion qu'un tel spectacle a laissée dans les esprits durera longtemps ; et si, par ses découvertes, la physique poursuit ainsi l'imagination dans ses derniers retranchements, il faudra bien qu'elle abandonne ce merveilleux, ce monde idéal d'où elle se plaisait à charmer et à tromper les hommes : il ne restera plus à la poésie que le langage de la raison et des passions.

Cependant l'Angleterre, témoin de nos succès, ne les partage point. Sa dernière guerre avec nous la laisse dans la double éclipse de sa littérature et de sa prépondérance ; et cette guerre a donné à l'Europe un grand spectacle. On y a vu un peuple libre conduit par l'Angleterre à l'esclavage, et ramené par un jeune monarque à la liberté. L'histoire de l'Amérique se réduit désormais à trois époques : égorgée par l'Espagne, opprimée par l'Angleterre, et sauvée par la France.

PHILOSOPHIE.

LETTRES A M. NECKER.

> J'ai souhaité cent fois que, si Dieu soutient la nature, elle le marquât sans équivoque; et que, si les marques qu'elle en donne sont trompeuses, elle les supprimât tout à fait; qu'elle dît tout ou rien, afin que je visse quel parti je dois suivre.
>
> Pascal.

I

SUR LA RELIGION.

Vous écrivez pour éclairer le monde; j'ai cru pouvoir vous écrire pour m'éclairer avec vous. Si l'opinion gouverne la terre, ceux qui dirigent l'opinion ne parlent et n'écrivent jamais impunément : ils sont responsables de leurs idées, comme les rois de leurs actions; et tout homme a droit de marquer sa surprise lorsque M. Necker publie un livre de métaphysique qui doit déplaire également aux prêtres et aux philosophes, et qui peut être condamné le même jour dans Genève, dans Rome et à Constantinople.

Il est probable qu'un tel livre, n'étant qu'une harangue en faveur du déisme et une paraphrase de ce vers si connu :

Si Dieu n'existait pas, il faudrait l'inventer ;

il est, dis-je, probable qu'il serait tombé de vos mains dans l'oubli, si vous ne l'aviez signé ; mais on n'a pu supposer que M. Necker eût fait un livre inutile, ni qu'il eût affecté sans raison d'éviter toute idée neuve ; et la nation, qui eût craint de vous humilier par son indifférence, a marqué pour vous lire un empressement que la légèreté de son caractère rend plus flatteur et plus cher à l'austérité du vôtre.

Vous annoncez d'abord que ce qui vous a porté à faire un volume sur l'*utilité temporelle des religions*, c'est que vous avez reconnu que, les philosophes ne pouvant ni perfectionner la morale, ni lui donner une base solide, il était temps de prêcher au peuple l'existence d'un Dieu et de sa providence.

Heureusement qu'en attaquant les philosophes vous n'avez pas nommé la philosophie. Paris, vous le savez, est la ville du monde où l'on a le mieux séparé ces deux mots : ce n'est point la philosophie, c'est un parti qui fait les philosophes. Les langues sont pleines de ces délicatesses : c'est ainsi qu'on peut fort bien connaître l'homme sans connaître les hommes. Il est donc très-heureux que vous n'ayez point accusé la philosophie de ne pouvoir nous donner un cours de morale ; ce serait attaquer la raison dans son fort ; ce serait insulter l'espèce humaine ; et il serait triste que, malgré tant de sujets de division, vous et M. de Calonne fussiez tous deux d'accord, lui pour nous annoncer le DÉFICIT des finances, et vous celui des idées. — Mais, avant d'établir que la philosophie, qui est la raison sans préjugés, peut seule, avec le secours de la conscience, donner aux hommes une morale parfaite, souffrez, monsieur, que je vous demande à qui vous en voulez, lorsque, au dix-huitième siècle, vous proclamez un Dieu vengeur et rémunérateur.

Ce n'est point aux gouvernements que vous parlez ; car il n'en est point sur la terre qui ne soit de connivence avec un clergé, et qui ne veuille tenir sa puissance du ciel. Ce n'est point aux peuples que vous prêchez, car votre livre, qui peut-être est déjà à Pétersbourg, ne parviendra jamais dans votre antichambre *; sans compter qu'un peuple qui, non-seulement croit en Dieu, mais en Jésus-Christ, rejettera toujours un ouvrage qui n'annonce qu'un Dieu pur et simple. Une nation sauvage, par exemple, passerait fort bien de l'ignorance absolue, qu'on appelle *état de pure nature*, à la connaissance d'un suprême architecte, et pourrait s'y arrêter quelque temps ; mais une nation avancée qui a déjà un culte ne rétrogradera pas : qui a le plus ne veut pas le moins. Or le peuple sait fort bien que, non-seulement il n'est point de morale sans religion, mais encore que sans religion il n'y a point d'honnête homme ; et non-seulement sans religion, mais encore sans la religion chrétienne, et surtout sans la religion catholique. Car tout cela se tient, et c'est là qu'on vous mènera toutes les fois que vous avancerez qu'il n'est point de morale sans religion. Il est plus conséquent,

* Je n'aurais même pas publié cette lettre, si je n'étais assuré de cette vérité *que le peuple ne lit point*, et surtout qu'il ne lit point les ouvrages philosophiques. Les lecteurs de toutes les classes sont riches, oisifs ou penseurs : un livre de philosophie ne leur paraîtra jamais dangereux. Voilà pourquoi, dans un pays où la presse n'est pas libre, on choisit toujours, pour veiller à la librairie, des magistrats qui ne lisent point : car on a observé que moins un homme a lu, plus il croit les livres dangereux, et plus il est tenté de mettre tout le monde à son régime.

en effet, de croire tout ce que dit un prêtre, que de lui nier un seul article.

Enfin ce n'est point aux philosophes que vous vous adressez ; car ceux qui ne seraient pas de votre avis ne cherchent pas à faire secte, et savent d'avance tout ce que vous avez à dire sur le déisme. A qui en voulez-vous donc si vous ne parlez ni aux princes, ni aux peuples, ni aux gens instruits ?

Peut-être direz-vous que votre livre était nécessaire dans un siècle et chez une nation où l'on a attaqué, tantôt avec dérision, tantôt avec violence, la religion chrétienne, et même l'existence d'un premier être. Il aurait donc fallu nous donner quelque argument nouveau en faveur de la religion, ou quelque nouvelle preuve de l'existence de Dieu. Mais vous vous contentez de recommander la morale évangélique et les cérémonies de l'Église, et vous n'établissez l'existence de Dieu que sur le grand spectacle de la nature et sur l'évidence des causes finales. Cicéron, Sénèque et la foule des rhéteurs après eux, n'ont jamais manqué une seule occasion d'étaler toute leur éloquence à ce sujet, et de cacher la pénurie des idées sous l'abondance des mots.

Mais Pascal vous eût rejeté bien loin avec vos preuves tirées du spectacle de la nature, lui pour qui Dieu était moins probable que Jésus-Christ, et qui concevait mieux qu'on pût être athée que déiste.

Il savait bien que la religion n'a rien à craindre des premiers, et que, au contraire, elle ne saurait trop redouter les autres.

Supposons, en effet, qu'un homme, après vous avoir lu, vous tînt ce discours : « L'éternité du monde ne m'a jamais répugné comme à vous ; son immensité ne m'effraye point, et je dis à la nature : *Si tu m'offres des espaces sans bornes, je t'oppose des siècles et des générations sans fin.* Placé entre ces deux infinis, je ne me crois point malheureux ; j'admets pour éléments éternels l'espace, la durée, la matière et le mouvement. Les germes semés partout me défendent de croire que la nature ait commencé, ni qu'elle s'épuise jamais. Je vois que le mouvement, en exerçant la matière, lui donne la vie, qui n'est elle-même qu'un mouvement spontané ; je vois que l'exercice de la vie produit le sentiment, et l'exercice du sentiment la pensée, ainsi que l'exercice de la pensée enfante les hautes conceptions. Or, *vie, sentiment et pensée*, voilà la trinité qui me paraît régir le monde. Toutes les productions de la terre s'abreuvent plus ou moins de ce fleuve de la vie qui en fertilise la surface. L'organisation plus compliquée des animaux en retient plus que celle des plantes, et l'homme en est encore plus chargé qu'eux : c'est le diamant qui absorbe plus de lumière que le simple cristal. Je vois donc qu'il n'y a de mortel sur la terre que les formes et tous ces assemblages d'idées que vous nommez *esprits* et *âmes*. Je vois que le premier rayon de lumière qui entre dans l'œil d'un enfant et la première goutte de lait qui tombe sur sa langue, y forment un premier jugement, puisqu'il sent que l'un n'est pas l'autre. Autour de ce jugement se rassemblent d'autres idées ; et, comme on n'oserait qualifier du nom d'armée une poignée de soldats, on ne commence à donner le nom d'*esprit* et d'*âme* qu'à un certain nombre d'idées. L'enfant indique lui-même cette époque lorsque, aidé du sentiment de son existence et de la foule de ses souvenirs, il commence à se distinguer de tout ce qui l'environne et à dire *moi*. C'est une plante arrivée à l'état de fleur. Que cet enfant périsse, il n'y aura de détruit que la somme de ses idées : son corps ira subir d'autres formes. C'est ainsi qu'en brûlant un livre ou un tableau vous perdez réellement et sans retour l'esprit et le dessin qui y sont attachés ; mais le matériel du livre et du tableau tombe en cendres et s'élève en vapeurs qui ne périssent jamais. Je suis donc plus sûr de l'immortalité des corps que de celle des esprits : d'ailleurs, l'esprit et le corps sont vraisemblablement une même chose, et celui qui connaîtrait à fond les secrets de l'anatomie rendrait compte de toutes les opérations de l'âme, puisque, à chaque découverte qu'on fait, la nature laisse tomber un de ses voiles. Si j'ai plus de peine à concevoir l'éternité antérieure du monde que son éternité postérieure, c'est que mon âme, ayant réellement commencé et craignant de finir, se figure aisément que l'univers a commencé, et qu'il pourra bien ne pas avoir de fin. Nous sommes en naissant jetés sur le fleuve de la vie ; nous ne voyons et ne concevons bien que la pente qui nous entraîne, et notre imagination en suit le cours. Mais, si nous la forçons à remonter le fleuve, la fatigue nous gagne d'abord, et notre pensée ne peut supporter le poids d'une double éternité. Ces vérités générales me suffisent, et je ne conçois pas que vous en soyez assez mécontent pour être obligé de recourir à un Dieu qui, après avoir créé le monde, ne cesse de soutenir et de réparer son ouvrage. Et, quand cela serait, quelles preuves en auriez-vous ? Où sont les titres de votre mission ? Du moins les juifs, les chrétiens et les mahométans avouent que Dieu leur a parlé, et qu'il a tracé lui-même le culte et les cérémonies qui lui plaisent. Mais vous, toutes vos preuves se réduisent à un sentiment vague d'espérance et de crainte : vous me faites du Dieu que vous désirez un portrait de fantaisie, et vous croyez lui plaire ; tandis que moi, voyant les mystères dont il s'est environné, comme d'autant de gardes qui me crient : *N'approchez pas !* je me retire, et je crois entrer mieux que vous dans ses véritables intentions. Observons aussi, entre nous, que le sort de Dieu a varié comme celui des hommes : quand les peuples étaient ignorants et barbares, ils se contentaient de faire Dieu tout-puissant, et, par ce seul mot, ils tranchaient grossièrement toutes les difficultés. Mais, à mesure qu'ils ont été plus instruits, Dieu lui-même leur a paru plus intelligent ; ils ont expliqué par les lois de la nature ce qu'ils regardaient auparavant comme une opération immédiate de son auteur, et Dieu a réellement gagné du côté de l'intelligence ce qu'il semblait perdre du côté de la puissance. C'est en ce sens que Dieu est toujours près de l'ignorant, tandis qu'il recule sans cesse devant le philosophe, qui de jour en jour le place plus loin et plus haut dans la nature, et ne l'appelle à lui qu'à toute extrémité. Si je venais donc à admettre ce Dieu à votre manière et à le distinguer du grand Tout, je n'en serais pas moins athée à vos yeux, puisque la Providence ne serait pour moi *que le nom de baptême du hasard* *, et que Dieu lui-même ne me paraîtrait, comme à tous les esprits faibles et paresseux, qu'une manière commode d'expliquer le monde. Vous croyez vainement humilier l'homme en lui parlant des bornes de son esprit. Un oiseau qui voit semer du chanvre prévoit tout au plus qu'il viendra de cette graine une forêt de plantes, mais il ne prévoit pas qu'on tirera de cette plante de quoi faire des filets : encore moins prévoit-il qu'on en fera du linge, et de ce linge du papier et des livres. Tel est l'homme : témoin des démarches de la nature, comme l'oiseau l'est des siennes, il en prévoit ce qu'il peut. Tout ce qu'elle lui offre étant une jouissance pour les siens, et un tourment pour l'esprit, il se livre et doit se livrer avec ardeur à ce double besoin de jouir d'elle et de l'étudier **. Le désordre du moral vous paraît inexplicable ; mais

---

* Cette expression heureuse et familière est de madame de Créqui, et non de Chamfort.

** C'est sans doute la seule envie de faire du bruit ou de se moquer de l'inepte question d'une académie de province qui fit avancer à Rousseau que les sciences étaient un mal. Cet excellent esprit sentait bien que l'homme est né pour se perfectionner, et qu'ici le droit est fondé sur le fait. Si nous pouvions marcher sur l'eau, aurions-nous inventé les barques? Si nous pouvions grimper les murailles, aurions-

considérez que tout est ordre, paix et symétrie dans le monde physique. Il est vrai qu'en passant des plantes aux animaux, et surtout à l'homme, on commence à trouver le désordre et la guerre, et que, s'il existait quelque être mieux organisé que l'homme, il aurait des passions encore plus terribles. Chacun tend à soi : voilà l'origine du bien et du mal. Voudriez-vous que les hommes fussent sur la terre immobiles et rangés comme des arbres à côté l'un de l'autre? La paix serait trop chère à ce prix. En tout, il ne faut pas vouloir être plus savant que la nature; et, si dans la société vous étiez trop choqué de l'inégalité des conditions, convenez du moins que le bonheur est mieux distribué que les richesses. Quant à moi, je mène une vie conforme à l'ordre en suivant les lumières de ma raison. Comme Épicure *, j'ai placé la vertu dans la volupté, afin de la rendre plus délicate et plus aimable, et de faire le bien pour le plaisir même de le faire ; tandis que vous ne songez qu'à éviter un châtiment ou à obtenir un prix. Je suis seulement fâché que le nom même de la vertu fasse la satire de l'homme, puisqu'il signifie *effort*.

Il me semble, monsieur, que, si un incrédule avait l'impolitesse de vous pousser ainsi, vous pourriez être embarrassé, quoi que vous fissiez pour surprendre son irréligion. Mais le peuple se moquerait d'un homme qui n'allègue pour règle

---

nous recours aux échelles? L'industrie supplée la puissance, et l'art aide la nature. Demander si c'est là un bien ou un mal, c'est demander en dernier résultat si le monde lui-même est un mal ou un bien, et s'il ne vaudrait pas mieux qu'il n'existât pas? c'est demander si la rhubarbe est un poison ou un aliment. La rhubarbe n'est ni l'un ni l'autre : c'est un remède. Les sciences et les arts sont aussi des remèdes contre l'ignorance, et des ressources contre les besoins.

* Ce n'est point l'Épicure défiguré par tant de calomnies dans les écoles et parmi le peuple; c'est l'Épicure de l'antiquité, un des hommes qui a le plus approché de la perfection.

de morale que l'utilité générale des sociétés, pour motif que l'intérêt et le plaisir qu'on trouve à faire le bien. Ce système est si nu, il parle si peu à l'imagination, il suppose tant de réflexions et de connaissances, tant de noblesse et de rectitude dans l'âme, qu'il ne conviendra jamais à la multitude. Ce n'est point ainsi qu'on mène les nations en laisse; il y a dans le cœur humain une fibre religieuse qu'on ne peut extirper; et voilà pourquoi, d'un bout de la terre à l'autre, on nous inocule si facilement d'une religion. Or les prêtres ont à craindre que les déistes ne les gagnent de vitesse; car les déistes appuient leur morale sur la même base qu'eux. Ils prêchent comme eux un Dieu bon et juste; ils s'attachent les cœurs par les mêmes espérances, par les mêmes consolations. Ils se mettent à la portée de tous les esprits; l'imagination ne peut résister à l'imposant tableau qu'ils font de la Providence et de l'ordre qu'elle entretient dans l'univers : ils persuadent facilement que Dieu fera pour un autre monde ce qu'il n'a pas fait pour celui-ci : ils ont enfin sur les prêtres l'avantage de la tolérance. Et voilà pourquoi la profession de foi du vicaire savoyard, laquelle est un très-beau précis de votre livre, a séduit les âmes honnêtes et douces; tandis que le livre du *Système de la nature*, fût-il aussi attrayant qu'il est ennuyeux, n'a dû entraîner personne. Un système qui ôte l'immortalité à l'homme pour la donner à l'univers, qui établit que le monde n'a ni commencement ni fin, et qui veut que tout plie sous la nécessité, ne fera jamais fortune. Les hommes sont intraitables là-dessus, et c'est une chose plaisante qu'en fait de généalogie ils tremblent toujours de rencontrer leur origine, et qu'en métaphysique ils s'épuisent pour en chercher une à l'univers. « Toutes choses, dit Pascal, sont sorties du néant et portées jusqu'à l'infini. » C'est-à-dire à l'infinie grandeur, à l'infinie petitesse et à l'infinie durée; tellement que, si l'homme aime à croire que le monde a commencé, il ne désire pas avec moins d'ardeur que son âme soit immortelle : il craint d'aborder le néant au sortir de la vie, et il s'en figure un autre au bout de celle-ci, comme dans ses jardins il fait peindre des ciels et des perspectives, afin de donner à la plus courte allée toute l'illusion de l'immensité.

Je n'ai cherché, direz-vous, qu'à épancher mon âme et mes idées ; n'ayant plus l'administration pour objet, j'ai cru devoir m'occuper de l'influence de la religion sur les États ; j'ai voulu préserver notre imagination de l'effrayant spectacle d'une existence sans date, d'une action sans liberté et d'un avenir sans espérance. Je suis un Fénelon, mais un Fénelon sans évêché ; et, loin de donner à un culte la préférence sur un autre, je me sens au fond du cœur une tolérance universelle, qui voudrait protéger toutes les croyances et jeter de nouveaux liens parmi les hommes, en leur montrant à tous le même père dans un Dieu toujours prêt à recevoir la variété de leurs tributs et à sourire indulgemment à la bizarrerie de leurs hommages.

Cette disposition d'esprit et de cœur, cette bienveillance qui vous attire vers tous les hommes et qui vous rend heureux, ne peut aussi que vous rendre plus cher à vos amis; mais ce doit être là le secret de votre âme, et, si vous en faites une profession de foi et une profession publique, elle ne peut que vous compromettre : c'est assez d'exposer sa gloire, il faut du moins dérober son bonheur. Le livre *de l'importance des opinions religieuses*, à quelque homme de lettres qu'on l'eût attribué, n'eût peut-être pas été remarqué; mais vous avez été homme public, et, comme écrivain, vous avez passé du ministère des finances à celui de la parole. On a droit de supposer que vous avez eu le temps de connaître les maladies secrètes de l'État, et votre ouvrage pourrait faire soupçonner le clergé de corruption et le gouvernement d'indolence sur le grand objet de la religion.

S'il se trouvait en Europe un monarque athée assez fou pour passer de la théorie à la pratique, un roi qui voulût détruire les temples et nous ôter tous les signes visibles de la religion, pour ne plus gouverner les hommes que par le raisonnement et par les lois, sans doute un livre qui lui démontrerait l'importance des opinions religieuses lui ouvrirait les yeux. Mais le feu roi de Prusse, qui a donné tant de symptômes d'athéisme, n'en a été que plus tolérant pour toutes les religions. Il connaissait trop bien l'énergie de ce ressort caché ; et vous savez, monsieur, que des colonies de juifs, de catholiques, de calvinistes et de luthériens, ont fleuri à l'ombre de son trône.

C'est peut-être cet exemple même que vous aviez en vue, et je conçois que, dans un moment où le roi donne l'état civil aux protestants, sans leur permettre d'avoir un culte public, vous ayez songé à proposer, en forme de dilemme, ou la tolérance religieuse aux catholiques, ou l'indifférence du déisme aux protestants. Si c'est là, comme je le pense, le but de votre ouvrage, vous l'avez indiqué si rapidement page 478, que la plupart des lecteurs auront besoin d'en être avertis. Vous y observez « que, si le nombre des dissidents était ou devenait considérable, une partie de la nation serait sans culte, et que le gouvernement ne peut s'y montrer indifférent. »

Il faut croire que, s'il existait cinq ou six religions différentes dans l'État, le gouvernement leur eût accordé à toutes la liberté du culte; mais, entre protestants et catholiques, on a sans doute craint d'élever autel contre autel. Il serait heureux que les protestants eussent assez de philosophie pour se contenter de nos prédications; mais leurs ministres ne le souffriraient pas. L'intérêt est le nerf secret de toutes les religions, et je ne voudrais pas exposer la nôtre, tout certain que je suis de sa durée, à la privation des bénéfices.

Dans tout votre livre, monsieur, vous ne cessez d'attribuer à la religion une force que vous savez très-bien qu'elle n'a pas; son impuissance contre les passions est connue, et vous n'ignorez pas son insuffisance contre les préjugés. Un homme religieux n'est-il pas bien sûr de sa damnation éternelle s'il est tué en duel? Et cependant le point d'honneur l'emporte, et il se bat. Une mère dévote sacrifie le bonheur de sa fille à l'avancement de son fils, et elle ne doute pas qu'une religieuse victime en ce monde ne le soit souvent dans l'autre.

Si la religion est impuissante contre les passions et les préjugés, vous nous direz peut-être qu'elle est admirable contre l'infortune et la misère. Plaisant dédommagement à proposer à un peuple écrasé d'impôts et opprimé par les puissances que l'enfer pour les riches et le paradis pour les pauvres! Les mauvais gouvernements ne demandent pas mieux qu'un langage qui tend à faire des esclaves plus soumis et des victimes plus résignées. Est-ce donc ainsi qu'un homme d'État doit parler à des peuples malheureux? Un habile tyran, dit Machiavel, paraîtra toujours inviolablement attaché à sa religion, s'il veut tout faire impunément.

Vous vous plaignez, monsieur, vers la fin de votre ouvrage, de ce qu'on affecte aujourd'hui de ne plus parler de *religion* dans la société. Pascal se plaignait, de son temps, de ce qu'on en parlait trop. L'esprit humain, las d'une attitude, en prend une autre, et on appelle *révolution* ces petits changements. Montaigne, Charron, Bayle, la Mothe-le-Vayer et autres, parlèrent hardiment de tout; mais ces semences de liberté se perdirent sur un terrain mal préparé. Le siècle de Louis XIV, tout littéraire et tout religieux, devint le plus beau siècle du christianisme ; je n'en excepte pas le temps de la primitive Église. Quel siècle en effet que celui où l'on voyait, non-seulement les Bossuet et les Fénelon, les Turenne et les Condé, mais les Racine, les Corneille et les Boileau, s'occuper sans relâche des moindres pratiques de la religion, sans se permettre jamais l'ombre même du doute ! Louis XIV n'avait donné qu'une allure à l'opinion, et tous les esprits la suivirent. Mais sous Louis XV, prince qui laissait tout aller, chacun s'ouvrit une route : l'insurrection fut générale, et on ne parla que de philosophie et de religion pendant un demi-siècle. Aujourd'hui, l'usage est de ne parler ni de l'une ni de l'autre. Ces questions ont fatigué le monde. Il n'y a que quelques jeunes gens, vexés par des pratiques minutieuses de dévotion, qui s'en vengent par des propos au sortir du collége ; mais l'expérience leur apprend bientôt que, si l'homme est une trop chétive créature pour offenser l'Être suprême, il n'en est pas moins vrai que les irrévérences sont des crimes envers la société ; qu'il ne faut ni blesser les dévots ni ennuyer les gens d'esprit, et qu'en tout il est plus plaisant de parler de ce monde-ci que de l'autre. Au reste, l'homme qui pense fait toujours ce dont il s'agit à l'époque où il se trouve, et je ne doute pas qu'avec sa fureur de dominer le siècle, Voltaire n'eût été autrefois un Père de l'Église ou un fondateur d'ordre*. On sait assez jusqu'où il poussait sa jalousie contre les fondateurs de religions.

---

* Peut-on en douter, quand on trouve tout l'esprit de nos philosophes modernes dans les Pères de l'Église, et surtout dans saint Augustin, qui disait que, si la raison vient tard aux enfants, c'est afin qu'elle les trouve *acoquinés* à ce monde ?

Il faut avouer aussi que c'est là la première des gloires ; mais n'est-ce pas une puérilité que de s'affliger de trouver la place prise? Dans le grand nombre des sectaires, combien peu ont réussi ! Et à quel prix encore? Quel admirable concours de circonstances ne faut-il pas pour fonder une religion? Dieu lui-même avait préparé la terre pour l'établissement du christianisme. En vain la mythologie flattait les faiblesses humaines et charmait l'imagination ; il y a dans l'homme une partie raisonneuse qui n'était pas satisfaite ; la religion n'était que poétique, et voilà pourquoi il se formait de toutes parts des sectes et des associations d'adorateurs d'un seul Dieu. Le stoïcisme surtout éleva l'homme au-dessus de lui-même ; mais, comme tant de sages ne professaient que le déisme pur, et ne dressaient des temples à Dieu qu'au fond de leur cœur, ils ne purent fixer les regards de la multitude, qui admirait leur vertu sans voir quel en était l'objet ou le prix. La superstition débordée sur la terre demandait une main qui lui creusât un lit et lui donnât un cours régulier. Le christianisme vint et parla aux sens, à l'esprit et au cœur. En retenant la pompe du paganisme, la subtile métaphysique des Grecs et toute la pureté du stoïcisme, cette religion se trouva parfaitement appropriée à la nature humaine. C'est elle qui a consacré le berceau de toutes les monarchies de l'Europe : elle a favorisé le progrès de la lumière ; en nourrissant le feu des disputes, elle a fait tourner au profit des nations et les utiles scandales des papes, et les inutiles vertus du cloître, et les succès des méchants, et les vertus des incrédules, et je ne sais ce que tous ses adversaires réunis pourront mettre à sa place si jamais l'Europe les constitue arbitres entre l'homme et Dieu.

Voilà ce que pense aujourd'hui la plus saine partie du monde ; mais on est convenu de ne plus agiter ces questions ;

ce sont des écueils marqués sur la carte, et chacun les évite. Les esprits les plus heureux en métaphysique, que gagnent-ils à méditer sur l'infini, sur Dieu, sur l'âme, sur l'éternité ? Une image neuve, une expression plus vive, et voilà tout *. Ce n'est point par là qu'on recule les bornes de l'esprit humain ; en tout il ne faut pas songer à être plus qu'homme, mais seulement à être plus homme.

La croyance en un Dieu n'a surtout aucun besoin d'appui. Elle est si naturelle et si nécessaire aux gouvernements, aux peuples, à la société, aux beaux-arts **, à la richesse pour sa sûreté, à la misère pour sa consolation ! Le monde serait orphelin, dit Shaftesbury, si Dieu n'existait pas ***.

---

* Voici la plus grande de ces expressions : *La nature est un cercle dont le centre est partout, la circonférence nulle part*. Elle est du vieux Trismégiste ; elle a été répétée par Timée de Locre, par saint Augustin, et enfin par Pascal.

** Je dirais volontiers à un artiste athée : Si vous niez un Dieu, l'homme étant le premier être de la nature, le singe devient son lieutenant, et que deviennent les belles formes ? Nous songeons à nous élever, et, s'il y avait des anges, nos femmes nous quitteraient pour eux, afin d'ennoblir et de perfectionner l'espèce. C'est ainsi que, dans la Fontaine, le mulet vante toujours sa mère la jument, en dépit de M. Mercier, qui lui rappelle toujours l'âne son père. Mettez donc l'infini entre vous et votre modèle, et donnez-vous un but qui recule sans cesse.

*** Lisez dans Voltaire combien il fut frappé d'admiration quand il vit pour la première fois que Locke, Clarke et Newton ne prononçaient jamais le nom de Dieu sans lever le chapeau. Il y a pourtant une république fort sage qui ne veut pas qu'on parle de Dieu ni en bien ni en mal. C'est là qu'on n'entend point demander d'un côté : *Y a-t-il un Dieu ?* et de l'autre : *Combien y a-t-il de dieux ?* Un Athénien avait commencé l'éloge d'Hercule. Un Spartiate lui demanda : Qu'est-ce qui le blâme ? Du reste, si on était forcé à se décider entre un athée qui n'admet point de Dieu, et un idolâtre qui en admettrait un ridicule, il faudrait, selon M. Necker, se décider pour l'idolâtre.

On ne peut, monsieur, qu'être frappé, en vous lisant, de la peinture que vous faites du vide et de la solitude que nous laissent les grandes places ; elles ont l'inconvénient des grandes passions, de rendre tout le reste insupportable. Vous le savez, tout homme qui s'élève s'isole, et je comparerais volontiers la hiérarchie des esprits à une pyramide. Ceux qui sont vers la base répondent aux plus grands cercles et ont beaucoup d'égaux ; à mesure qu'on s'élève, on répond à des cercles plus resserrés ; enfin la pierre qui surmonte et termine la pyramide est seule et ne répond à rien.

Ce qu'il y a de triste, c'est que le monde, qui veut compter avec les grandes places et les grands talents, se figure communément que, pour un homme qui les réunit, tout est plaisir ou pensée. Et cependant à quoi se réduit la vie si on se sert de cette mesure ? Sénèque ou Pétrone, soit que vous comptiez par vos plaisirs ou par vos pensées, vous aurez peu vécu ! Quelques jouissances, quelques idées, voilà ce qui fait le grand homme ou l'heureux ; et c'est dans une page d'écriture ou dans les bornes d'un jour qu'on peut resserrer la gloire et le bonheur de la plus longue vie. Il n'en est pas ainsi de la sottise et du malheur.

Je finis, et je me propose, si vous le trouvez bon, d'établir, dans une autre lettre, que les philosophes sans la morale ne sont plus des sages, mais simplement des raisonneurs ; que la religion n'est point la perfection de la morale, car la morale est toujours parfaite et n'est susceptible de plus ni de moins ; mais que la religion est le supplément des lois, puisqu'elle ajoute à la peur des supplices temporels la crainte des peines éternelles, *lex quæ ligat, religio quæ religat;* qu'ainsi les lois sont faites pour retenir les méchants, la religion pour les âmes intéressées, et la morale pour les consciences.

II

SUR LA MORALE.

J'ai tâché, monsieur, de faire sentir, dans ma première lettre, combien la position d'un déisme théologien * est fâcheuse. Poussé par les philosophes, harcelé par les prêtres, la peur de l'athéisme le fait glisser malgré lui vers une religion révélée, et alors il faut qu'il en adopte une ancienne ou qu'il en fonde une nouvelle. Mais, pour ne pas abuser plus longtemps de votre situation, je me contenterai d'observer :

1° Que, dans ce conflit de religions qui se disputent la terre, il est naturel que le sage se tienne hors de la mêlée ;

2° Que tout ministre sage sait fort bien qu'au dix-huitième siècle un moyen sûr de perdre la terre serait de trop s'occuper du ciel ;

3° Que ce ne sont pas les vieilles nations qu'il faut mener par des ressorts usés ;

---

* *Déiste théologien.* On s'est servi de cette expression pour distinguer M. Necker du déiste philosophe; celui-ci n'ose pas prononcer sur la nécessité d'un culte ; il admet un Dieu formateur de l'univers, qui doit réunir toutes les perfections nécessaires à son essence, et non telles que nous les imaginons. Il ne croit pas que ce Dieu se soit révélé aux hommes autrement que par ses ouvrages. Il ne croit pas que la morale ait besoin des promesses d'un paradis ou des peines de l'enfer pour diriger l'honnête homme et le rendre heureux. Il ne croit pas enfin que l'Évangile ait rien appris aux hommes en fait de morale : le pardon des injures, la modestie, la charité, etc., tout cela est fortement

4° Que c'est un grand signe de décadence dans un État lorsqu'il s'y trouve une certaine classe de citoyens plus éclairée que le gouvernement ;

5° Qu'enfin, se contenter de dire aux lecteurs clairvoyants que plus on les opprime et plus ils doivent être religieux, c'est offrir à un philosophe qui marcherait au supplice la ressource d'un confesseur.

Et, laissant ces propositions comme évidentes, je passe à la distinction des religions, des lois et de la morale.

On entend par *religions* un système de dogmes et de faits vraisemblables ou merveilleux qu'on enrichit de morale afin de le rendre plus vénérable aux peuples. Mais cette partie des religions n'est point leur premier objet. Saint Paul faisait des chrétiens partout où il trouvait des hommes de bonne volonté, et on était de sa communion par le baptême plutôt que par les mœurs, avec cette observation pourtant que, si les religions se distinguent et s'établissent d'abord par le dogme et les miracles, elles se soutiennent ensuite par la morale, car le temps des martyrs et des hérésies passe, celui des philosophes arrive, et les prêtres ne peuvent plus leur résister que par les mœurs.

Les lois sont cette partie de la morale qui est écrite et qui, veillant, par la crainte des supplices, à la sûreté plus qu'à

---

recommandé dans tous les anciens moralistes; l'Évangile les a copiés; et dire que sa morale est plus parfaite que celle de Zénon ou de Cicéron est une de ces fraudes pieuses qu'on ne devrait plus se permettre, d'autant que la religion chrétienne n'en a pas besoin. L'Évangile nous a appris que les cieux s'ouvraient à une certaine hauteur; qu'il y avait trois personnes en Dieu; que la troisième personne descendait en forme de colombe; que la seconde personne viendrait juger les vivants et les morts; que le diable entrait dans le corps des gens. Voilà incontestablement ce que l'Évangile nous a appris, et ce que l'esprit humain n'aurait pu imaginer, tant la science est impuissante et vaine !

l'honnêteté publique, ne peut donner aux hommes qu'une probité moyenne. Emblème de la nécessité, les lois protégent sans amour et punissent sans courroux ; leur voix menace et ne conseille jamais ; elles effrayent les passions et ne les gouvernent pas ; elles ne peuvent rien contre les vices, et l'hypocrisie se joue de leur sévérité.

Mais la *morale* élève un tribunal plus haut et plus redoutable que celui des lois. Elle veut, non-seulement que nous évitions le mal, mais que nous fassions le bien, non-seulement que nous paraissions vertueux, mais que nous le soyons, car elle se fonde, non sur l'estime publique, qu'on peut surprendre, mais sur notre propre estime ; et, comme la raison a ses sophismes et ses perplexités, elle en appelle à sa conscience, et en reçoit le sentiment exquis et prompt qui la dirige ; aussi, quand la raison se trompe, est-elle disculpée si elle peut dire que c'est *de bonne foi*. La morale ne permet pas à la subtilité de passer pour prudence ; elle accuse souvent la justice d'inhumanité, la bienfaisance d'ostentation ; rien n'échappe à son coup d'œil : et, quand la religion est obligée de sortir de l'homme pour le récompenser ou le punir dans une autre vie, la morale le punit au dedans de lui-même dès qu'elle le condamne, et le récompense dès qu'elle l'approuve.

Qui doute que la morale, ainsi définie, n'eût fait le bonheur du monde ? Mais la superstition, qui n'osa pas toujours se présenter sans elle, s'en empara de bonne heure, et c'est de ce mélange qu'est née la religion dans tous les lieux et dans tous les temps. Les sages travaillent sans relâche à les séparer, mais c'est en vain ; une telle mixtion plaît aux peuples qui s'en sont une fois abreuvés, et la morale pure et simple répugne à leur goût corrompu. Ainsi les philosophes, en séparant la morale de la superstition, ne travaillent que pour le petit nombre, et le gros du monde ignore ce qu'ils font.

Mais les fondateurs de religions, qui voulaient régner sur

la foule, virent très-bien qu'il y avait trois manières de gouverner le monde : d'abord par les sensations, et c'est l'empire des femmes et des beaux-arts ; ensuite par la crainte et l'espérance, ressort si puissant entre les mains des charlatans ; et enfin par la raison, partage des philosophes. Ils virent en même temps que c'étaient les habiles gens et le peuple qui composaient le train de ce monde, et qu'ils allaient au même but, les uns par l'instinct et les autres par le raisonnement ; tandis que les sots, espèce métive, ayant gâté leur instinct sans trop perfectionner leur raison, et n'ayant de la science que l'éblouissement, n'étaient bons qu'à troubler l'ensemble et l'harmonie du monde. Ils s'adressèrent donc au peuple et aux habiles, et, comptant les sots pour rien, ils demandèrent au peuple le sacrifice de sa raison et aux habiles celui de leur bonne foi. Le peuple accorda sans peine, mais les habiles se partagèrent : les uns, plus politiques, s'attachèrent à l'utilité, et eurent tout crédit, les autres s'attachèrent à la vérité, et ne gagnèrent au partage que le nom de philosophes ; injure honorable que si peu d'hommes ont méritée.

Le plus simple des cultes et le moins répandu fut celui où la morale l'emporta tout à fait sur la superstition : c'est la religion de Confucius, de Socrate, d'Épictète et de Marc-Aurèle. Ils admettaient l'existence d'un Dieu et faisaient l'âme de même nature que lui. A la mort, chaque esprit en particulier se rejoignait à cette âme universelle du monde, comme une goutte d'eau retourne à l'Océan. Ils se croyaient animés d'un rayon de la Divinité, et cette idée, qui les consacrait pour ainsi dire à leurs propres yeux, donnait à leur vie une grande innocence de mœurs et une véritable sainteté. Les seuls biens ici-bas, c'étaient la raison et la morale, qui en est le plus noble usage ; les seuls maux, c'étaient le vice et tous les égarements de la raison. La santé, la force, les richesses et les honneurs, la maladie, les faiblesses, les persécutions et la pauvreté, n'étaient que des choses moyennes qui servaient tantôt au vice et tantôt à la vertu. Enfin, le monde entier n'était qu'une vaste cité dont Dieu avait posé les fondements et dont chaque homme était citoyen ; de sorte que les rois, se faisant la guerre, n'étaient que des magistrats séditieux excitant le peuple et se battant dans les rues. Tel fut l'admirable système des stoïciens ; et, quoique le spectacle de la vertu malheureuse et du crime triomphant pût leur donner l'idée des peines et des récompenses à venir, ils se gardèrent de prononcer. Ils craignirent sans doute de favoriser l'idée d'un purgatoire en voyant le parti que les prêtres ont toujours tiré de cette hypothèse ; car le purgatoire est de toute antiquité. C'est en effet le dogme de l'immortalité de l'âme, joint à celui des peines et des récompenses futures, qui est la racine de toute superstition ; il conduit naturellement aux expiations, aux cérémonies funéraires, aux fondations pieuses d'obits et de chapelles. Car, si les hommes n'eussent compté strictement que sur un paradis ou un enfer éternel, ils n'auraient rien donné pour se racheter, et c'est de là qu'est venue, parmi nous, cette expression proverbiale *que le purgatoire est le secret de l'Église.*

Mais la religion est, selon nous, plus savamment composée quand la superstition l'emporte sur la morale, lorsqu'elle admet des dieux, des demi-dieux ou des saints, un paradis, un enfer et un purgatoire. C'est alors qu'aidée des cérémonies et du culte extérieur des temples, elle s'empare plus violemment des esprits vulgaires, qu'on ne saurait trop, dites-vous, garrotter de religions, de lois, de coutumes, de préceptes, de peines et de récompenses pour le temps et l'éternité. Il est nécessaire que le peuple ignore des choses vraies et que, selon vous, il en croie de fausses. Les plus habiles se vouent eux-mêmes aux croyances populaires et sont contraints de maintenir ce qu'ils n'approuvent pas ; ils conviennent de certaines choses aussi utiles à persuader que ridicules à proposer ; ils ont, comme Pascal, leur pensée *de derrière* ; mais ils parlent comme le peuple. La religion met une barrière de plus autour des possessions du riche ; et, si le pauvre est opprimé, il n'y a que la religion qui puisse rendre sa lâcheté méritoire. Enfin, puisque les hommes aiment à être trompés, puisque la crédulité est une maladie de l'espèce humaine, il faut bien leur rédiger un code d'erreurs, afin qu'en ceci, comme en toute autre chose, l'uniformité soit le gage de la paix, qui est le premier des biens.

J'avoue que je n'ai jamais entendu ce raisonnement de sang-froid, de quelque autorité qu'il ait été revêtu. Il me semble que, si la crédulité religieuse est naturelle à notre espèce, le premier homme qui favorisa cette maladie, au lieu de songer à la guérir, fut bien coupable envers le genre humain. Il me semble encore qu'il n'est point de charlatan qui ne puisse faire son profit d'un tel raisonnement, et que c'est de là qu'est venue la diversité de religions, chacun ayant rédigé son code d'erreurs : si bien qu'au lieu d'obtenir par là cette paix si désirable, on a eu de nouveaux sujets de guerre. Il me semble qu'il ne devrait pas être permis de faire d'abord le mal sous prétexte qu'il en viendra un jour quelque bien ; que c'est une grande immoralité que de prêcher ce qu'on ne croit pas, et que, dans ces matières, on est toujours ou trompé ou trompeur. Il me semble enfin que, si la religion est si nécessaire au peuple, c'est moins pour le rendre heureux que pour lui faire supporter son malheur, car c'est à l'extrême inégalité des fortunes qu'il faut s'en prendre de l'expédient des religions ; quand on a rendu ce monde insupportable aux hommes, il faut bien leur en promettre un autre. Cela est si vrai, que, si un homme du peuple parvient à la richesse, on ne suppose plus que la religion lui soit si nécessaire, et sa fortune sert d'otage à la société.

Mais, comme dit Montaigne, *laissons là le peuple*, ce troupeau qui ne se sent point, qui ne se juge point, qui laisse oisives la plupart de ses facultés naturelles. Prenons l'homme dans une plus haute assiette : voyons ces gens du monde et ces gens de lettres si heureusement situés, si paisibles dans leurs possessions, si bien traités par l'opinion et la fortune. « Maintenez, disent-ils, l'état présent des choses : vous le voyez, la religion commande à tous ; l'ignorant obéit, l'homme d'esprit dissimule ; et mourir chrétiennement dans son lit, pour l'édification du prochain, est aujourd'hui le comble de la philosophie. »

C'est précisément cette hypocrisie philosophique que je viens dénoncer aux grandes âmes, qui se contentent de la mépriser, et dont je voudrais irriter les mépris contre cette classe nombreuse de raisonneurs politiques, qui, refusant leur esprit au dogme et leur cœur à la morale, ne sont ni chrétiens ni philosophes, gens qui se concentrent dans leur égoïsme et s'entourent de dupes, dont la vie entière se passe sous le masque, et qui, se servant de la religion encore plus que de leur or, se croient irréprochables, après avoir usé la vie du pauvre, en l'enchaînant à leur suite par des craintes et des espérances mensongères. C'est d'eux que nous viennent tant de fausses maximes, comme de distinguer entre l'utile et l'honnête, de balancer dans les choses honteuses et de faire entrer l'intérêt et l'espoir du secret dans la délibération ; de trouver une bonne action onéreuse, si le monde l'ignore ; maximes horribles, véritables pestes et calamités publiques ! Ce sont eux enfin qui calomnient la nature humaine, sous prétexte de rendre la religion plus nécessaire. *Un homme,* disent-ils, *qui ne craint rien pour une autre vie, et qui, pouvant égorger et dépouiller son voisin à l'insu de toute la terre, ne le fait pas, est un insensé.* Et ceux qui font ce raisonnement foulent aux pieds les terreurs d'une autre vie ; car, à quoi sert de dissimuler ! Nous sommes, dans le monde, environnés de gens qui rient des feux de l'enfer, et nous souffrons qu'ils nous disent que c'est une folie de ne pas faire le mal quand on est sûr de n'être pas vu ! Quelle sera donc notre garantie avec eux, s'ils sont aussi certains de n'être pas pendus qu'ils le sont de n'être pas damnés ? Que mon laquais ne me tue pas au fond d'un bois, parce qu'il a peur du diable, je n'irai pas ôter un tel frein à cette âme grossière, comme je ne voudrais pas lui ôter la crainte du gibet ; ne pouvant en faire un honnête homme, j'en fais un dévot. Mais il y a de quoi frémir lorsque je vois des hommes d'un certain ordre se moquer de l'alternative. Voilà très-évidemment la cause de tant de perfidies, d'ingratitudes, d'immoralités de toute espèce, de tous les crimes enfin qui n'échappent au fer des lois que pour rendre la société plus dangereuse. Car, si on veut absolument que la religion soit le garant du peuple envers les gens du monde, il faudrait du moins que la morale fût la caution des gens du monde envers le peuple.

Il faut avouer qu'il se joue sur la terre une grande et triste comédie. Chacun recommande la religion, et on la laisse au petit peuple ; on recommande aussi la vertu d'une voix plus unanime encore, et on la laisse aux dupes de tout état. Les pères et mères dans leurs maisons, les poëtes sur le théâtre, les orateurs dans les chaires, les philosophes dans leurs livres, sont tous d'accord sur les mœurs ; cependant, voyez deux filles également pauvres et belles, courir toutes deux, l'une les hasards de la vertu et l'autre les chances du vice : la première vit et meurt cachée dans la misère ; la seconde gouverne souvent l'État où son père a mendié ; les princes du sang n'osent s'asseoir devant elle ; une impératrice l'appelle ma cousine, et, ce qui est plus scandaleux, des philosophes sont à ses pieds *. Tant que la fortune, les honneurs et le vice seront d'un côté, la pauvreté, l'abandon et la vertu de l'autre, le choix des hommes ne sera pas douteux. On pourra vivre dans le vice sans vivre dans l'opprobre; on pourra même se perdre pour une bonne action : les espionnages et les loteries, ces deux crimes des gouvernements, seront à la fois en horreur et en usage; les honneurs iront sans l'honneur... Mais il y aura un culte public, et ce culte fleurira au milieu des mauvaises mœurs, comme une plante parasite sur un tronc pourri.

Je le répète encore : ce n'est point pour le peuple qu'on agite cette question, c'est pour l'aristocratie du clergé, de la robe et de l'épée ; c'est pour l'oligarchie des financiers; c'est pour le despotisme des ministres ; c'est pour tous les hommes qu'on ne peut empêcher de philosopher, riches ou pauvres, également dépourvus de religion et n'osant se fier les uns aux autres faute de morale; c'est avec de tels lecteurs que le livre *des opinions religieuses* et celui de madame de Genlis ** sont vraiment des livres dangereux. Tant que les gens d'esprit feront semblant de croire comme le peuple, ils vaudront encore moins que le peuple, puisqu'ils auront l'hypocrisie de plus. Je ne saurais trop insister là-dessus : dire que la religion est nécessaire au peuple, c'est convenir qu'on reste sans garantie avec lui dès qu'il vient à s'éclairer; c'est dire, en dernier mot, qu'on est sans garantie avec les gens d'esprit.

Mais, si la religion a tout à craindre des progrès des lumières et de la raison, la morale a tout à espérer ; elles se perfectionnent ensemble. Plus on y réfléchit, plus on est

---

* Histoire de madame de Pompadour.

** Si on a cité ici le livre de madame de Genlis, c'est qu'il est très-moderne; car d'ailleurs c'est un ouvrage absolument nul.

frappé des différences qui séparent la religion de la morale, pure et simple. Demandez à la religion où sont ses preuves ; elle apportera des miracles, des martyrs, des volumes, et la vérité se perdra dans le dédale des controverses. Mais la morale n'allègue que le sentiment intime de la conscience, et il n'est pas là de dispute. Les commencements de la religion sont connus ; la morale est contemporaine du monde. On accuse souvent la religion de tous les crimes et de tous les maux commis et soufferts en son nom. Mais de quoi pourrait-on accuser la morale ? A-t-on versé pour elle une goutte de sang ? S'est-on battu pour prouver qu'il fallait être bon père, bon époux, ami vrai ? C'est à la morale qu'on dénonce les lois et les religions ; et, quand elle a prononcé, il n'y a plus d'appel. Voilà pourquoi, sans doute, on dit *les lois, les religions* ; mais la morale est une. Si la religion cite dans ses fastes des actions où la morale ne soit pour rien, elle ne cite que des atrocités ou des extravagances, des Ravaillac ou des Siméon-Stylite ; tandis qu'on trouve, dans l'histoire ancienne et moderne, cent actions admirables où la religion ne fut pour rien. Voyez les Décius, les Régulus ; voyez, de nos jours, le chevalier Lordat, le plus inconnu des héros de l'humanité[*] ; voyez notre Bayard avec sa captive ; François de

---

[*] Le chevalier de Lordat étant dans un vaisseau qui périssait à la vue des côtes de France, et ne sachant pas nager, se trouva à côté d'un soldat excellent nageur, qui lui dit de s'attacher à lui, et qu'ils tâcheraient de se sauver ensemble : ce qu'il fit. Mais, après bien des efforts et un assez long trajet, le soldat lui avoua qu'il était épuisé, et qu'il n'espérait pas qu'ils pussent jamais gagner le bord. « Et si je vous lâchais, lui dit le chevalier de Lordat, croyez-vous que vous pussiez vous sauver ? — Peut-être, » répondit le soldat ; et, sur sa réponse, le chevalier se détache de lui et tombe au fond de la mer. Cette action n'a pas besoin de commentaire. Quant à Bayard, on peut se rappeler aussi son admirable continence avec une jeune fille qu'il avait fait venir dans sa

Guise dormant à côté de son prisonnier après la bataille de Dreux. Direz-vous que tous ces prodiges de l'honneur, de l'amour de la patrie et de l'humanité, que tant de vertus morales n'étaient rien sans la religion? Adressez-vous donc à des princes dévots et sans morale, à Philippe II, par exemple, à Louis XI, à ce Constantin, qui, plein de foi en l'efficacité du baptême, voulut le réserver pour le dernier acte d'une vie gangrenée de crimes, bien sûr d'arriver sans tache à la gloire éternelle. Mais la morale ne connaît pas ces sortes d'expiations; ses remords sont pour la vie; elle a une si haute idée de l'homme, qu'elle se fie autant à celui qui a déjà reçu sa récompense qu'à celui qui l'attend, et elle n'est jamais trompée; pendant que la religion, qui se méfie de nous, est constamment la dupe de nos passions. Un dévot avare entasse les œuvres pies, par le même principe qu'il entasse des écus. Enfin, une grande différence entre la religion et la morale, c'est que l'une abat l'homme et que l'autre l'élève; l'une se fonde sur l'humilité, l'autre sur l'estime de soi-même. La morale veut un coursier plein d'ardeur, qui parcoure noblement la carrière de la vie; la religion veut mater le sien, et trouve bon qu'il se laisse passer à la course.

Or je suis loin de regarder l'humilité chrétienne comme une disposition à la vertu... Vous voulez donc, me direz-vous, enorgueillir la misérable espèce humaine?... Eh! plût à

---

chambre, et qui le toucha par ses larmes et son innocence, au point qu'il la dota et la maria, comme si c'eût été sa propre fille. On ne dira pas que la religion y fut pour quelque chose, puisqu'il avait payé la mère de la fille pour en jouir, et qu'il croyait aussi la fille consentante. Ce qui le retint, ce fut précisément ce qui aurait attiré les désirs de nos vieux débauchés; car on sait que dans toutes les grandes villes l'innocence est le dernier repas du vice.

Dieu que je pusse l'enorgueillir assez pour qu'elle n'osât se permettre tant de bassesses ou qu'elle ne pût supporter tant d'outrages!... Mais la morale voit encore plus haut que l'orgueil; elle apprend à l'homme quelle est sa véritable dignité, afin qu'il se soutienne sur lui-même; la religion courbe l'homme et lui donne un bâton. Tant et de si notables différences viennent de ce que la religion suppose que l'homme est un être dégénéré, enclin au mal, incapable de connaître la nature du bien; tandis que la morale le suppose bon, aimant la vertu partout où il la voit et distinguant le juste de l'injuste par le seul cri de sa conscience. Voilà, monsieur, ce grand procès réduit à ses principales pièces. Le dogme et la morale, unis par la politique, sont irréconciliables par leur essence, et les philosophes parviendraient plutôt à les séparer dans l'opinion du peuple que vous à les réunir dans une tête éclairée. La religion suppose l'homme méchant, la morale le suppose bon; voilà le champ où prend racine cette haine éternelle des philosophes et des prêtres. La religion dit que l'homme est né méchant, afin de lui devenir nécessaire; elle étaye sa supposition sur l'histoire d'un péché originel, et en appelle à la société corrompue. La morale nous garantit bons; elle s'étaye sur le cœur et en appelle à la nature. Qu'est-il besoin d'agiter plus longtemps cette question? Peut-on exiger que les médecins se réjouissent de la santé de tout le monde; et ne sait-on pas que la morale est pour les prêtres ce que l'hygiène est pour les médecins?

Si pourtant on voulait joindre l'expérience à l'évidence, on n'aurait qu'à voir ce que serait un enfant élevé avec un catéchisme théologique, sachant tout ce qu'on peut savoir sur la grâce, sur les deux natures en Jésus-Christ, sur les trois personnes en Dieu, sur les peines de l'enfer et les joies du paradis, mais d'ailleurs sans idées morales; cet enfant risquerait d'être un monstre ou un fou. J'en appelle aux Petites-Maisons, où l'on trouve si souvent le Père Éternel et son Fils et son Saint-Esprit. Il n'est pas rare non plus d'y rencontrer des papes et des rois. Ce sont ces idées exagérées qui ébranlent les cerveaux des faibles et rompent l'équilibre entre le jugement et l'imagination.

Voyons ensuite ce que peut la morale sans le dogme. L'expérience est toute faite : la morale a chassé l'avarice, l'ambition et les voluptés des murs de Sparte et de l'ancienne Rome, pour y planter la franchise, la sobriété, la constance.

Le christianisme entier peut-il soutenir la comparaison des cinq premiers siècles de la république romaine et de Lacédémone? Saint Augustin lui-même est si embarrassé des vertus des Romains, qu'ils suppose que Dieu, ne pouvant leur donner le paradis, s'est acquitté avec eux par l'empire du monde.

Voyons enfin tout ce qui se passe tous les jours dans la société. On élève d'abord les enfants de tout état d'une manière assez uniforme : leur catéchisme ne contient guère de morale que celle des commandements de Dieu; tout le reste est dogme ou pratique de dévotion. Ces premiers éléments sont suivis de l'éducation des collèges, et la conscience des enfants est encore plus négligée que leur raison. Qu'arrive-t-il? Les enfants du peuple, plus immédiatement soumis aux prêtres, gardent leurs pratiques religieuses pour expier un jour les péchés où l'occasion les poussera. Les enfants des riches perdent, en entrant dans le monde, leur éducation théologique; et, comme si on les avait trompés en tout, ils ne retiennent pas même, dans cet abandon général, le peu de morale mêlée aux leçons de l'enfance. Il résulte de tout cela une société d'égoïstes et de dupes, d'hypocrites et de malheureux.

C'est dans de telles circonstances et chez un tel peuple que vous avez proposé, monsieur, de resserrer les liens de la religion et que vous avez soutenu que la morale ne peut rien sans le dogme. Mais, comme vous appeliez tous les cultes dans un pays déjà chrétien, il est arrivé que vous n'avez parlé à personne, comme j'ai déjà eu l'honneur de vous l'observer. Seulement quelques sages, ennemis du dogmatisme, vous ont demandé laquelle de toutes les religions que vous recommandiez il fallait choisir, et vous avez répondu : « Ce qu'il vous plaira, pourvu que vous choisissiez. »

Mais poursuivons le dogmatisme jusque dans son dernier retranchement. On voit chaque jour des enfants, d'abord plongés dans toutes les pratiques de la religion, effrayés, humiliés, séchant de crainte au seul nom de l'enfer, donnant enfin tous les signes d'une âme avilie et malheureuse; on les voit, dira-t-on, secouer leur terreur vers l'âge de raison, substituer aux vertus théologales toutes les vertus humaines et se montrer gens de bien et gens d'honneur tout le reste de leur vie. Et, dans des époques plus éloignées, n'a-t-on pas vu des hommes très-religieux, des saints, puisqu'il faut le dire, brillant de toutes les vertus sociales? Qu'est-ce que la philosophie a de plus grand que Vincent de Paul, qui força la superstition et l'avarice de son siècle à s'épuiser en faveur de l'humanité souffrante et dont les nombreux établissements étonneraient la magnificence des plus grands rois?

Ces exemples mêmes prouvent en faveur de la morale. Il y a heureusement des âmes si énergiques, que la religion ne peut les abattre; qu'elle ne rend ni superstitieuses ni égoïstes, et qui peuvent cesser de croire sans cesser d'être grandes, nobles et bienfaisantes. Il en est d'autres qui ont allié le dogme et la morale pendant leur vie entière, et qui ont fait, pour l'amour de Jésus-Christ, ce que Titus et Marc-Aurèle ne firent que pour l'humanité. C'est en ce sens que j'avançais tout à l'heure que la religion rend égoïste. *Périsse la* *figure du monde, pourvu que nous possédions la Jérusalem céleste!* s'écriaient les Pères du désert. N'est-ce pas là le vœu d'un homme passionné d'ambition, et connaît-on d'égoïsme plus parfait? J'avoue que Vincent de Paul n'a point confiné ses vertus dans les déserts et dans les cloîtres. Né dans un siècle orageux, il apparut aux mortels comme un Dieu bienfaisant, et ses mains charitables fermèrent les blessures multipliées que les princes de son temps firent à l'humanité. Mais, ose-t-on de bonne foi proposer aux gens du monde l'exemple d'un saint? Répondez-moi : est-ce pour avoir servi le genre humain qu'il fut grand, ou ne l'est-il que pour l'avoir servi au nom de Jésus-Christ? Accordez-moi qu'il fut grand pour avoir servi les hommes, et je vous accorderai qu'il fut saint pour les avoir servis au nom de Jésus-Christ; je le verrai entre Confucius et Marc-Aurèle, lorsqu'il sera pour vous entre saint Labre et saint Hilarion *. Mais vous, monsieur, quand un

---

* Voltaire, dans son *Histoire du parlement de Paris*, dit en parlant de Vincent de Paul : *Prêtre connu en son temps*. C'est par ces maigres paroles qu'il désigne un des plus grands bienfaiteurs de l'humanité. On ne saurait trop relever ces méprises de la philosophie envers la religion, d'autant qu'elles sont plus scandaleuses que celles de la religion envers la philosophie. Celle-ci n'est pas accoutumée à avoir des torts avec l'autre. Vincent de Paul, dont on a fait un saint, sans rien diminuer de sa gloire, a fondé les Lazaristes et les sœurs de la Charité, qui desservent tant d'hôpitaux en France, en Espagne, en Italie, en Pologne, etc. On lui doit aussi d'autres établissements, tels que l'hôpital des Enfants-Trouvés. Les peines incroyables que s'est données ce grand homme pour venir à bout de ses entreprises, les crises où le jetaient la grandeur de ses engagements, et la tiédeur des gens du monde qui coopéraient avec lui; les traits d'éloquence qui lui échappaient, quand l'éloquence était sa dernière ressource; tout ce zèle de l'humanité dont il était dévoré au milieu d'un siècle si barbare et si malheureux; tout cela, dis-je, forme un tableau qui ravit, et on croit assister à la lutte du principe du bien contre le principe du mal, en lisant l'histoire de Vincent de Paul, toute mal faite qu'elle est. Quand il eut commencé la fondation des Enfants-Trouvés, il s'aperçut, après deux ans d'efforts,

pauvre, exténué de faim et de soif, implore votre pitié, ne lui accordez-vous un morceau de pain qu'au nom de Dieu? Vous, fondateur d'hospice et bienfaiteur des malheureux, dites-nous donc pour combien ce motif est entré dans vos bienfaits! car nous avions cru jusqu'ici que l'humanité seule fondait les hôpitaux et que la religion ne pouvait y ajouter qu'une chapelle et des prêtres, c'est-à-dire un surcroît de dépense... Que j'aime bien la charité de je ne sais quel homme de lettres! Un pauvre l'aborda, et, lui ayant fait une énumération touchante de toutes ses misères, finit par lui parler de la vierge Marie. *Ah! mon ami, que faites-vous là?* lui dit l'homme de lettres. Et il se hâta de lui donner l'aumône, de peur que le pauvre n'achevât de gâter ses affaires. Il est donc certain que de deux pauvres, dont l'un nous prie au nom de ses besoins et de l'humanité, et l'autre au nom de Jésus-Christ, le premier nous donne une meilleure opinion de nous-mêmes;

que les dames charitables qui s'étaient cotisées pour ce bel établissement, effrayées de l'énormité des dépenses, se refroidissaient. Vincent les rassemble et leur dit : « Vous êtes également grandes devant Dieu et devant les hommes, pour être devenues les mères de tous ces enfants, selon la grâce et l'adoption, quand leurs mères selon la nature les avaient abandonnés. Maintenant leur sort est en vos mains : dites un mot, et ils vivront : dites un mot, et ils mourront. » Et il rallie par l'humanité celles que la religion ne retenait plus. Pendant les guerres de la Fronde, Paris et le nord de la France étaient désolés. « On voyait, dit Laporte dans ses Mémoires, des troupes de paysans qui broutaient l'herbe dans la Champagne et dans la Picardie. Nous rencontrions des mères expirantes, et leurs enfants qui s'attachaient encore à leurs mamelles desséchées; la reine se contentait de les recommander à Dieu. » Vincent de Paul, malgré tout ce que lui coûtaient les pauvres de la capitale, forme une troupe de missionnaires et de sœurs de la Charité, leur donne des secours en argent, en vivres, en habits, et fait marcher cette petite armée au secours de l'humanité. Après des travaux et des peines infinies, trois ou quatre de ces missionnaires reviennent à lui. « Voilà ce qui reste de la troupe, lui dirent-ils;

car, s'il est vrai que nous ne fassions la charité que parce qu'elle nous doit être payée à usure, et que Jésus-Christ nous tienne compte d'un verre d'eau donné en son nom, il faut avouer que notre charité, loin d'être une vertu, n'est qu'industrie, et qu'un vrai chrétien n'est qu'un marchand qui place à gros intérêt. On dira que les effets sont les mêmes et que l'humanité est toujours secourue. Oui, sans doute; mais si la main est bienfaisante, le cœur n'est qu'avide; l'action est bonne, mais la route est vicieuse. Ah! si au lieu de commencer par le dogme avec les enfants, on commençait par la morale! si on se hâtait de jeter dans leur âme ces profondes semences d'honnêteté que le temps et le monde ne peuvent étouffer! si on les élevait assez haut pour leur faire entrevoir et chérir l'ordre et l'ensemble de l'univers, pour leur inspirer le désir d'y jouer le rôle de premier acteur de la nature, pour ne les rendre heureux que du bonheur général! C'est alors, c'est à

nous sommes presque tous morts à la peine; et, ce qui nous afflige plus sensiblement, c'est que tous ces malheureux ont reçu nos secours avec aigreur; ils s'en sont pris à nous de l'impuissance où nous étions de soulager tant de misères. — Eh bien, eh bien, leur dit Vincent, tel est l'homme dans le malheur, il faut une main délicate pour toucher à des cœurs malades. Dieu lui-même s'y est mal pris avec la malheureuse espèce humaine. Il employa d'abord l'eau et le feu contre elle; mais bientôt, changeant de marche, il leur envoya son fils, et s'humilia aux pieds de ceux qu'il venait de sauver. »

Quelques personnes ont objecté, contre les établissements de Vincent de Paul, que la religion domine trop; on y perd un temps infini en pratiques de dévotion, ce qui ajoute aux peines du service des malades. On trouve aussi que l'humanité n'étant que le moindre motif des Sœurs et des Frères servants, un pauvre qui n'est pas dévot ou recommandé par des dévots, n'est pas vu de bon œil. Tout cela est indispensable dans des établissements formés par des prêtres; mais le bien l'emporte sur le mal. Nous n'avons guère en France que l'établissement des pompiers où la religion ne soit pas intervenue: la police les fait marcher au secours des catholiques et des protestants indifféremment.

une si grande élévation que ces amants de la vertu, remplis de la noble estime d'eux-mêmes, s'indigneraient qu'un esclave de la superstition vînt leur montrer ses chaînes ou leur proposer un salaire! Ils regarderaient, j'ose le dire, la promesse d'un paradis comme un genre de corruption. « Nous faisons, diraient-ils, le bien pour le bien. Malheur à nous si nous cherchions dans la vertu autre chose que la vertu même et la satisfaction de la conscience! Citoyens d'une même ville, nous craignons d'en troubler l'harmonie; enfants du même Dieu, nous ne voulons pas défigurer son ouvrage, et nous mourons sans peur et sans désir; car celui qui nous a faits sans nous saura bien nous placer selon ses vues, quelque système que nous ayons adopté dans le cours de la vie. »

Je m'arrête : les bornes entre la morale et la religion sont posées. Plus on croit la religion utile au peuple et plus la morale est nécessaire aux gens du monde: car la religion ne serait pas si indispensable aux pauvres si les riches ne manquaient pas tant de morale. Les circonstances sont urgentes. Vous savez, monsieur, combien, vers les derniers temps de la république romaine, la religion dominante devenait ridicule : les lois étaient sans force; mais la morale s'épurait et consolait la terre. Eh! qu'auraient fait sans elle le Cicéron, le Caton, le Brutus et tant d'illustres infortunés? Leur eussiez-vous proposé les Champs Élysiens en dédommagement de toutes les injustices de ce monde?

Il nous reste comme à eux une planche dans le naufrage; c'est la morale, ce contrat immortel de la raison et de la conscience, cet apanage dont on ne peut nous déshériter, cette loi non écrite qu'on ne peut abroger; toutes les religions se fortifient de son alliance, mais le mélange des dogmes les plus absurdes ne saurait la souiller; elle se dégage elle-même de tous les cultes, et se montre toujours pure, toujours sainte, toujours inaltérable, d'un bout de la terre à l'autre.

Pascal, qu'on ne saurait trop citer dans un tel sujet, dit quelque part, avec sa vigueur ordinaire : *Nous avons une impuissance à prouver, invincible à tout le dogmatisme*, et par là il exclut toutes les religions : *Nous avons une idée de la vérité invincible à tout le pyrrhonisme*, et par là il établit à jamais la morale. C'est que, en effet, elle est fondée, comme toutes les idées premières, sur le sentiment, base éternelle de nos connaissances.

N'est-ce pas là une chose remarquable, que, plus un objet est simple, moins on puisse le définir? Quand je dis qu'une maison est un assemblage de pierres disposées pour nous loger, ma définition est bonne. Mais, si on me demande ce que c'est qu'une pierre, je suis plus embarrassé, et, si je m'aventure à dire que c'est un assemblage de corps durs, je suis arrêté dès qu'on veut savoir ce qu'est un corps dur. Me voilà forcé à dire que la *dureté* est une qualité que chacun sent, laquelle est opposée à la *mollesse*, que chacun sent aussi. De sorte que plus un objet est simple, et plus il est senti ; plus il est composé, et mieux nous l'éclaircissons par le discours. Nous raisonnons quand nous ne sentons pas, et le raisonnement, qui est le tâtonnement de la raison, cesse où le sentiment commence. La clarté est donc pour les ouvrages de l'homme, et le sentiment pour ceux de la nature. La morale est donc aussi un présent de la nature, puisque nous avons le sentiment du juste et de l'injuste, sans pouvoir le définir ; mais il se développe avec la raison et la conscience, et se perfectionne comme toutes nos facultés. Si la raison a ses sophismes, la conscience les redresse ; et si la conscience a ses terreurs, la raison les calme : c'est véritablement *la lumière qui éclaire tout homme venant au monde...* C'est ainsi que Dieu s'est révélé aux hommes.

Si Pascal, Montaigne, Bayle et d'autres philosophes, irrités de nos bizarreries, de nos coutumes, ont tonné contre la justice humaine, ces grands raisonneurs savaient bien que le principe moral : *Ne fais pas à autrui ce que tu ne veux pas qu'on te fasse*, assujettit toutes les consciences, et que les mauvaises applications de cette grande loi ne sont pas des objections contre elle. Un sauvage qui mange son vieux père lui donne une marque de piété filiale, et en attend une pareille de ses enfants. L'impie parmi ces sauvages serait celui qui jetterait le corps de son père dans un fossé, au lieu de lui donner son estomac pour tombeau. C'est ainsi qu'il faut interpréter tout ce qui nous choque dans la lecture des histoires et des voyages. Parmi nous, les lois ont quelquefois justifié la force, parce qu'elles n'ont pu fortifier la justice ; mais est-ce que la lâcheté des peuples et l'insolence des tyrans prouvent quelque chose contre la conscience ?

La morale, dit-on, s'agrandit ou diminue comme nos rapports dans le monde : celle du riche n'est pas celle du pauvre, celle du maître n'est pas celle du valet ; et la morale d'un roi ferait pendre un particulier. Tout ceci n'est qu'un horrible sophisme. Ce sont les devoirs du riche et du pauvre, du maître et du valet qui sont différents : ce sont les actions de certains rois qui feraient pendre tous leurs sujets : mais il n'y a qu'une morale pour toutes les conditions.

Quelquefois aussi des dialecticiens subtils mettent en opposition la raison et la conscience, notre intérêt et celui des autres ; et, par des exemples choisis avec art, ils nous proposent des problèmes de morale. Mais tout cela n'est qu'apparent, et on se démêle de la difficulté en faisant marcher l'*honnête*, et ensuite l'*utile* ; c'est-à-dire en se réservant le beau rôle. Nous avons reçu de la nature un premier coup d'œil qui est admirable pour la justesse ; un trop long examen des objets en détruit l'effet. Il en est de même de la moralité d'une action : nous la sentons au premier aspect. Ce n'est qu'en mettant son devoir et son intérêt en balance que l'homme sent tergiverser sa droiture naturelle. Demandez pourquoi nous sommes si honnêtes en lisant l'histoire, ou lorsqu'on nous consulte. C'est qu'alors nous le sommes pour le compte d'autrui. Si on nous présente un ouvrage à juger, nous pouvons alléguer que le talent nous manque. Mais, si c'est une action, dirons-nous que nous n'avons pas de conscience? Notre médisance éternelle, qu'est-ce autre chose qu'un amour de la justice mal appliqué? L'homme de la société est encore plus enclin à croire le mal qu'à le faire; comme si, ne pouvant s'applaudir lui-même, il avait besoin de blâmer les autres; le goût du beau, l'amour du juste, percent jusque dans la laideur de nos vices et dans l'horreur de nos injustices. En vain la religion abuse des désordres de la société pour mieux dénigrer l'homme; si calomnier une nation auprès de son roi est un si grand crime, que sera-ce donc de calomnier la nature humaine au pied des autels? Tout est bon en nous, nos mouvements, nos facultés et nos organes ; il n'y a de mauvais que l'usage.

La nature, voulant attacher l'homme à la vie et en même temps à la société, lui donna, comme à la planète même qu'il habite, deux penchants divers ; par l'un, il tend à soi; par l'autre, il se rapproche de son semblable : nous nous aimons dans nous, et nous nous aimons encore dans autrui : nous souffrons d'abord pour nous, et nous souffrons ensuite pour les autres : voilà tout l'artifice du monde moral. Mais, comme la première de ces deux lois est plus puissante et plus impérieuse que l'autre, l'éducation la force sans cesse à venir au secours de la seconde ; les besoins réciproques multiplient leurs nœuds, jusqu'à ce qu'enfin, sous le nom de générosité, d'honneur, de gloire ou d'amour de la patrie, elle s'immole elle-même ; et c'est de l'héroïsme.

Il resterait à traiter de la liberté de nos actions, sans laquelle il n'y a point de morale : mais cette question est épuisée. On sait que les hommes sont libres de faire ce qu'ils peuvent, et non ce qu'ils veulent. L'être qui ne peut monter dans la lune n'est pas libre d'y monter ; et, s'il veut faire ce qu'il ne peut pas, il passe pour un fou. Notre petit pouvoir est donc la mesure de notre liberté ; j'ajouterai de notre raison et de notre vertu. L'homme ne peut quitter un certain milieu ; c'est là seulement qu'il jouit de la plénitude de son être et de la justesse de toutes ses facultés. C'est ainsi que la voix n'a qu'une portée ; au-dessus et au-dessous sont des notes sans fin, qui n'existent pas pour nous. D'ailleurs, si nous n'étions pas libres de faire ce que nous pouvons, nous ne connaîtrions ni regrets ni remords. La dispute sur la liberté est venue de ce qu'il y a dans toutes nos actions une partie qui ne dépend pas de nous. Je passe devant une maison qu'on bâtit, et il ne dépend pas de moi d'arrêter une pierre qui tombe sur ma tête, mais il dépend de moi de n'y pas passer. Je m'enferme avec une belle femme, et je succombe malgré moi, mais je ne me suis pas enfermé avec elle malgré moi. Le regret et le remords tombent toujours sur ce qu'il y a de libre dans nos actions : le regret, quand l'action est indifférente ; et le remords, lorsqu'il y a moralité.

Mais laissons toutes ces discussions, et venons au point principal. Un catéchisme de morale est aujourd'hui le premier besoin de la nation ; l'Académie l'a proposé, les sages l'attendent, les dévots le craignent, le gouvernement l'a rendu nécessaire. Mais ce n'est point aux hommes faits, ni à une société corrompue qu'il faut l'adresser ; c'est pour l'enfance qu'il faut l'écrire, car l'enfance est l'espoir de la philosophie. Nous sommes trop heureux que le genre humain recommence sans cesse ; la morale en appelle toujours à des hommes nouveaux et à d'autres générations.

Qu'attendre, en effet, de ces vieux enfants qui ont dissipé le patrimoine de chaleur et de santé que leur donna la nature? Irons-nous leur faire un mérite de la continence, quand leur faiblesse leur en fait une nécessité? A qui manque le désir il ne faut point de défense, et il n'est point de mérite où il n'est plus de combat. La morale est surtout impuissante avec tous ceux qui, non-seulement ne souffrent plus des vices de la société, mais qui en sont venus au point de s'accommoder du mépris d'eux-mêmes. Il faut aux leçons de la sagesse une raison que la superstition n'ait point fatiguée, une conscience que le monde n'ait point foulée : ce n'est que sur un sol vierge que pourront se renouveler les prodiges de Lacédémone. Que le gouvernement forme une institution publique où les principales familles du royaume enverront leurs enfants (je dis *les principales familles*, car c'est surtout en France qu'il faudrait faire tourner au profit de la vertu la superstition de la naissance) ; qu'on donne à ces enfants l'éducation morale des Spartiates, ou celle de Cyrus chez les Perses, ou celle de Télémaque, et la nation aura bientôt des hommes que la religion n'a pu produire, et que la cour ne pourra corrompre *. Si on les marie ensuite à des filles dignes d'eux, et que ces nouvelles maisons soient inexorablement fermées à tout homme immoral, la nation elle-même changera. La vertu ne demande qu'habitude, mais l'habitude exige l'enfance. *On assure*, dit Pascal, *que l'habitude est une seconde nature, et je suis tenté de croire que la nature elle-même n'est qu'une première habitude.* Voilà le secret de tous nos maux ; il peut être celui de la félicité publique. Qu'apprendrez-vous à mon fils ? disait un prince à un instituteur lacé-

---

* Les prêtres, dira-t-on, s'empareront d'abord de ces institutions publiques. Alors ce sera à recommencer, jusqu'à ce qu'on prenne le parti de faire au moins une expérience publique avec la philosophie toute seule.

démonien. — Je lui apprendrai, répondit-il, à se réjouir des choses honnêtes et à s'affliger des malhonnêtes. On sait que Lycurgue, ayant médité son grand projet de la réforme de Sparte, se présenta sur la place publique avec deux chiens nés d'une même mère et du même âge, mais élevés différemment : l'un courut sur un lièvre qu'on fit partir, et l'autre se cacha dans une cuisine. Qui osera douter de la puissance de l'éducation? On peut dresser un enfant à la vertu comme on dresse un faucon à la chasse ; s'il est enthousiaste, on peut l'enflammer pour tout ce qui est bon et juste, et lui donner une horreur machinale pour l'injustice. S'il est voluptueux, il se plaira à voir ce qui est bien, comme il jouira d'un tableau bien ordonné, ou des accords de l'harmonie, ou de tout autre plaisir ; et, si vous dirigez bien son goût pour le beau et son excessive sensibilité, vous en ferez, s'il est permis de s'exprimer ainsi, le Sybarite de la vertu. Tous nos penchants peuvent servir entre des mains habiles. Oui, je crois que la vertu peut entrer dans la complexion d'un enfant, et, comme son sang, couler dans ses veines. Tout autre système de morale est illusoire et ridicule.

Il est difficile, je l'avoue, de persuader ces miracles de la bonne éducation à des hommes qui en ont reçu une si mauvaise, et qui ne savent ce que c'est qu'une constitution morale. Les Français, comme tous les peuples éclairés, ont de mauvaises mœurs et connaissent les bons principes ; ce qui les rend si sévères dans leur conversation et dans leurs livres, si faibles et si relâchés dans leur conduite. Tout ce qu'on peut obtenir des heureux naturels que le monde a corrompus, c'est un regret, une admiration stérile pour la vertu partout où ils la rencontrent, soit en action, soit en récit. Quelquefois même il leur échappe des traits honnêtes, mais ce ne sont que des saillies sur lesquelles on ne peut les juger. Une bonne action n'est pas plus la vertu qu'un plaisir n'est le bonheur ;

et ceux qui admirent la vertu ne sont pas plus comparables à ceux qui l'exercent, que les admirateurs de l'*Iliade* à celui qui l'a faite.

Que n'ai-je reçu de la nature ou mérité par mes études le droit de donner un catéchisme de morale à une grande nation? Je ne croirais pas avoir inutilement vécu. Mais c'est à vous, monsieur, à lui faire un tel présent : nos mœurs sont encore plus dérangées que nos finances. Songez que Confucius fut, comme vous, le ministre d'un grand roi, et qu'il n'abandonna point le peuple auquel on l'avait forcé de renoncer : il acheva, comme philosophe, l'œuvre qu'il put continuer comme ministre, passant sa vie à parcourir trois grands royaumes, éclairant et consolant ceux qu'il n'avait pu rendre heureux. Il ne crut pas, comme vous, devoir écrire en faveur des différentes sectes et des bonzes qui inondaient la Chine ; il ne prêcha que la morale pure et simple, et sa doctrine et son école sont encore si florissantes ; sa mémoire y jouit d'une vénération si éclairée, que, quoique la superstition ait tenté, la philosophie a prévalu, et le nom de Confucius a échappé aux honneurs divins.

L'exemple de la Chine est admirable dans le sujet que je traite ici. Les premiers hommes de l'État, les lettrés et les nobles, y professent publiquement, les uns le théisme pur, et les autres l'athéisme. Le peuple y est surchargé de religions de toute espèce et de moines de toute forme ; si bien qu'on voit d'un côté les chefs de l'État, la vertu, la science et l'incrédulité ; de l'autre, la populace, l'ignorance, la religion et tous les vices. Ce n'est pas qu'il ne se rencontre quelques grands aussi superstitieux que le peuple (car le mot de *peuple* convient à tous les hommes qui, étant vicieux ou sans lumières, n'ont pas assez de leur raison et de leur conscience pour être honnêtes); mais ces mauvais exemples sont rares, et nulle part la philosophie n'a mieux triomphé de la religion qu'en

Chine. Cela vient de ce que le clergé y est ignorant, pauvre, et par conséquent avili ; et, si le nôtre n'était pas si riche et si considéré, nous serions aussi avancés que les lettrés et les mandarins ; je n'en donne pour preuve que l'avilissement de nos moines mendiants : ils n'ont pourtant à se reprocher que d'avoir pris l'Évangile un peu plus à la lettre. Quant à notre clergé, on sait qu'il n'est pas rare d'y rencontrer des hommes dont les lumières honoreraient la philosophie, et qui sont dans l'obligation de la combattre. Cette guerre est pénible pour des gens d'esprit et d'honneur; mais elle est si lucrative, qu'elle ne finira qu'avec la fortune et les dignités de l'Église.

Par quelle fatalité, monsieur, avez-vous songé à vous faire le médiateur de la philosophie et du sacerdoce? Entre eux, point de traité ; s'il en existait un, l'hypocrisie l'aurait dressé, et la triste humanité n'en serait que plus vile et plus malheureuse. Il faut, au contraire, que les philosophes mettent enfin autant d'ardeur à répandre la morale, que les prêtres en ont toujours mis à propager la religion. Que le monde n'ignore plus que la morale peut se passer des religions, et qu'aucune religion ne peut se passer de morale, afin qu'il y ait équilibre et que le peuple, dont on cherche tant à s'assurer, ait aussi ses sûretés : car ce n'est point contre la religion ni contre la philosophie qu'il faut se prémunir aujourd'hui, mais contre l'hypocrisie, ennemie naturelle de l'une et de l'autre. Dénonçons au genre humain ceux qui crient qu'il n'y a point de morale sans religion, et qui n'ont point de religion ; exigeons qu'ils soient des saints ou des philosophes, et ne souffrons pas qu'ils traitent d'*opinions* la morale et la religion à la fois.

PHILOSOPHIE POLITIQUE

I. — La nation française étant agricole et commerçante, il semble que la mesure de sa puissance ne devrait être que dans la proportion des impôts avec sa richesse ; et elle y serait en effet si le gouvernement, tel qu'un véritable père de famille, eût donné aux moissons le temps de mûrir et aux revenus publics celui d'arriver au fisc. Mais ce gouvernement, toujours pressé de jouir, toujours dans la détresse, aliéna ses droits, vendit ses revenus, mangea son avenir, et, par une foule d'opérations et d'anticipations forcées, jeta dans son propre sein les fondements d'une puissance ennemie qui le dévore. Depuis cette époque, la France a toujours eu un gouvernement ; mais ce gouvernement a eu des maîtres : l'autorité n'est plus indépendante, et il est aujourd'hui vrai de dire que nous sommes régis par des esclaves. L'agiotage, armé de ses pompes aspirantes et foulantes, fait hausser et baisser les effets royaux, qui sont devenus les *effets publics*. Ce jeu rapide attire les regards du peuple, suspend ses facultés, et maîtrise les opinions dans la capitale. Le ministère, attaché, comme Ixion, à cette fatale roue, et contraint d'en suivre les mouvements, ne peut plus s'arrêter qu'il ne soit dans l'alternative de renoncer à ses engagements ou à ses revenus. Tout ministre des finances est donc nécessairement plus ou moins banquier. Celui qui l'est le plus est réputé plus grand ministre; d'où résulte cette étonnante vérité que l'homme de la banque est aussi l'homme de la nation.

En vain dira-t-on que les agriculteurs et les commerçants n'ont que faire des agioteurs et de leurs jeux; que la nation est étrangère à ces orages, et que la banque entière peut périr sans intéresser le salut de la France. Paris vous crie aussitôt, par cent mille bouches, que le crédit public, le salut de l'État, et surtout l'honneur français, sont inséparables. En effet, telle est la destinée d'une capitale où presque tous les sujets sont créanciers du maître : il faut qu'elle périsse ou qu'elle épuise le gouvernement; et ce gouvernement, qui est esclave comme tout débiteur, s'agite dans ses fers, distribue à ses vampires impôts sur impôts, emprunts sur emprunts, et ne s'arrête qu'à toute extrémité, entre la banqueroute et les états généraux.

II. — Les passions ont une raison, et l'intérêt une logique dont la philosophie ne se défie pas assez.

III. — Quelques philosophes du tiers, ennemis secrets des grands, qu'ils ne quittaient pas, manifestèrent leur vieille haine contre le mot *noblesse*, et dénoncèrent ce mot à la nation. C'était dénoncer la noblesse même; le peuple ne connaît pas les abstractions.

Montesquieu lui-même, pour avoir avancé *qu'il n'y a pas de monarchie sans noblesse*, n'y a gagné que l'épithète d'*aristocrate*. On écrivait des volumes en faveur des gens du tiers, et, pour exciter tour à tour l'intérêt et la crainte, on les peignait tantôt comme des infortunés, comme des esclaves, des ilotes, des nègres, tantôt comme les seuls hommes instruits, comme les nourriciers de l'État; ils étaient vingt-quatre millions, ils étaient la nation; le clergé et la noblesse n'étaient plus des *ordres*, mais seulement des *classes privilégiées*.

IV. — Il y a dans Paris des esprits extrêmes ou malintentionnés, des demi-philosophes que la superstition de la naissance rend malheureux ; elle a succédé aux superstitions religieuses dans l'ordre de leur haine. Le seul mot *noblesse* les met en fureur ; et, extirper tous les nobles, serait peut-être à leurs yeux une *Saint-Barthélemy philosophique*. Mais on les prie d'observer que, dans les gouvernements les plus démocratiques, Alcibiade et César parlaient sans cesse de leur naissance. Il faut bien s'accoutumer aux inégalités de talent, de force, de taille et de beauté qui sont dans la nature, et aux inégalités des conditions qui en ont été la suite. On ne peut d'ailleurs éteindre un souvenir : la raison du tiers état ne détruira pas plus le préjugé de la noblesse que l'histoire n'a fait oublier la fable. Toutes les nations ont commencé par des temps héroïques ; et la philosophie elle-même n'a souvent que la folie de la naissance à opposer à l'insolence de la richesse ; mais cette même philosophie ne peut rien pour le clergé.

V. — Le roi Louis XVI s'étant mis par là à la tête de la milice bourgeoise, qui avait succédé à la canaille armée, il semble que tout devait rentrer dans l'ordre ; mais, quand Henri III se déclara chef de la Ligue, il n'en fut pas mieux le maître pour cela. On apprit bientôt à Versailles que la populace, réunie aux milices, s'était jetée sur l'hôtel des Invalides et en avait enlevé trente mille fusils; que de là elle s'était portée à la Bastille, et qu'après deux ou trois heures de pourparlers, d'allées et de venues, le gouverneur, qui avait fait la faute de descendre dans les cours antérieures et de négliger les ponts-levis, avait été surpris avec sa petite garde d'invalides.

Il n'est peut-être pas indigne de l'histoire d'observer que le gouverneur de la Bastille ne voulut pas faire tirer le canon sur le peuple, qui se portait en foule du côté de l'Arsenal, de peur d'endommager une petite maison qu'il avait fait bâtir de ce côté-là, et qu'il affectionnait. Et, ce qui n'est pas moins remarquable, c'est que, dans ce même instant, M. de Bezenval, général des Suisses, se cachait, pour ne pas donner l'ordre à sa troupe, et laissait prendre les Invalides, de peur que si l'émeute devenait trop considérable on ne pillât sa maison, qui était voisine, où il avait fait peindre depuis peu un appartement entier et construire des bains charmants. Voilà par quels hommes le roi était servi!

Quoique le ministère fût coupable de n'avoir pris aucune mesure intérieure contre l'orage, depuis qu'il était si fortement averti, M. de Launay n'en était pas moins répréhensible de s'être hasardé avec une populace furieuse. S'il s'était renfermé dans la Bastille, il était inexpugnable. Quoi qu'il en soit, cet infortuné gouverneur fut bien puni de son imprudence; le peuple le traîna jusqu'à la place de Grève et lui trancha la tête, après l'avoir accablé de coups et d'outrages. Cette tête, promenée dans les rues au bout d'une lance, fut portée au Palais-Royal.

C'est à quoi se réduit cette prise de la Bastille, tant célébrée par la populace parisienne. Peu de risque, beaucoup d'atrocités de leur part et une lourde imprévoyance de la part de M. de Launay. Voilà tout : ce ne fut, en un mot, qu'une *prise de possession*. La populace, ivre d'amour-propre et de rage, porta sur un char de triomphe je ne sais quel déserteur des gardes françaises qui s'était jeté le premier sur le pont-levis de la Bastille; on lui donna une croix de Saint-Louis et un cordon bleu, et on le promena, ainsi décoré, dans ce même Palais-Royal où était fichée la tête du malheureux de Launay.

Croira-t-on que des députés du tiers, des ennemis nés de tout ce qui s'appelle *naissance, noblesse, décoration,* aient pourtant trouvé que ce garde française avait *l'air d'un homme de qualité*? Il faut, en vérité, que la noblesse soit pour les bourgeois une espèce d'idée innée ou du moins le premier et le plus puissant des préjugés.

VI. — Mais, si Paris faisait peur à Versailles, Versailles n'effrayait pas moins Paris. Cette capitale, qui ne pouvait croire à tant de clémence de la part du roi, barricadait ses rues, se couvrait d'hommes armés qui semblaient être sortis de terre, comme jadis à la voix de Cadmus. On arborait partout la cocarde nationale : elle était blanche, bleue et rouge. Ces couleurs décoraient tout, consacraient tout, justifiaient tout. Les électeurs établis à l'Hôtel de Ville y étaient autant d'éphores; le trésor royal était entre leurs mains ; ils donnaient des ordres, plaçaient des corps de garde, interceptaient les courriers de la cour et des provinces, s'emparaient de la poste aux lettres et délivraient des certificats et des passe-ports. Les douanes et les barrières, brûlées dans un premier accès de rage, furent rétablies et les droits perçus au profit de la ville; la métropole et les paroisses chantaient des messes pour les *héros morts à l'attaque de la Bastille;* enfin tous les attributs de la puissance suprême se trouvaient à l'Hôtel de Ville, et l'autorité royale, ce trésor composé de tous les pouvoirs accumulés par tant de rois conquérants et d'habiles ministres, était dispersé entre quelques bourgeois qui tremblaient eux-mêmes devant les furieux exécuteurs de leurs volontés. Car, s'il est vrai que les conjurations soient quelquefois tracées par des gens d'esprit, elles sont toujours exécutées par des bêtes féroces.

VII. — Jamais Paris ne mérita mieux qu'aujourd'hui le

nom de capitale ; il a levé l'étendard, et tout le royaume s'est rangé sous lui ; il s'est intitulé la *patrie*, son Hôtel de Ville s'est appelé la *nation*, et cet insolent sophisme n'a révolté personne. Paris absorbe tous les revenus de l'État ; il tient dans ses mains toutes les branches de l'autorité; son Palais-Royal fait des listes de proscription, sa populace les exécute, et la fuite n'est pas toujours permise à ceux qui sont inscrits sur ces listes fatales. Trois millions de paysans armés, d'un bout du royaume à l'autre, arrêtent les voyageurs, confrontent les signalements et ramènent les victimes à Paris : l'Hôtel de Ville ne peut les arracher aux fureurs des bourreaux patriotes; l'Assemblée nationale, en soulevant le peuple, a bien pu renverser le trône, mais elle ne peut sauver un citoyen. Le temps viendra que l'Assemblée dira à l'armée civile : *Vous m'avez sauvé de l'autorité, mais qui me sauvera de vous ?* Songez, Assemblée nationale, à la fable du cheval qui appelle l'homme à son secours ; et, si la fable ne suffit point, songez à l'histoire du long parlement et de l'armée de Cromwell : ce parlement, à l'aide de l'armée, triompha du roi, mais il périt dans son triomphe, parce qu'il ne put se débarrasser de l'armée. Si un troupeau appelle des tigres contre ses chiens, qui pourra le défendre de ses nouveaux défenseurs ? Pour qu'une insurrection fût heureuse, il faudrait que tout prît une tournure civile dès qu'on n'a plus rien à craindre de l'autorité; mais comme, pour maîtriser l'autorité, on a levé une armée, cette armée reste quand la révolution est faite, et cette force militaire fait trembler à son tour ceux qu'elle avait d'abord rendus si redoutables. Que répondre en effet à un peuple armé qui vous dit : Je suis maître !

Quand on a déplacé les pouvoirs, ils tombent nécessairement dans les dernières classes de la société, puisqu'au fond c'est là que réside, dans toute sa plénitude, la puissance exécutive. Tel est aujourd'hui l'état de la France et de sa capitale, qu'il n'est pas de publiciste qui pût lui donner un nom, et qu'il n'est pas de Français qui ne doive également le redouter et le détester.

VIII. — Sans parler du peuple, ne savez-vous pas, Assemblée nationale, qu'il existe aussi des hommes de sang dans votre sein ? Oubliez-vous qu'au moment où les corps des Foulon et des Berthier, tout morts, tout défigurés qu'ils étaient, trouvaient encore des bourreaux ; qu'au moment, dis-je, où leurs têtes sanglantes pendaient aux colonnes du Palais-Royal, un de vos membres s'écria au milieu de vous : *Le sang qui coule est-il donc si pur ?* Paroles exécrables, rendues plus horribles par la jeunesse de celui qui les prononçait ! Si nous ne le nommons point, c'est que nous ne voulons pas dévouer les personnes à la postérité, mais seulement les forfaits et les mauvaises maximes, plus criminelles encore que les mauvaises actions.

Tremblez donc, Assemblée nationale, que la France ne devienne cruelle, et que sa capitale, qui l'épuise et la corrompt depuis tant de siècles, n'achève pas de la déshonorer. C'est vous seuls qui serez responsables de tous nos maux, puisque vous avez envahi tous les pouvoirs. Des ministres choisis dans votre sein vous prient de rendre au roi la puissance exécutive ; si vous ne voulez pas la lui restituer, s'il vous semble trop difficile de rendre quelque que lustre à la royauté que vous avez avilie ; si vous voyez, si vous souffrez, d'un œil sec et d'un bras léthargique, nos malheurs et nos misères, tremblez du moins pour vous-mêmes. Un jour, sans doute, six millions d'hommes armés demanderont l'abolition entière et absolue de tous les droits dont vous n'avez ordonné que le rachat. Ils vous accuseront d'avoir trompé leur espoir. Que n'attendent-ils pas en effet d'une Assemblée qui a renversé le trône ! Ils demanderont des lois agraires : voilà où vous mèneront ceux à qui vous parlez trop d'égalité, car les législateurs ont aussi leurs indiscrétions et le peuple est toujours prêt à les mettre à profit. Vous aurez armé celui qui n'a qu'une chaumière contre l'heureux possesseur d'une maison, et le simple batelier contre le maître d'un navire; enfin ceux qui n'ont rien s'élèveront contre ceux qui possèdent, je veux dire le très-grand nombre contre le très-petit nombre. La licence, ce fantôme effrayant de la liberté, vous poursuivra dans cette même salle, sous ces mêmes voûtes où, comme Samson, vous avez rassemblé le peuple, et vous vous ensevelirez comme lui sous les débris du temple, pour en avoir ébranlé les plus fortes colonnes, la *sûreté personnelle* et la *propriété*. Déjà même où en seriez-vous, s'il se trouvait dans les provinces un tartufe politique et courageux? Lui opposeriez-vous ces soldats philosophes et patriotes auxquels vous avez appris à raisonner sur le serment? Un Cromwell vous accablerait des mêmes arguments dont vous avez accablé la royauté, et vous ne seriez pas le premier exemple d'une Assemblée législative qui aurait travaillé pour un usurpateur.

C'est principalement sur Paris que doivent se porter les regards de l'Assemblée nationale. On peut compter dans cette malheureuse ville quarante ou cinquante mille hommes dont on ne connaît ni l'existence ni les intentions; et ces hommes sont armés! et ils sont mêlés aux bourgeois qu'ils peuvent égorger d'un jour à l'autre! En supposant que ce malheur n'arrive pas, la capitale entend-elle ses intérêts lorsqu'elle reste sous les armes? Paris est-il donc une ville de guerre? N'est-ce pas, au contraire, une ville de luxe et de plaisir? Rendez-vous de la France et de l'Europe, Paris n'est la patrie de personne; et on ne peut que rire d'un homme qui se dit citoyen de Paris. Cette capitale n'est qu'un vaste spectacle qui doit être ouvert en tout temps : ce n'est point la liberté qu'il lui faut; cet aliment des républiques est trop indigeste pour de frêles Sybarites; c'est la sûreté qu'elle exige, et si une armée la menace, elle doit être désertée en deux jours. Il n'y a qu'un gouvernement doux et respecté qui puisse donner à Paris le repos nécessaire à son opulence et à sa prospérité.

IX. — La postérité demandera peut-être ce que fut ce Palais-Royal qui entretient aujourd'hui des communications si intimes et si sanglantes avec la place de Grève. Nous dirons en peu de mots que le Palais-Royal, appelé d'abord le Palais-Cardinal, fut le berceau du despotisme sous Richelieu, le foyer de la débauche sous la Régence; et que depuis cette époque, tour à tour agioteur et politique, il est devenu comme la capitale de Paris. Dans une ville corrompue, ce jardin s'est distingué par la corruption. Telle a été son influence dans la révolution actuelle, que, si on eût fermé ses grilles, surveillé ses cafés, interdit ses clubs, tout aurait pris une autre tournure. En ce moment ses galeries sont des *chambres ardentes* où se prononcent des sentences de mort; et ses arcades, où l'on étale les têtes des proscrits, sont les *gémonies* de la capitale. La liberté, si elle est le fruit de la Révolution, ne pouvait avoir de berceau plus impur.

X. — Quand une vaste monarchie prend une certaine pente, il faudrait d'abord s'arrêter sur les dépenses de toutes sortes, parce qu'en tout il vaut mieux dépendre de soi que des autres, et qu'un roi économe est toujours le maître de ses sujets et l'arbitre de ses voisins; un roi débiteur n'est qu'un esclave qui n'a ni puissance au dedans ni influence au dehors. Ensuite, lorsqu'on veut empêcher les horreurs d'une révolution, il faut la vouloir et la faire soi-même : elle était trop nécessaire en France pour ne pas être inévitable. Combien peut-être de gouvernements en Europe y seront pris, pour n'y avoir pas plus songé que le cabinet de Versailles!

On ne cesse de parler, en France et dans le reste de l'Europe, des causes de cette révolution. On peut les diviser en causes éloignées et en causes prochaines ; les unes et les autres sont trop nombreuses pour les rappeler toutes. La populace de Paris et celle même de toutes les villes du royaume ont encore bien des crimes à faire avant d'égaler les sottises de la cour. Tout le règne actuel peut se réduire à quinze ans de faiblesse et à un jour de force mal employée.

D'abord on doit (sans être pourtant tenu à la reconnaissance), on doit en partie la Révolution à M. de la Vauguyon et à M. de Maurepas, l'un gouverneur et l'autre ministre de Louis XVI ; le premier forma l'homme, et le second le roi.

On doit presque tout à la liberté de la presse. Les philosophes ont appris au peuple à se moquer des prêtres, et les prêtres ne sont plus en état de faire respecter les rois ; source évidente de l'affaiblissement des pouvoirs. L'imprimerie est l'artillerie de la pensée. Il n'est pas permis de parler en public, mais il est permis de tout écrire, et, si on ne peut avoir une armée d'auditeurs, on peut avoir une armée de lecteurs.

On doit beaucoup aussi à ceux qui ont éteint la maison du roi : ils ont privé le trône d'un appui et d'un éclat nécessaires ; les hommes ne sont pas de purs esprits, et les yeux ont leurs besoins : par là ils ont aliéné les cœurs d'une foule de gentilshommes qui, de serviteurs heureux et soumis à Versailles, sont devenus des raisonneurs désœuvrés et mécontents dans les provinces.

On doit encore plus au conseil de la guerre. Tous ses membres, et en général tous ceux que l'armée appelle des *faiseurs*, étaient sans le savoir les véritables instigateurs de la révolution. Les coups de plat de sabre et toute la discipline du Nord ont désespéré les soldats français. Ceux qui ont substitué le bâton à l'honneur mériteraient qu'on les traitât d'après cette préférence, si la révolution n'entraînait que des malheurs.

Il ne faut pas oublier non plus ce qu'on doit à M. l'archevêque de Sens, qui aima mieux faire une guerre intérieure et dangereuse aux parlements, qu'une guerre extérieure et honorable contre la Prusse. La Hollande, qu'on aurait sauvée, aurait donné des secours en argent; et cette guerre aurait sauvé le roi lui-même, en lui attachant l'armée, et en le rendant respectable au dedans et au dehors.

Enfin, on doit tout au dépit des parlements, qui ont mieux aimé périr avec la royauté que de ne pas se venger d'elle.

Depuis longtemps le cabinet de Versailles était, pour les lumières, fort au-dessous du moindre club du Palais-Royal. La postérité aura peine à croire tout ce qu'a fait le gouvernement, et tout ce qu'il n'a pas fait. Il y a eu comme un concert de bêtises dans le conseil. A la veille de leurs mauvaises dispositions, les ministres firent renvoyer M. Necker, et ce fut encore là un nouvel effet de l'heureuse étoile de cet administrateur, qui aurait été enveloppé dans la haine publique, c'est-à-dire proscrit par l'Assemblée nationale et condamné au Palais-Royal ainsi qu'à l'Hôtel de Ville, s'il fût resté deux jours de plus à Versailles.

On convient unanimement que, si le roi était monté à cheval, et qu'il se fût montré à l'armée, elle eût été fidèle, et Paris tranquille; mais on n'avait songé à rien. Cette armée, en arrivant, manquait de tout; elle fut nourrie et pourvue par ceux qu'elle venait réprimer. Le moyen que ses pédagogues pussent la diriger contre ses nouveaux bienfaiteurs! Elle a suivi l'exemple des gardes françaises, qui au fond n'ont jamais été dans Paris que des bourgeois armés.

D'ailleurs, après avoir fait la faute d'assembler les états généraux aux portes de Paris, c'était commettre une imprudence que d'y rassembler les troupes. Les bourgeois de cette grande ville et une foule d'émissaires se répandirent dans le camp, et semèrent l'or à pleines mains, de sorte que, huit jours après leur arrivée, il était à peu près certain que les troupes n'obéiraient pas. Le roi, en congédiant l'armée, ne consulta sans doute que la clémence; mais il aurait dû la congédier encore en ne consultant que la prudence. On dira peut-être que le roi aurait dû suivre l'armée : ceci suppose un autre système, un autre ordre de choses et un tout autre roi.

Comme rien n'avait été prévu, rien ne se trouva gardé. La Bastille emportée, trente mille fusils et cent pièces de canon entre les mains du peuple, une milice de soixante mille bourgeois, un sénat permanent à l'Hôtel de Ville et dans les soixante districts, l'Assemblée nationale se mettant sous leur sauvegarde, et le roi, forcé de venir à Paris approuver leurs fureurs et légitimer leur rébellion ; tels ont été les derniers symptômes et les signes les plus éclatants de la Révolution : car la défection de l'armée n'est point une des causes de la Révolution; elle est la Révolution même.

L'extrême population dans un État est aussi une des causes de la chute des pouvoirs et des révolutions. Tout prospère chez un peuple au gré de ceux qui le gouvernent, lorsqu'il y a plus de travaux à faire que d'hommes à employer; mais, quand les bras l'emportent par le nombre sur les travaux à faire, il reste alors beaucoup d'hommes inutiles, c'est-à-dire dangereux. Alors il faut recourir aux émigrations, et fonder des colonies, ou donner à ces peuples une forte constitution pour les contenir : mais malheureusement, si, au lieu de leur donner cette constitution, le prince les assemble pour qu'ils se la donnent eux-mêmes, alors c'est cette partie oisive et remuante qui domine, et tout est perdu.

Nous n'avons parlé, dans l'énumération de ces causes, ni de ce qu'on reproche à la reine, ni des déprédations de quelques favoris : ce sont là des sujets de mécontentement, et non des causes de révolution : seulement peut-on dire que des faveurs, entassées sans ménagement sur quelques individus, ont découragé et aliéné une partie de la noblesse et du clergé, et que ce sont ces mêmes nobles et ces prélats réunis aux parlements, qui ont été les instigateurs et les premières victimes de la Révolution. Cela devait être, puisqu'en dernier résultat tout mouvement national n'est qu'un choc de l'*égalité naturelle* * contre les priviléges, et, s'il faut le dire, du pauvre contre le riche. Du moment, en effet, que les priviléges sont si coupables, il est difficile que les grandes propriétés ne soient pas odieuses ; et voilà pourquoi, d'un bout du royaume à l'autre, ceux qui n'ont rien se sont armés contre ceux qui possèdent, et que le sort de l'État dépend aujourd'hui du succès qu'auront les milices bourgeoises contre les brigands.

Il reste maintenant à examiner quel serait l'état actuel des choses, si l'autorité royale n'avait pas été anéantie par la défection de l'armée.

Les fanatiques et les malintentionnés répondent d'abord que les membres de l'Assemblée nationale étaient à jamais perdus, et que Paris était détruit de fond en comble si le roi eût prévalu. Ceux qui accréditent ces bruits-là n'en sauraient apporter la moindre preuve ; et ils ont toutes les probabilités

---

* Nous entendons par ce mot une égalité de droit et non une égalité de fait, puisqu'il est vrai que les hommes naissent avec des moyens inégaux, et passent leur vie dans des conditions très-inégales, de quelque liberté dont jouisse le pays où ils se trouvent. Un cordonnier de l'ancienne Rome n'était pas l'égal de Scipion, quoiqu'il eût naturellement autant de droits que lui aux emplois de la république. Ils étaient tous deux égaux par le droit, et inégaux par les moyens. Peut-être faudrait-il, au lieu d'*égalité naturelle*, *égalité civile*, puisque tous les citoyens sont protégés par des lois égales. Il n'y a, il n'y aura jamais d'autre égalité parmi les hommes.

contre eux. Il faut, pour leur répondre, partir seulement du motif qui a fait recourir à une assemblée d'états généraux; c'est le besoin d'argent : or ce besoin n'était pas diminué, il s'était au contraire fort augmenté depuis un an : était-ce donc le moyen d'obtenir des secours de la nation française que de la violer dans la personne de ses députés? Si l'exil des parlements, sous le précédent ministère, avait fait craindre le refus de subsides, que ne serait-il donc pas arrivé d'une pareille violence? Ne devait-on pas s'attendre à une insurrection générale, puisqu'elle s'est effectuée par la seule appréhension de ce qu'on ne fait que supposer? Il est bien plus probable que le roi n'aurait songé qu'à faire accepter la *déclaration des droits* par l'Assemblée nationale, à statuer les impôts nécessaires et à indiquer d'autres états généraux : on est toujours sûr d'un roi qui a besoin d'argent.

Quant à la ville de Paris, jamais la cour n'a eu ni assez de lumières, ni assez d'amour du bien public, pour vouloir la dispersion de cet énorme et confus amas d'hommes et de pierres. Paris, qui a jusqu'à présent consumé les provinces, ne doit périr que par elles. Une cour prodigue et nécessiteuse ne saura jamais se passer d'une grande capitale, et préférera toujours les objets de luxe entassés dans une ville, aux véritables biens de l'homme répandus dans les campagnes.

D'ailleurs Paris avait alors des otages trop précieux pour qu'on songeât seulement à y jeter un boulet de canon. On y comptait à cette époque les premières familles du royaume, les femmes et les enfants des courtisans et des premiers officiers de l'armée. Mais c'est pour ne pas trop rougir de ses crimes que Paris s'obstine à dire qu'on avait résolu sa perte.

Il est donc clair qu'en réduisant à rien les preuves pour et contre les intentions de la cour, il reste du moins de grandes probabilités pour ceux qui la justifient, contre ceux qui la calomnient ; et ces probabilités sont encore fortifiées par la comparaison de l'état où nous sommes. Paris aurait été contenu par des soldats, mais il aurait été tranquille ; l'Assemblée n'aurait pas eu l'honneur de faire sa fausse constitution, mais la nation et le roi se seraient entendus ; les impôts auraient été accordés, et cependant la capitale n'aurait pas été souillée de tant de crimes, les provinces ne seraient pas infestées de brigands, les abbayes ne seraient pas incendiées, les châteaux démolis, les couvents pillés et violés, la sûreté personnelle et les propriétés attaquées de toutes parts, les revenus publics considérablement diminués, les lois affaiblies et les droits confondus ; enfin l'armée n'eût pas été infidèle, ce qui, dans tout État, sera toujours un grand malheur. Comment se fier désormais au serment d'une telle armée ? Ceux qui ont abandonné leur roi seront-ils fidèles à des officiers municipaux ? Il faut que l'Assemblée nationale, pour être sûre de l'armée, ait compté d'abord sur un miracle ou sur un complot, et qu'elle compte maintenant sur des vertus, sur des raisonnements et des distinctions métaphysiques. Une armée est un instrument de bien ou de mal, et les rois manient mieux que les corps législatifs ces sortes d'instruments.

Résumons. L'Assemblée nationale n'avait pas été députée pour faire une révolution, mais pour nous donner une constitution. Nos députés n'ont encore fait que détruire. Ils cèdent aujourd'hui à la tentation de placer une déclaration des droits de l'homme à la tête de la constitution ; puissent-ils ne pas s'en repentir ! Les princes, à qui on parle toujours de leurs droits et de leurs privilèges, et jamais de leurs devoirs, sont en général une mauvaise espèce d'hommes. L'Assemblée nationale aurait-elle le projet de faire de nous autant de princes ? Les passions ne crient-elles pas assez haut dans le cœur humain, et une Assemblée législative doit-elle favoriser l'envie, qui ne veut pas qu'un homme puisse jamais valoir ou posséder plus qu'un autre? Depuis quand la loi, qui a toujours lié les hommes, ne songe-t-elle qu'à les délier et qu'à les armer?

Tous les législateurs ont ajouté aux liens des lois les chaînes de la religion : ils n'ont jamais cru prendre trop de précautions pour établir parmi le peuple la subordination, cet ange tutélaire du monde. Mais les philosophes actuels composent d'abord leur république, comme Platon, sur une théorie rigoureuse; ils ont un modèle idéal dans la tête, qu'ils veulent toujours mettre à la place du monde qui existe; ils prouvent que les prêtres et les rois sont les plus grands fléaux de la terre, et, quand ils sont les maîtres, ils font d'abord révolter les peuples contre la religion et ensuite contre l'autorité. C'est la marche qu'ils ont suivie en France; ils ont vengé les rois des entreprises des papes, et les peuples des entreprises des rois : mais bientôt ils verront avec douleur qu'il faudrait qu'il existât un monde de philosophes pour briser ainsi toute espèce de joug; ils verront qu'en déliant les hommes on les déchaîne, qu'on ne peut leur donner une arme défensive qu'elle ne devienne bientôt offensive, et ils pleureront sur le malheur de l'espèce humaine, qui ne permet pas à ceux qui la gouvernent de songer à la perfection. Alors, de philosophes qu'ils étaient, ils deviendront politiques. Ils verront qu'en législation comme en morale le bien est toujours le mieux, que les hommes s'attroupent parce qu'ils ont des besoins, et qu'ils se déchirent parce qu'ils ont des passions; qu'il ne faut les traiter ni comme des moutons, ni comme des lions, mais comme s'ils étaient l'un et l'autre; qu'il faut que leur faiblesse les rassemble, et que leur force les protége. Le despote qui ne voit que de vils moutons, et le philosophe qui ne voit que de fiers lions, sont également insensés et coupables.

Il faut pourtant observer que les livres des philosophes n'ont point fait de mal par eux-mêmes, puisque le peuple ne les lit point et ne les entendrait pas ; mais il n'est pas moins vrai qu'ils ont nui par tous les livres qu'ils ont fait faire, et que le peuple a fort bien saisis. Autrefois un livre qui ne passait pas l'antichambre n'était pas fort dangereux, et aujourd'hui il n'y a que ceux en effet qui ne quittent pas les antichambres qui sont vraiment redoutables. En quoi il faut louer les philosophes qui écrivaient avec élévation pour corriger les gouvernements, et non pour les renverser ; pour soulager les peuples, et non pour les soulever ; mais les gouvernements ont méprisé la voix des grands écrivains, et ont donné le temps aux petits esprits de commenter les ouvrages du génie, et de les mettre à la portée de la populace.

Il est dur sans doute de n'avoir que des fautes ou des crimes à raconter, et de transmettre à la postérité ce qu'on ne voudrait que reprocher à ses contemporains ; mais, comme dit un ancien, quand on ne peut faire peur aux hommes, il faut leur faire honte. Jamais en effet gouvernement n'a été plus humilié que le nôtre ; jamais il n'y eut d'Assemblée législative plus insensée, jamais de capitale plus coupable. Puisse la nation profiter également des fautes de la cour, et des crimes de Paris, et de l'incroyable conduite de ses députés ! Puissent-ils s'apercevoir eux-mêmes qu'à mesure qu'ils démolissent avec tant de zèle, le peuple ne cesse de briser avec fureur les matériaux qu'ils tirent du vieux édifice, et qui devaient servir à la construction du nouveau !

Qu'ils ne nous accusent pas d'avoir exagéré leurs fautes ou exténué leurs bonnes intentions ; nous avons au contraire jeté plus d'un voile sur les maux particuliers, pour ne voir et ne montrer que le malheur public. Le roi, dans ses proclamations pour le maintien de l'ordre, avoue en gémissant que ce qui se passe *est la honte et le scandale* de la France. M. Necker lui-même dit dans ses discours que *le gouvernement ne peut plus rien*. Avons-nous avancé des choses plus fortes? avons-nous détaillé tous les crimes, démasqué toutes les ruses, dénoncé toutes les prétentions? D'autres que nous auraient parlé de l'affaire de Brest et de la répugnance qu'a montrée l'Assemblée nationale pour dévoiler ce complot; pourquoi un régiment révolté contre ses chefs, à Strasbourg, après avoir commis de grands excès, a réclamé utilement la protection de l'Assemblée nationale; pourquoi nos députés comptent leurs mandats tantôt pour beaucoup, tantôt pour rien. Mais ces questions et d'autres encore sont inutiles. L'Assemblée enfin ne dissimule plus : elle ne tend qu'à obscurcir le trône, et peut-être même à l'anéantir; mais la nature des choses est plus forte que la volonté des hommes; cette nuit et ces projets se dissiperont; l'orage n'aura dispersé que les fanatiques du peuple et les esclaves de la cour, et le trône brillera un jour sous un ciel plus pur, appuyé sur la liberté publique, et revêtu d'une splendeur tranquille.

S'il existait, sur la terre, une espèce supérieure à l'homme, elle admirerait quelquefois notre instinct; mais elle se moquerait souvent de notre raison. C'est surtout dans les grands événements que nos efforts suivis de tant de faiblesse, et nos projets accompagnés de tant d'imprévoyance, exciteraient sa pitié. Il a fallu que la vanité de l'homme confessât qu'il existe une sorte de fatalité, un je ne sais quoi qui se plaît à donner des démentis à la prudence et qui trouble à son gré les conseils de la sagesse. C'est à la brièveté de notre vue qu'il faut s'en prendre. Si nous apercevions les causes avant d'être avertis par les effets, nous prédirions les événements avec quelque certitude; mais, toujours forcé de remonter des effets aux causes, l'homme passe sa vie à raisonner sur le passé, à se plaindre du présent et à trembler pour l'avenir.

Qui aurait dit au vieux Maurepas, lorsqu'il rétablit les

parlements, en 1774, qu'il les perdait à jamais, et avec eux l'autorité royale ? Et, pour en venir à des exemples plus récents, qui aurait dit, l'année dernière, à la noblesse et au clergé, lorsqu'ils demandaient à grands cris les états généraux, qu'ils y trouveraient une fin si prompte? Ils ne songeaient pourtant qu'à se venger de M. l'archevêque de Sens, et à rattraper quelques bribes de pensions que ce cardinal avait supprimées. M. Necker est peut-être le seul qui, après avoir accordé la double représentation au tiers état, ait senti tout à coup qu'il renversait l'ancienne monarchie ; mais l'effet était si près de la cause, que ce ministre est impardonnable de ne l'avoir pas senti plus tôt. Son repentir et ses efforts ont été inutiles : en vain a-t-il indiqué la délibération *par ordre* comme un remède efficace pour le mal qu'il avait fait, l'impulsion était donnée, et le tiers état a crié, par mille bouches à la fois, qu'il délibérerait *par tête*.

Maintenant, s'il est un problème intéressant au monde, c'est celui que nous offre la situation actuelle de la France. *Que deviendra le roi ? que deviendront les fortunes ?* Chacun se le demande, et, dans la consternation universelle, l'intérêt, la peur ou le fanatisme répondent tour à tour. Nous essayerons bientôt si, à travers tous leurs cris, la raison pourra faire entendre sa voix ; et, sans trop nous livrer à l'art des conjectures, nous verrons jusqu'à quel point il est permis à nos faibles regards de se porter dans l'avenir.

Mais, avant d'examiner les travaux de l'Assemblée nationale, et de prononcer sur notre état futur d'après l'état où nous sommes, il faut d'abord convenir que les sottises de la cour et les griefs de la nation étaient montés à leur comble; nous ne saurions trop le répéter. Tous les rois du monde ont reçu une grande leçon dans la personne du roi de France. Les gouvernements apprendront désormais à ne pas se laisser devancer par les peuples qu'ils dirigent. Dans le nord de l'Europe, l'Angleterre exceptée, les princes sont instruits, et les peuples ignorants; au midi, les princes sont ignorants, et les peuples éclairés. Cela vient de ce que les rois du Nord s'occupent à lire nos bons ouvrages, et que les rois du Midi ne songent qu'à les proscrire. La France surtout offrait depuis longtemps le spectacle du trône éclipsé au milieu des lumières. Ce spectacle est dégoûtant et ne saurait être long. Il faut des rois administrateurs aux États industrieux, riches et puissants; un roi chasseur ne convient qu'à des peuples nomades.

Quand M. de Calonne assembla les notables, il découvrit aux yeux du peuple ce qu'il ne faut jamais lui révéler, le défaut de lumières plus encore que le défaut d'argent. La nation ne put trouver, dans cette Assemblée, un seul homme d'État, et le gouvernement perdit à jamais notre confiance. C'est ce qui arrivera chez tous les peuples que les ministres consulteront. En effet, que diraient des voyageurs qui auraient pris des guides, si, au milieu des bois, ces mêmes guides s'arrêtaient tout à coup pour les consulter sur la route qu'il faut prendre? Les voyageurs seraient encore bien doux s'ils ne faisaient que mépriser leurs guides. Or, quand les peuples cessent d'estimer, ils cessent d'obéir. Règle générale : les nations que les rois assemblent et consultent commencent par des vœux, et finissent par des volontés. Tel peuple qui se fût estimé heureux d'être écouté dans ses plaintes finit par ne vouloir pas même entendre la voix de ses maîtres.

Au reste, la nation française a pris un moyen infaillible de se procurer de grands princes, en leur donnant des entraves et même des inquiétudes. Quand les rois étaient absolus, lorsqu'il était si nécessaire qu'ils eussent des talents, on les abandonnait à des gouverneurs et à des ministres imbéciles, et ils s'endormaient sur le trône ; maintenant que par la constitution, si elle dure, ils seront restreints dans leurs pouvoirs, et qu'il serait presque indifférent qu'ils eussent le mérite personnel, ils seront toujours éveillés par le besoin et le malheur, ces grands précepteurs des rois ; ils seront toujours bien entourés ; ils seront guerriers, financiers, politiques ; ils seront eux-mêmes leurs propres ministres.

Voilà en peu de mots la grande faute du gouvernement. Voyons à présent les griefs de la nation.

Ils sont nombreux sans doute, et pourtant, qui le croirait? ce ne sont ni les impôts, ni les lettres de cachet, ni tous les autres abus de l'autorité ; ce ne sont point les vexations des intendants et les longueurs ruineuses de la justice qui ont le plus irrité la nation : c'est le préjugé de la noblesse, pour lequel elle a manifesté plus de haine ; ce qui prouve évidemment que ce sont les bourgeois, les gens de lettres, les gens de finance, et enfin tous ceux qui jalousaient la noblesse, qui ont soulevé contre elle le petit peuple dans les villes, et les paysans dans les campagnes. *C'est une terrible chose que la* QUALITÉ, *disait Pascal ; elle donne à un enfant qui vient de naître une considération que n'obtiendraient pas cinquante ans de travaux et de vertus.* Il est singulier en effet que la patrie s'accorde à dire à un enfant qui a des parchemins : « Tu seras un jour prélat, maréchal de France, ou ambassadeur, à ton choix, » et qu'elle n'ait rien à dire à ses autres enfants. Les gens d'esprit et les gens riches trouvaient donc la noblesse insupportable, et la plupart la trouvaient si insupportable, qu'ils finissaient par l'acheter ; mais alors commençait pour eux un nouveau genre de supplice : ils étaient des anoblis, des gens nobles, mais ils n'étaient pas gentilshommes ; car les rois de France, en vendant la noblesse, n'ont pas songé à vendre aussi le temps qui manque toujours aux parvenus. Quand l'empereur de la Chine fait un noble, il le fait aussi gentilhomme, parce qu'il anoblit le père, l'aïeul, le bisaïeul, le trisaïeul au fond de leurs tombeaux, et qu'il ne s'arrête qu'au degré qu'il veut. Cet empereur vous donne ou vous vend à la fois le passé, le présent et l'avenir; au lieu que les rois de notre Europe ne nous vendent que le présent et le futur : en quoi ils se montrent moins conséquents et moins magnifiques que le monarque chinois. Les rois de France guérissent leurs sujets de la roture à peu près comme des écrouelles, à condition qu'il en restera des traces.

Je le demande maintenant aux différents peuples de l'Europe, et aux Français particulièrement : à qui la faute si la folie de la noblesse est devenue épidémique parmi nous? Faut-il s'en prendre à un gentilhomme de ce que tout le monde lui dit qu'il est gentilhomme; de ce que tout le monde lui sait gré de porter le nom de son père; de ce que tout le monde lui crie de bien conserver ses vieux papiers et de vivre sans rien faire; de ce qu'enfin tout le monde le tient pour dégradé si la pauvreté le force à travailler et à se rendre utile à la société? Il est bien clair que, si les nobles avaient été seuls à croire ces sottises-là, ils auraient bientôt quitté la partie; que si on avait ri, pour la première fois, au nez des gens qui se disaient nobles, ils ne l'auraient pas dit longtemps. Mais les roturiers étaient encore plus frappés qu'eux de cette maladie : la noblesse est aux yeux du peuple une espèce de religion dont les gentilshommes sont les prêtres; et parmi les bourgeois il y a bien plus d'impies que d'incrédules. Nos académies, moins conséquentes que les chapitres nobles, où l'esprit et le talent n'ont jamais fait entrer personne, ont voulu se décorer de gentilshommes, et ont ouvert leurs portes à la naissance. Nos philosophes mêmes ont passé leur vie à classer dans leur tête les différentes généalogies de l'Europe, et à se dire entre eux : *Un tel est bon, un tel ne l'est pas; ce sot et ce fripon sont des gens comme il faut; un tel est du bois dont on fait les évêques et les maréchaux de France;* et ils ont ainsi accrédité un tas de phrases proverbiales qui, passant de bouche en bouche, ont vicié les meilleurs jugements, et formé ce qu'on appelle le préjugé de la noblesse *.

Je vous le demande donc, nation française, à qui la faute si ce préjugé a renversé toutes les têtes? N'est-ce pas à vous à vous en accuser vous-même? Mais, si vous vous en accusez, si vous en rougissez, pourquoi massacrez-vous un homme par la raison qu'il est gentilhomme? pourquoi brûlez-vous ses archives et ses châteaux ? Peut-être voulez-vous, après avoir expié votre sottise par la honte, laver votre honte dans le sang, et devenir atroce pour faire oublier que vous avez été ridicule. Mais, je vous le prédis, vous n'aurez fait que des crimes inutiles : vous n'éteindrez pas des souvenirs. César disait à l'assemblée la plus démocratique qui ait existé sur la terre : « Je descends d'Ancus Martius par les hommes et de Vénus par les femmes; si bien qu'on trouve dans ma maison la majesté des dieux et la sainteté des rois. » Il le disait, et on ne l'en aimait pas moins; car les Romains étaient plus jaloux des emplois de la république que des généalogies des particuliers, et sans doute, bourgeois parisiens, que vous aurez un jour une jalousie aussi raisonnable, quand vous verrez vos enfants parvenir, comme les nobles, aux charges publiques. Mais, je vous le répète, les nobles partageront toujours avec vous les profits des places, sans que vous puissiez partager avec eux la vanité des titres; sans qu'il vous soit jamais possible d'oublier ni ce qu'ils furent, ni ce que vous êtes; et même, dans votre constitution future, ceux de vous qui

---

* Madame du Deffand ayant lu *l'Esprit des Lois*, dans le temps que ce livre parut, dit à ceux qui lui en demandaient son avis qu'*il résultait de la lecture de cet ouvrage que son auteur était Gascon, homme de robe et gentilhomme;* et tout cela, en effet, se fait très-bien sentir dans l'admirable ouvrage de *l'Esprit des Lois*.

auront passé par les grandes charges deviendront aussi des nobles, et ceux qui n'y parviendront que les derniers seront toujours traités d'*hommes nouveaux*. Ce mal est incurable dans notre Europe, et il serait encore plus aisé à vos philosophes de vous en consoler que de vous en guérir.

L'énorme fortune du haut clergé était aussi depuis longtemps un objet insupportable aux yeux du peuple, et augmentait encore la haine et l'envie contre les nobles, qui avaient le privilége exclusif des grandes dignités et des gros bénéfices. Aussi, dans la cruelle position des finances, n'a-t-on pas hésité un moment, et l'Église a été la première victime.

XI. — La création d'un papier-monnaie entraîne des *banqueroutes nationales*. Ces banqueroutes nationales, disait Newton, sont aux banqueroutes des rois ce que celles des rois sont aux banqueroutes des particuliers; et ce grand homme est mort persuadé que l'Angleterre, avec son papier-monnaie, finirait par une de ces grandes catastrophes. Il est certain qu'un peuple qui s'abandonne indiscrètement à la facilité de s'emprunter à lui-même et de se payer en papier-monnaie doit finir comme le Midas de la fable : les réalités disparaissent sous les mains qui créent toujours des signes. Voici une proportion éternelle : l'or et le papier-monnaie sont les deux signes des richesses ; mais l'un est d'une convention universelle, et l'autre d'une convention locale et bornée. La rareté des métaux et les peines que coûte leur exploitation donnent à la terre le temps de porter des moissons, et les denrées peuvent atteindre ou suivre de près les signes qui les représentent. Mais est-ce que la nature peut marcher comme la plume d'un homme qui fait du papier-monnaie? L'or, borné dans sa quantité, est illimité dans ses effets ; et le papier, illimité dans sa quantité, est au contraire fort circonscrit dans ses effets. Un peuple qui est forcé d'en venir à cet expédient ne doit pas perdre de vue ces maximes fondamentales *.

XII. — On est forcé, en lisant l'histoire, d'avouer que nos rois, afin d'accroître leur puissance, passaient leur vie à empiéter sur les priviléges de la noblesse et du clergé ; de sorte que le peuple et l'Assemblée nationale, en écrasant le clergé, la noblesse et la magistrature, dans la révolution actuelle, n'ont fait qu'achever l'ouvrage des rois.

Il n'en est pas moins vrai que, pressés par des besoins sans cesse renaissants, les monarques français aliénaient leur puissance pour de l'argent toutes les fois qu'ils en trouvaient l'occasion (c'est ce qu'on entend par la vénalité des charges); de sorte qu'en mêlant toujours les usurpations aux aliénations, ils se trouvaient tour à tour ou dans une injustice actuelle ou dans une impuissance habituelle. Mais, lorsqu'ils se sentaient trop gênés par les priviléges attachés aux charges qu'ils avaient vendues, ils créaient un commissaire qui en faisait les fonctions, et n'en laissait que les honneurs au titulaire : autre source d'injustice. De là vient qu'on a toujours trouvé à l'administration française une physionomie double, s'il est permis de le dire : d'un côté le propriétaire de la charge, et de l'autre le délégué du roi ; ce

* Une foule de causes peuvent retarder à chaque instant la banqueroute d'une nation qui a trop fait de papier-monnaie, mais rien ne peut l'empêcher. L'Angleterre, par exemple, a si prodigieusement accru son commerce dans les deux mondes qu'elle a toujours pu donner de nouveaux gages à ses créanciers, soit par les denrées en nature, soit par les métaux que lui valent ces denrées. La postérité aura peine à croire qu'un petit peuple ait joui d'une si grande prospérité. Avant l'insurrection des Américains, on pouvait comparer cette puissance à un immense triangle dont la base était dans les deux Indes, et la pointe à l'embouchure de la Tamise.

qui occasionnait en même temps de perpétuels conflits et des coups d'autorité dans la capitale et dans les provinces.

Il arrivait de là que personne n'était à sa place. Le roi exerçait tous les jours le pouvoir judiciaire par d'éternelles évocations ou par des commissions particulières. Les parlements usurpaient le pouvoir législatif avec leurs *sanctions* et leurs *veto*, connus sous le nom d'*enregistrements*; réunis à la noblesse et au clergé, ils contrariaient sans cesse le pouvoir exécutif. Si les rois étaient venus à bout de la magistrature, de la noblesse et du clergé, le combat aurait été de corps à corps entre le prince et les sujets, et tout aurait fini ou par une constitution ou par le despotisme le plus absolu. C'est l'état où nous sommes. De sorte que les résistances des corps privilégiés empêchaient ou un grand mal ou un grand bien, et que c'était précisément dans cette action du monarque et dans cette réaction des corps que consistait, depuis huit cents ans, le gouvernement français.

Je dis huit cents ans, parce qu'avant saint Louis et Philippe-Auguste le régime féodal, quoique extrêmement odieux, était une véritable constitution, une constitution ferme et vigoureuse sur laquelle il n'y avait pas à disputer. Le mal, le bien, les priviléges, les prérogatives, les droits et les servitudes, tout était réglé : les peuples étaient des troupeaux, les nobles des pâtres; le roi, maître d'un troupeau particulier qu'on appelle *domaine*, n'était que le chef des autres bergers, *primus inter pares* : d'où nous vient la *pairie*, car on est en France comme aux Champs-Élysées, au milieu des ombres des anciennes réalités.

C'était alors que les nobles étaient de véritables aristocrates[*] : la nation entière leur servait de piédestal; et de là

---

[*] N'est-ce pas une dérision que d'appeler *aristocrates* de pauvres gen-

vint cette race d'hommes colossaux et oppresseurs qui rendait les rois si petits et les peuples si pauvres. Il y avait plus de grandeur d'un côté, plus d'abaissement de l'autre ; plus d'éclat sur certaines têtes, une obscurité plus égale sur tout le reste : plus de bonheur en masse et moins d'hommes heureux. Mais, comme le bien et le mal sont toujours mêlés, c'est aussi de là que sortirent ces chevaliers français si fiers, si brillants et si généreux, dont la race s'est tellement perdue que leur histoire est déjà notre mythologie.

Lorsque les seigneurs, ruinés par le luxe ou par les guerres d'outre-mer, vendirent leurs prérogatives, soit aux villes, soit au prince, il n'y eut plus de constitution. Les rois soulevèrent les peuples et les aidèrent contre les nobles, jusqu'à ce que les nobles eux-mêmes, corrompus ou effrayés par les rois, s'entendirent avec eux contre les peuples.

Si les rois ne s'étaient pas ruinés à leur tour, rien n'aurait pu leur résister; mais le désordre de leurs finances les a forcés, comme les anciens nobles, à faire un marché avec le peuple : il a fallu donner une constitution aux Français, et il pourrait se faire que Louis XVI fût le dernier seigneur suzerain de son antique et noble tige.

XIII. — *La souveraineté est dans le peuple;* mais elle y est d'une manière implicite, c'est-à-dire à condition que le peuple ne l'exercera jamais que pour nommer ses représentants, et, si c'est une monarchie, que le roi sera toujours le premier magistrat. Ainsi, quoiqu'il soit vrai au fond que tout

---

tilshommes qui mettent leurs enfants à l'École militaire ou à Saint-Cyr, qui passent leur vie à mendier des secours dans toutes les antichambres de Paris et de Versailles, et qui peuvent mourir en prison pour une dette de cent écus? Que doivent dire les magistrats de Berne et les nobles vénitiens en apprenant que l'ignorance parisienne a fait du titre de leur gouvernement une injure et un tort pendable?

vient de la terre, il ne faut pas moins qu'on la soumette par le travail et la culture, comme on soumet le peuple par l'autorité et par les lois. La souveraineté est dans le peuple comme un fruit est dans nos champs, d'une manière abstraite. Il faut que le fruit passe par l'arbre qui le produit et que l'autorité publique passe par le sceptre qui l'exerce. D'ailleurs un peuple ne pourrait gouverner toujours par lui-même que dans une très-petite ville ; il faudrait même que des orateurs turbulents et des tribuns emportés vinssent l'arracher tous les jours à ses ateliers pour le faire régner dans les places publiques ; il faudrait donc qu'on le passionnât pour le tenir toujours en haleine. Or, dès que le *souverain* est passionné, il ne commet que des injustices, des violences et des crimes[*].

XIV. — Du principe de la souveraineté du peuple découlait nécessairement le dogme de l'égalité absolue parmi les hommes, et ce dogme de l'égalité des personnes ne conduirait pas moins nécessairement au partage égal des terres. Il est assez évident aujourd'hui que l'Assemblée nationale a pris, pour réussir, un des grands moyens de l'Évangile : c'est de prêcher la haine des riches, c'est de les traiter tous de *mauvais riches*. De là au partage des biens, il n'y a qu'un pas C'est une dernière ressource que nos philosophes ne voient, dans l'obscur avenir, qu'avec une secrète horreur. Mais ils s'y seraient déjà résolus si la longue défaillance du pouvoir exécutif ne leur eût donné le temps de tâtonner dans leur marche, et, avant de s'arrêter à cet affreux moyen, d'essayer de tous les autres. Peut-être aussi que la condes-

---

[*] En général, le peuple est un souverain qui ne demande qu'à manger, et sa majesté est tranquille quand elle digère. Ceux qui aujourd'hui lui ôtent le pain et ceux qui lui offrent le sceptre sont également coupables.

cendance du prince a empêché l'Assemblée de déployer toute
son énergie et de faire explosion; le corps qui frappe, ne
trouvant pas de point d'appui dans celui qui cède, fait moins
de ravage; et le gouvernement, en reculant sans cesse, a
fait la résistance des *corps mous*. Heureusement encore que
cet expédient d'armer le pauvre contre le riche est aussi absurde qu'exécrable. Il y a sans doute quinze ou seize millions d'hommes qui n'ont rien en France que leurs bras, et
quatre ou cinq millions qui ont toutes les propriétés; mais le
besoin et la nécessité ont jeté plus de liens entre le pauvre et
le riche que la philosophie n'en saurait rompre. C'est la
nécessité qui fait sentir à la multitude des pauvres qu'ils ne
peuvent exister sans le petit nombre des riches; c'est cette
providente nécessité qui défend au lierre d'étouffer, avec ses
mille bras, le chêne qui le soutient et l'empêche de ramper
sur la terre. Oui, la nécessité est plus humaine que la philosophie, car c'est la nature qui fait la nécessité, et c'est nous
qui faisons notre philosophie.

> Le riche est fait pour beaucoup dépenser;
> Le pauvre est fait pour beaucoup amasser;
> Et le travail, gagné par la mollesse,
> S'ouvre, à pas lents, la route à la richesse.

Ces rapports sont éternels. C'est de l'inégalité des conditions que résultent les ombres et les jours qui composent le
tableau de la vie. Les novateurs espèrent en vain d'anéantir
cette harmonie. L'*égalité absolue* parmi les hommes est le
mystère des philosophes. Du moins l'Église édifiait sans cesse;
mais les maximes actuelles ne tendent qu'à détruire. Elles
ont déjà ruiné les riches sans enrichir les pauvres; et, au lieu
de l'égalité des biens, nous n'avons encore que l'égalité des
misères et des maux.

J'entends bien ce que c'est que la philosophie d'un particulier, ce que c'est qu'un homme dégagé des mœurs du peuple, et même des passions, un philanthrope, un cosmopolite, pour qui toutes les nations ne forment qu'une seule et même famille ; mais qu'est-ce que la philosophie d'un peuple ? qu'est-ce que cette philanthropie, cette liberté générale du commerce, cette charité qui consiste à renoncer à tous les avantages que les autres n'auraient pas ? Que serait-ce qu'un peuple sans passions qui ouvrirait tous ses ports, détruirait ses douanes, partagerait sans cesse ses trésors et ses terres à tous les hommes qui se présenteraient sans fortune et sans talent ? Un homme n'est philosophe que parce qu'il n'est pas peuple ; donc un *peuple philosophe* ne serait pas *peuple*, ce qui est absurde. La vraie philosophie des peuples, c'est la politique ; et, tandis que la philosophie prêche aux individus la retraite, le mépris des richesses et des honneurs, la politique crie aux nations de s'enrichir aux dépens de leurs voisins, de couvrir les mers de leurs vaisseaux, et d'obtenir, par leur industrie et leur activité, la préférence dans tous les marchés de l'univers ; car deux nations sont entre elles, en état de pure nature, comme deux sauvages qui se disputent la même proie.

D'ailleurs, il ne faut pas s'y tromper, le patriotisme est l'hypocrisie de notre siècle ; c'est l'ambition et la fureur de dominer qui se déguisent sous des noms populaires. Les places étaient prises dans l'ordre social ; il a donc fallu tout renverser pour se faire jour. Ce n'est point en effet le peuple, ce ne sont pas les pauvres, au nom desquels on a fait tant de mal, qui ont gagné à la révolution ; vous le voyez, la misère est plus grande, les pauvres plus nombreux, et la compassion est éteinte : il n'y a plus de pitié, plus de commisération en France. On donnait beaucoup lorsqu'on croyait devoir des dédommagements ; la charité comblait sans cesse l'intervalle entre les petits et les grands ; la vanité et l'orgueil tournaient au profit de l'humanité : ce n'était pas une épée, c'était la prière qui armait la pauvreté; et la richesse, qui a disparu devant la menace, ne rebutait pas la misère suppliante. Maintenant, que peuvent donner des riches opprimés à des pauvres révoltés? On a renversé les fontaines publiques, sous prétexte qu'elles accaparaient les eaux, et les eaux se sont perdues.

Nos philosophes répondent que les pauvres, qui dorénavant prendront tout, ne demanderont plus rien. Mais où trouveront-ils de quoi prendre, à moins d'un massacre général de tous les propriétaires? Et alors, en poussant un tel système, il faudra donc que, de génération en génération, les pauvres massacrent toujours les riches, tant qu'il y aura de la variété dans les possessions, tant qu'un homme cultivera son champ mieux qu'un autre, tant que l'industrie l'emportera sur la paresse, enfin jusqu'à ce que la terre inculte et dépeuplée n'offre plus aux regards satisfaits de la philosophie que la vaste égalité des déserts et l'affreuse monotonie des tombeaux!

Le mauvais génie qui préside à nos destins a voulu que, dès le premier pas que nous avons fait vers une constitution, il y ait eu un combat à mort entre le chef et les représentants de la nation. Le pouvoir exécutif et le pouvoir judiciaire ont péri dans l'action, et avec eux tout le nerf de la puissance législative. L'assemblée de nos représentants et de nos législateurs n'a plus été qu'une troupe victorieuse, usant partout du droit de conquête et distribuant les dépouilles des vaincus à des vainqueurs qu'elle ne devait jamais contenter.

XV. — Ce fut la nuit du 4 août que les démagogues de la noblesse, fatigués d'une longue discussion sur les droits de l'homme, et brûlant de signaler leur zèle, se levèrent tous à la fois, et demandèrent à grands cris les derniers soupirs du régime féodal. Ce mot électrisa l'Assemblée. On lit une division des derniers vestiges de ce régime en droits personnels et en droits réels, tels qu'ils restaient encore aux propriétaires des fiefs ; on abolit tous les droits personnels sans indemnité ; on déclara tous les droits rachetables, et dans ceux-ci on abolit, encore sans indemnité, ceux qui avaient été personnels autrefois, et dont les redevables s'étaient rachetés pour de l'argent : ce qui réduisait tout à coup une foule de propriétaires à l'aumône, et annulait le droit acquis par les prescriptions, droit si sacré quand on n'en a pas d'autre. On abolit aussi les justices seigneuriales, le droit des chasses et des colombiers, la vénalité des charges, le casuel des curés, les priviléges pécuniaires en matière d'impôts, les priviléges des provinces et des villes. On établit le rachat de toutes les rentes et redevances, l'admission à tous les emplois, sans distinction de naissance ; on proscrivit la pluralité des bénéfices ; on demanda l'état des pensions, qui devaient être désormais réglées sur celle qu'on ferait au roi ; on abolit d'un seul coup les annates et les dîmes ; enfin on décréta qu'une médaille serait frappée en mémoire de tant de grandes délibérations prises pour le bonheur de la France ; que tout le monde se réjouirait de tant de sacrifices faits à la liberté française ; que Louis XVI en porterait le nom de *restaurateur ;* qu'on chanterait un *Te Deum* dans sa chapelle, *et qu'il en serait.*

Le feu avait pris à toutes les têtes. Les cadets de bonne maison, qui n'ont rien, furent ravis d'immoler leurs trop heureux aînés sur l'autel de la patrie ; quelques curés de campagne ne goûtèrent pas avec moins de volupté le plaisir de renoncer aux bénéfices des autres ; mais ce que la postérité aura peine à croire, c'est que le même enthousiasme gagna toute la noblesse ; le zèle prit la marche du dépit ; on fit sacrifices sur sacrifices : et comme le point d'honneur, chez les Japonais, est de s'égorger en présence les uns des autres, les députés de la noblesse frappèrent à l'envi sur eux-mêmes, et du même coup sur leurs commettants. Le peuple, qui assistait à ce noble combat, augmentait par ses cris l'ivresse de ses nouveaux alliés; et les députés des communes, voyant que cette nuit mémorable ne leur offrait que du profit sans honneur, consolèrent leur amour-propre en admirant ce que peut la noblesse entée sur le tiers état. Ils ont nommé cette nuit la *nuit des dupes*; les nobles l'ont nommée la *nuit des sacrifices*.

XVI. — Mais pourquoi l'Assemblée nationale, en statuant l'égalité des droits parmi les hommes, n'a-t-elle pas décrété qu'ils auraient tous également des talents et des vertus? Il est vrai que la nature résisterait mieux que la monarchie aux décrets de l'Assemblée.

Cette nature est inégale dans ses productions; elle l'est encore dans les présents qu'elle dispense, et cette inégalité nous l'appelons variété. Pourquoi ne pas donner le même nom à la distinction des rangs et à l'inégalité des conditions? Les rangs, direz-vous, sont odieux, et les grandes fortunes insupportables. Mais la loi est-elle donc aux ordres de l'envie, et doit on consulter la laideur et la sottise sur le prix du génie et de la beauté? On a voulu faire de la France une grande loterie où chacun pût gagner sans y mettre. Parcourez la série des décrets de l'Assemblée, vous croirez entendre, à l'éloquence près, la voix des Gracques et de tous ces tribuns qui adulaient la canaille latine, et qui finirent par renverser la république. L'Assemblée nationale, en détruisant la hiérarchie des conditions, si conforme à la nature des monarchies, pense-t-elle obtenir un meilleur ordre de choses? Penserait-elle aussi, en donnant aux notes la même valeur, et en les rangeant toutes sur une même ligne, créer d'autres accords, et donner au monde une nouvelle harmonie?

XVII. — Dans toute nation, il y a le *souverain*, l'*État* et le *gouvernement*. Le souverain est la source de tous les pouvoirs, le gouvernement est la force qui les exerce, et l'État est le sujet. Si la nation se gouverne elle-même, elle est à la fois l'État et le souverain ; le gouvernement, qui s'appelle alors démocratie, se cache et disparaît, comme un ressort intime et secret, entre le souverain et l'État ; n'étant à personne en particulier, il n'est visible que dans les actes qu'il fait, et le peuple est tout ensemble maître et sujet. C'est ainsi que chaque individu se gouverne démocratiquement : nous nous commandons à nous-mêmes et nous nous obéissons. Aussi, plus un peuple est simple, plus il ressemble à un seul homme, et mieux la démocratie lui convient. *S'il existait*, dit Rousseau, *un peuple de dieux, il se conduirait démocratiquement*. Mais où trouver un tel peuple ? Il n'y a pas de démocratie pure sur la terre. On ne connaît pas de peuple assez simple dans ses mœurs, ou assez peu nombreux, pour se gouverner constamment lui-même. De quelque côté qu'une nation se tourne, il faut qu'elle se fie à quelqu'un ; or, dès qu'un peuple a pris des guides ou des chefs, quelque nom qu'on leur donne, c'est toujours une aristocratie. Dès que le gouvernement se sépare du souverain et de l'État pour former un corps à part, dès qu'il est visible, il est aristocratique. Mais on est convenu pourtant d'appeler démocratiques les États où le peuple se rassemble souvent pour nommer ses magistrats. Dans un tel État, la force du souverain est à son *maximum*, et celle du gouvernement est, au contraire, à son *minimum*.

S'il y a dans une nation une assemblée de magistrats et de sénateurs toujours subsistante, que le peuple ne puisse changer à son gré, alors la souveraineté est comme aliénée ; le gouvernement en remplit les fonctions, le sénat est maître de l'État ; tout le reste est sujet : c'est proprement l'aristocratie. Dans ces sortes d'États, le gouvernement a une force moyenne.

Le gouvernement monarchique est comme un resserrement de l'aristocratie ; un seul homme y fait les fonctions de tout un sénat. Il est chef de l'État, il est roi ou monarque, c'est-à-dire magistrat suprême, s'il gouverne sur des lois consenties par le vœu ou par le silence de la nation ; s'il fait lui-même les lois, il est despote, et ce nom lui convient, lors même qu'il fait le bonheur de ses sujets. L'être le plus aimé est alors le plus tyrannique. Dans un tel État, le gouvernement est à son *maximum* et brille d'un grand éclat : la souveraineté nationale est tout à fait éclipsée. Elle ne peut, comme le feu central, se manifester que par des explosions. Le peuple, semblable aux géants de la fable, soulève les montagnes sous lesquelles il est enseveli, et la terre en est ébranlée : c'est le principe de l'insurrection.

Il n'existe pas un pur despotisme dans le monde ; tous les gouvernements sont plus ou moins aristocratiques, ainsi que nous l'avons dit ailleurs ; mais il peut se trouver des nations qui souffrent tous les maux du despotisme sans que le prince jouisse de toute la plénitude des pouvoirs. Un homme ne peut pas tout vouloir, et toujours vouloir.

La fameuse devise des Romains : *Senatus, populusque romanus*, contient le germe de toutes ces idées. Le peuple est tout ensemble l'État et le souverain, et le sénat est le chef de l'État ou le gouvernement *.

Maintenant que nous avons établi ce que c'est que *souverain*, *État* et *gouvernement*, il nous reste à dire pourquoi le souverain et l'État sont deux êtres simples, et pourquoi le gouvernement est un être composé.

---

* Ce qu'on appelait *plebs*, ou petit peuple, était bien compris dans *populus*, de même que les patriciens qui n'étaient pas sénateurs; mais on trouvait un moyen d'éluder l'influence de cette vile populace par une certaine manière de prendre les suffrages. Il n'y a eu dans la république que les tyrans qui aient fait leur cour à la canaille.

La nation, en sa qualité de souverain, est un être simple, parce qu'elle n'a qu'une volonté, qui est de se maintenir par de bonnes lois. L'État ne présente aussi qu'une idée : c'est la somme des sujets. Mais le gouvernement, qui est l'effet immédiat de la volonté du souverain, est composé des trois pouvoirs qui sont contenus dans cette volonté : le législatif, l'exécutif et le judiciaire.

La constitution étant le rapport du souverain à l'État, on sent bien que le gouvernement est la pièce importante de cette machine : c'est lui qui donne la vie et le mouvement. Il s'agit donc, pour que la constitution soit bonne, de bien combiner les trois pouvoirs ; et c'est ici que commence la grande cause que le roi a perdue, non contre la nation, mais contre quelques démagogues.

L'expérience des siècles passés prouve que, toutes les fois que le peuple a exercé par lui-même les trois pouvoirs, la démocratie s'est changée en anarchie : des orateurs violents agitaient la multitude, comme les vents soulèvent les flots ; et le peuple, flatté par les démagogues, avait tous les défauts des tyrans : il abrogeait les meilleures lois, condamnait les meilleurs citoyens, et dissipait les revenus publics. Dans Athènes, le souverain était fou et l'État malheureux.

Cette expérience de tous les siècles prouve encore que, si les trois pouvoirs sont réunis entre les mains d'un sénat ou d'un seul homme, il y a despotisme aristocratique ou monarchique.

Il a donc fallu, pour se donner une constitution tolérable, que la souveraineté se divisât. Mais la tardive expérience est encore venue au secours de la raison, et a démontré que, chaque fois qu'on n'établit que deux corps dépositaires du pouvoir, on engage un combat qui doit finir par l'extinction de l'un ou de l'autre et le renversement de la chose publique. Lorsqu'à Rome on eut chassé les rois, le sénat se mit à leur place et gouverna despotiquement, jusqu'à ce que le peuple, par ses fréquentes insurrections, l'eût forcé à reconnaître la magistrature des tribuns. Dès ce jour, la paix fut bannie de Rome; les tribuns, ayant trop abaissé le sénat, tuèrent la liberté à force d'indépendance, et conduisirent violemment le peuple-roi à l'esclavage.

L'Angleterre, plus sage ou plus heureuse que toute l'antiquité, au gouvernement de Sparte près, dont le sien est une image, a trouvé le véritable mode d'une constitution convenable à un peuple puissant. Les pouvoirs y sont partagés entre les représentants du peuple, qu'on nomme *communes*; le sénat, appelé *Chambre haute*, et le roi; de sorte que, les communes tendant sans cesse vers la démocratie, la Chambre haute vers les prérogatives de l'aristocratie, et le roi vers le despotisme, il en résulte un gouvernement mixte dont les forces se tempèrent mutuellement, et qui réunit la plus vive énergie à la plus grande solidité. La Chambre des communes et celle des pairs proposent la loi; le prince l'approuve ou la rejette, et c'est par ce *veto absolu* qu'il intervient dans le pouvoir législatif; il est, en outre, revêtu de tout le pouvoir exécutif. Quant au pouvoir judiciaire, chacun sait qu'en Angleterre on est jugé par ses pairs. Les juges sont des citoyens qu'on nomme *jurés*, pris dans toutes les classes, et capables de répondre de toutes leurs actions. Sur quoi nous observerons que Montesquieu, ayant trouvé la distinction des trois pouvoirs, se trompa lorsqu'il établit que le pouvoir judiciaire devait toujours être confié à des corps de magistrature. Il résulterait d'un tel principe qu'on ne serait jamais jugé par ses pairs; que tout citoyen ne pourrait être juge, et que les juges seraient un État dans l'État. Montesquieu, avec tout son génie, voyait partout les parlements de France.

Il a donc fallu, pour former une bonne constitution, le concours de trois forces; il a fallu que la puissance législative fût partagée entre le peuple, le sénat et le roi, et que la puissance fût tout entière concentrée dans la main du prince. Ce n'est point le hasard qui l'a voulu ainsi, c'est la nature des choses, qui, lorsqu'elle est bien connue, devient notre raison. Demander pourquoi il a fallu trois éléments pour faire une constitution durable, c'est demander pourquoi il faut sept tons à la musique, ou sept couleurs à la lumière; c'est demander pourquoi il faut trois termes pour une proportion. Or, il n'y a point de constitution *si le gouvernement ne sert pas de moyenne proportionnelle entre le souverain et l'État**. J'excepte la démocratie pure, qui, semblable à l'unité, contient toutes les perfections : le souverain, l'État et le gouvernement n'étant qu'un, il y a *identité*, et alors on se passe des proportions, comme on se passe de l'image quand on a la réalité. Mais nous avons dit qu'il n'existait pas de démocratie pure; et, si l'on nous objecte qu'elle

---

* Le sénat de Rome ayant ce qu'on appelle l'*initiative* de la loi, c'est-à-dire le droit de la proposer, le peuple, afin de se défendre des atteintes de ce corps législatif, donna le *veto* à ses tribuns, et ce *veto* fut absolu. Si les tribuns avaient eu l'*initiative*, le sénat aurait eu le *veto*. Car dès qu'un corps dans l'État dit : *Je veux*, il faut qu'il s'en trouve un autre qui puisse dire : *Je ne veux pas;* sans quoi il y a despotisme. Mais Rome ayant fait la faute de ne pas créer une troisième force entre ses tribuns et le sénat, on eut une anarchie et des guerres civiles perpétuelles, qui auraient conduit la république à une fin plus prompte, si la conquête du monde n'eût extrêmement occupé le peuple et le sénat. Au reste, ce *veto* absolu était une prérogative si considérable, que si les tribuns avaient eu l'armée ils auraient été rois. Aussi les empereurs, tout grands pontifes, tout capitaines perpétuels qu'ils étaient, n'auraient-ils pu se soutenir contre le sénat sans la puissance tribunitienne. C'est ce qui les rendit despotes : ils réunirent alors toutes les magistratures, tout le gouvernement, tout l'État enfin dans leur personne. C'est à cette époque, dit-on, et à cause de cette réunion de pouvoirs, que la flatterie commença à parler au pluriel à une seule personne, et à lui dire *vous*.

pourrait, à toute rigueur, exister dans une très-petite ville, nous répondrons qu'il faudra que les citoyens d'une telle ville soient sans cesse occupés à régner les uns sur les autres, c'est-à-dire à faire observer les lois et à expédier les affaires publiques ; qu'il faudra, par conséquent, qu'ils aient des esclaves pour leurs affaires domestiques. Il serait donc vrai, comme Hobbes et Rousseau l'ont soupçonné, que la liberté suprême ne pourrait exister sans l'extrême esclavage, comme il est certain qu'on n'exercerait pas la clémence s'il n'y avait pas d'offense.

XVIII. — Une fois que les démagogues de l'Assemblée et les philosophes du Palais-Royal eurent le mot des capitalistes, ils se garantirent mutuellement la dette et la révolution. Le marquis de la Fayette promit d'être un héros ; M. Bailly promit d'être un sage ; l'abbé Sieyès dit qu'il serait un Lycurgue ou un Platon, au choix de l'Assemblée ; M. Chassebeuf de Volney parla d'Érostrate ; les Barnave, les Pétion, les Buzot et les Target engagèrent leurs poumons ; les Bussy de Lameth, les Guépard de Toulongeon et les Bureaux de Puzy, dirent qu'ils feraient nombre : on ne manquait pas de tartufes ; le Palais-Royal promit des malfaiteurs, et on compta de tous les côtés sur M. de Mirabeau.

Il faut se garder de comparer cette révolution à aucune autre révolution de l'histoire ancienne ou moderne. Dans un grand royaume, où la naissance, l'honneur, les dignités, les talents, jetaient tant de différence entre les hommes ; où tout avait son rang, où la population, la distance et les variétés des provinces ne permettaient pas d'autre gouvernement que la monarchie, il s'est fait pourtant une révolution toute populaire, comme elle se serait faite dans une petite ville où on aurait égorgé ses magistrats. La majorité de l'Assemblée nationale était *peuple* ; les princes et les grands, qui avaient des prétentions, n'ont pu se faire entendre qu'en se faisant *peuple*.

Les mots de *patrie*, de *citoyen* et de *liberté* ont retenti des Alpes aux Pyrénées, et de la Méditerranée au bord de l'Océan : comme si, pour avoir un pays, on avait une patrie ! comme si, pour être bourgeois, on était citoyen ! comme si, pour être libre, il ne fallait qu'être barbare !

Cette révolution a mis au jour une foule de mauvais génies et de prétendus philosophes, qui ont cru aller à la liberté parce qu'ils fuyaient les lois, et haïr la servitude parce qu'elle ne les tirait pas de la misère. Combien de suppôts de la police ont été surpris qu'on les priât de travailler à la liberté ! combien de beaux esprits ont été plus généreux qu'ils ne voulaient ! Leur fortune tenait aux abus de l'ancien régime, et ils n'ont acquis d'autre liberté que celle de mourir de faim. Les uns, jadis aux pieds des grands, s'humiliaient par système, ne pouvant se passer des dédains de l'opulence : leur ambition répondait de leur fidélité. Les autres, prenant l'envie pour la fierté, haïssaient les riches sans aimer la chose publique ; ou, pour mieux dire, ils aimaient tant la fortune, qu'ils ne pouvaient souffrir ceux qui la possédaient. Les uns et les autres ont passé la première partie de leur vie à déclamer ou à ramper ; ils en passeront le reste à être insolents ou factieux ; jamais ils ne seront citoyens.

Mais les capitalistes et les démagogues s'en sont servis avec habileté, et, du reste, ils n'ont rebuté personne. La halle et les clubs, l'Académie et la police, les filles et les philosophes, les brochures et les poignards, ceux qui raisonnaient sur le *veto*, ceux qui le croyaient le grand mot du despotisme, ceux qui le prenaient pour un impôt, enfin la lie de Paris, c'est-à-dire du monde, tout est entré dans l'armée démocratique !

XIX. — Les nobles sont des monnaies plus ou moins anciennes, dont le temps a fait des médailles ; ils sont inévitables dans la monarchie, mais ils ne sont pas nécessaires pour fonder un sénat. On peut introduire l'aristocratie dans une bonne constitution sans recourir aux anciens nobles. Un sénat de paysans serait très-bien une assemblée d'aristocrates ; il est vrai qu'ils seraient bientôt patriciens et nobles. L'aristocratie jette, de sa nature un grand lustre sur chacun de ses membres ; mais, lorsqu'en formant un sénat on rejette les nobles, on se prive d'instruments déjà brillantés par le temps : on a des nobles nouveaux, et par conséquent un sénat moins vénérable.

L'Amérique septentrionale n'ayant pas, comme les anciens royaumes d'Europe, un roi et une noblesse pour éléments de sa constitution, s'en est pourtant donné les simulacres dans son président et dans son sénat. Cette terre, encore neuve, n'a pu suppléer aux effets du temps que par des suppositions : elle feint que son président est roi, et que son sénat est noble. Mais, comme la noblesse est un souvenir, le vœu des peuples, et même l'éclat des lettres, n'ont pu la confier, par exemple, à Washington ou à Franklin ; tout ce qu'ils peuvent obtenir de leur réputation, comme Cicéron et tant d'autres grands hommes, c'est de commencer une race. On descendra d'eux, mais ils ne descendent que de leurs œuvres. J'ai vu le temps où nos démagogues connaissaient fort bien en quoi consiste l'essence de la noblesse. *Nous méprisons,* disaient-ils, *le duc de Bouteville ; mais nous ne pouvons mépriser son nom.* Voilà, en un mot, ce que c'est que la noblesse : c'est un nom gravé par la main du temps dans la mémoire des hommes ; et voilà ce que l'Amérique n'a pu se donner. Ses éléments étaient tous de même nature ; ils étaient homogènes en politique : elle n'a pu anoblir certaines familles en les déclarant sénatoriales, et laisser les autres dans l'obscurité plébéienne. Elle a donc fait son sénat électif : d'où il résulte que son gouvernement, qui s'appelle congrès, n'est au fond qu'une seule et même Chambre, divisée en deux sections ou bureaux. Le président, pris dans le peuple, n'a pu aussi qu'être électif.

Par conséquent, l'aristocratie et la royauté ne sont, à Philadelphie, que des apparences, des fictions dont le législateur a cherché à fortifier le gouvernement. Mais la démocratie l'emporte si bien, qu'il n'est pas de petit canton qui ne se détache, à son gré, de l'intérêt général, et même de l'État. L'Amérique septentrionale ne peut donc servir de modèle à la France, qui doit se conserver en masse, si elle ne veut pas descendre de son rang en Europe. C'est cet orgueil national et politique, inné dans tous les Français, et fondé sur l'honneur d'appartenir à un grand empire, dont je me sers, comme d'un levier, pour renverser l'édifice de l'Assemblée législative : car si chaque petit canton en France se séparait de la cause et de la masse communes pour se gouverner à son gré, je ne trouverais pas d'autre absurdité dans la constitution que le fantôme royal et l'entretien d'une cour.

Il n'y a jamais eu de grande république sur la terre qui ne se soit aussitôt changée en monarchie. C'est pour éviter les usurpations des généraux d'armée qui reviennent victorieux, et la tyrannie du gouvernement militaire, que les grands peuples donnent volontairement à leur constitution le poids du diadème. Si Marius, Sylla ou César, au retour de leurs conquêtes, avaient trouvé à Rome un roi héréditaire, ils n'auraient pu se faire couronner par leurs soldats. La démocratie, dans un État comme la France, enclavé parmi des nations rivales et guerrières, et forcé à représenter sans cesse sur le grand théâtre de l'Europe, est donc une absurdité. Mais, disent les démagogues, voilà justement pourquoi nous avons gardé le roi ; et moi je leur réponds qu'ils ont laissé trop ou trop peu.

Il fallait donc, pour asseoir à jamais la constitution française sur ses vrais fondements, conserver la monarchie, établir les communes, et créer l'aristocratie dans un sénat essentiellement inamovible, c'est-à-dire héréditaire et peu nombreux.

Il serait résulté de ces trois forces, dont chacune est despotique par sa nature, un gouvernement sans despotisme; mais si énergique et si plein, que la France serait rapidement montée au point de grandeur où sa nature l'appelle; tel qu'un arbre, dont les sucs ne sont plus détournés, remplit bientôt la terre de ses racines, et le ciel de son feuillage.

Toute force dans la nature est despotique, comme toute volonté dans l'homme. Un seul gramen peuplerait la terre en peu de temps; un seul hareng, à force de multiplier, remplirait les mers, si les autres plantes et les autres poissons les laissaient faire. Mais, comme chaque plante et chaque animal tend aussi avec la même énergie à occuper toute la terre, il en arrive que ces différentes forces également despotiques se répriment mutuellement; il se fait entre elles une compensation dont les lois nous échappent, mais d'où il résulte que, sans jamais se détruire, elles retiennent chaque espèce dans ses propres limites.

XX. — Le mot de liberté sera toujours une énigme, tant qu'on y verra autre chose que l'ouvrage des lois et le fruit de la constitution, tant qu'on la confondra avec l'indépendance naturelle. Il nous manque une bonne définition de la liberté. Pour parvenir à s'entendre, il faudrait d'abord se demander quels sont les éléments de la liberté. Il me semble que l'homme, sortant de l'état naturel pour arriver à l'état social, perd son indépendance pour acquérir plus de sûreté; la liberté est donc l'effet d'*un contrat entre l'indépendance et la sûreté*. L'homme quitte ses compagnons des bois qui ne le gênent pas, mais qui peuvent le dévorer, pour venir trouver une société qui ne le dévorera pas, mais qui doit le gêner. Il stipule ses intérêts du mieux qu'il peut, et, lorsqu'il entre dans une bonne constitution, il cède le moins de son indépendance, et obtient le plus de sûreté qu'il est possible. C'est un vaisseau qui se fait assurer en quittant le rivage, et qui pour la garantie du tout, diminue volontairement ses profits. Avec cette définition de la liberté, on explique tous les phénomènes qu'elle nous présente dans l'histoire ancienne et moderne. A Rome et dans Athènes, par exemple, l'indépendance l'emportait sur la sûreté; dans une monarchie comme l'Angleterre, la sûreté l'emporte sur l'indépendance, etc.

ESPRIT DE RIVAROL

> Rivarol, c'est le Français par excellence.
> L'esprit de Rivarol, c'est un feu d'artifice tiré sur l'eau.
>
> VOLTAIRE.

.˙. Du *Tableau de Paris* de Mercier : Ouvrage pensé dans la rue et écrit sur la borne ; l'auteur a peint la cave et le grenier en sautant le salon.

.˙. Condorcet écrit avec de l'opium sur des feuilles de plomb.

.˙. De son secrétaire, qui ne se souvenait plus le soir de ce qu'il avait écrit le matin : Ce serait un excellent secrétaire de conspiration.

.˙. Il ne faut pas des sots aux gens d'esprit, comme il faut des dupes aux fripons.

.˙. Les lectures de société éventent le génie et déflorent un ouvrage.

.*. Dans le poëme des *Jardins*, M. Delille, toujours occupé de faire un sort à chacun de ses vers, n'a pas songé à la fortune de l'ouvrage entier.

.*. A propos du goût que les Français avaient témoigné pour les drames de Mercier : Nous ressemblons aujourd'hui à des convives qui demandent de l'eau-de-vie sur la fin d'un excellent repas.

.*. Cubières est une providence pour les almanachs.

.*. Rivarol appelait le *Petit Almanach des grands hommes* les *saturnales* de la littérature, et il appelait la Révolution les *saturnales* de la liberté.

.*. G... est le premier qui ait transporté les amplifications du barreau dans les éloges académiques ; sans s'étonner de ses succès, il travaille sans relâche à nous familiariser avec les formes de style les plus extraordinaires.

.*. Sur Cubières : Tous les almanachs portent des marques de sa muse.

.*. A propos du *Monde primitif* de Court de Gébelin : C'est un livre qui n'est pas proportionné à la brièveté de la vie, et qui sollicite un abrégé dès la première page.

.*. Il y a des gens qui sont toujours près d'éternuer ; G... est toujours près d'avoir de l'esprit et même du bon sens.

.*. Sur l'abbé de Vauxcelles, auteur de plusieurs oraisons funèbres : On ne sent jamais mieux le néant de l'homme que dans la prose de cet orateur.

.*. Sur Arnaud : La probité de ses vers et l'honnêteté de sa prose sont connues.

.*. Ma vie est un drame si ennuyeux, que je soutiens toujours que c'est Mercier qui l'a fait.

.*. On lui reprochait d'avoir pillé les idées de Condillac et de Montesquieu. « Je me suis servi des modernes, répondit-il, comme un orfévre se sert de ses poids pour peser de l'or. »

.*. Si Mirabeau a eu quelque succès, c'est qu'il a toujours écrit sur des matières palpitantes de l'intérêt du moment.

.*. Le seul grand homme qu'il y ait aujourd'hui en Europe, depuis la mort de Frédéric II, est la femme extraordinaire qui gouverne la Russie.

.*. Sur des vers de François de Neufchâteau : C'est de la prose où les vers se sont mis.

.*. Champcenetz, c'est mon clair de lune.

.*. Je ne suis ni Jupiter ni Socrate, et j'ai trouvé dans ma maison Xantippe et Junon.

.*. A. M. R..., qui lui rappelait une pièce de vers de sa composition : Vous voudriez bien que je l'eusse oubliée !

.*. A madame de Béthizy, avec laquelle il venait de lire les *Éloges* de Fontenelle : Ses objections éclaircissent le point de la difficulté, et ses questions abrégent les réponses.

.*. Sur l'affaire du collier : M. de Breteuil a pris le cardinal de Rohan des mains de madame de la Motte, et l'a écrasé sur le front de la reine, qui en est restée marquée.

.*. Sur MM. G... et L... : Ils sont partis, l'un de Grenoble et l'autre de Bayonne, et se sont donné rendez-vous à Paris pour y venir faire le mariage de la jurisprudence et de la philosophie.

.*. A l'affaire du 6 octobre, sur de la F... : Il fallut réveiller cet autre Morphée.

.*. G... a toujours l'œil au ciel, et il cherche ses inspirations dans le plafond.

.*. De Champcenetz : Je le bourre d'esprit ; c'est un gros garçon d'une gaieté insupportable.

.*. Du fils de Buffon : C'est le plus pauvre chapitre de l'*Histoire naturelle* de son père.

.*. Dans un cercle, une femme qui avait de la barbe au menton et ne départait pas de la soirée : Cette femme est homme à parler jusqu'à demain matin.

.*. Mirabeau était l'homme du monde qui ressemblait le plus à sa réputation : il était affreux.

.*. De l'abbé Millot, auteur de plusieurs abrégés historiques : Il a fait des commissions dans l'histoire.

.*. Lire Barème, écouter d'Arnaud et mal dîner, voilà ce que je léguerai à mes ennemis.

.*. M. Delille, traducteur des *Géorgiques*, est sorti boiteux, comme Jacob, de sa lutte avec un Dieu.

.*. Les nobles d'aujourd'hui ne sont plus que les mânes de leurs ancêtres.

.*. A propos de son frère : Il serait l'homme d'esprit d'une autre famille, et c'est le sot de la nôtre.

.*. Du même : Jérémie aurait été un bouffon à côté de lui.

.*. De Palissot, tour à tour transfuge de la religion et de la philosophie : Il ressemble à ce lièvre qui, s'étant mis à courir entre deux armées prêtes à combattre, excita un rire universel.

.*. A propos de la *Déclaration des droits de l'homme* : C'est la préface criminelle d'un livre impossible.

.*. La prise de la Bastille fut une prise de possession.

.*. De G.., qui défigurait un de ses bons mots en le répétant : Il ne tient pas à lui que ce ne soit plus un bon mot.

.*. Madame de Staël est la bacchante de la Révolution.

.*. Mirabeau, capable de tout pour de l'argent, même d'une bonne action.

.*. Le mérite de Colomb et de Montgolfier est en raison

inverse de leurs siècles; l'un manifesta son génie à des peuples ignorants et barbares, et l'autre a montré la plus excessive simplicité dans un siècle de lumière.

.*. Du temps du Directoire, la constitution avait placé le trône près des galères.

.*. De ceux qui se plaignaient d'avoir été houspillés dans le *Petit Almanach des grands hommes* : Si on les avait laissés dans l'oubli, on aurait trop délustré la littérature française.

.*. Les bons vers de la traduction des *Géorgiques* de M. Delille sont les stigmates de Virgile.

.*. Le chat ne nous caresse pas, il se caresse à nous.

.*. De Thibault, qui faisait à Hambourg des lectures très-peu suivies : Il paye les huissiers non pour empêcher d'entrer, mais pour empêcher de sortir.

.*. A M. de Montlosier, qui, avant de partir pour Londres, vint lui remettre un de ses ouvrages à Bruxelles : Vous ne voulez donc pas que je m'aperçoive de votre absence ?

.*. De M. de Créqui : Il ne croit pas en Dieu, mais il craint en Dieu.

.*. Les Mécènes d'aujourd'hui sont les Midas du temps passé.

.*. Sur Mirabeau, qui, à la tribune, affectait le geste de la statue de lord Chatam, et qui profita un jour d'une plaisanterie faite par un enfant, et dont il tira parti dans une de ses harangues : Que penser de l'éloquence d'un homme qui vole ses gestes à un mort et ses bons mots à un enfant ?

    Puisse ton homélie, ô pesant Mirabeau,
    Assommer les fripons qui gâtent nos affaires !
    Un voleur converti doit se faire bourreau

Et prêcher sur l'échelle en pendant ses confrères.

.*. Je compare les ouvrages de Mirabeau à des brûlots lâchés au milieu d'une flotte : ils y mettent le feu, mais ils s'y consument.

.*. Au sujet des accroissements de Paris : Paris ressemble à une fille de joie, qui ne s'agrandit que par la ceinture.

.*. C'est à Paris que la Providence est plus grande qu'ailleurs.

.*. A Beaumarchais, qui, le jour de la première représentation du *Mariage de Figaro*, lui disait au spectacle : « J'ai tant couru ce matin à Versailles, auprès des ministres, auprès de la police, que j'en ai les cuisses rompues. — C'est toujours cela. »

.*. Target avait dit à l'Assemblée : « Je vous engage, messieurs, à mettre ensemble la paix, la concorde, suivies du calme et de la tranquillité. » Rivarol parodiait ainsi plaisamment l'éloquence un peu niaise de cet orateur : Et n'allez pas mettre d'un côté la paix et la concorde, et de l'autre le calme et la tranquillité; mais mettez tout ensemble la paix et la concorde, suivies de la tranquillité.

.*. Sur le livre de l'Ab... : Cela dispense de la parodie.

.*. Il avait été invité, avec l'abbé Sabattier, à déjeuner chez la princesse de Vaudemont. On offrit du saucisson d'ânon à l'abbé Sabatier. « L'abbé n'en mangera pas, dit Rivarol; il n'est pas anthropophage. »

.*. L'auteur de *Numa* a des lois somptuaires dans son style, et son sujet exigeait un peu de luxe.

.*. Une femme sans talent est la marâtre de son esprit; elle ne sait que tuer ses idées.

.*. Le mérite des formes et la façon est si considérable, que l'abbé S..., ayant dit à quelqu'un de ma connaissance : « Permettez que je vous dise ma façon de penser, » celui-ci lui répondit fort à propos : « Dites-moi tout uniment votre pensée, et épargnez-moi la façon. »

.*. L'auteur de *Strafford* disait un jour à une femme de goût dont il ne se méfiait pas assez : « Que pensez-vous de mon livre? » Cette femme lui répondit : « Je fais comme vous, monsieur, je ne pense pas. » Tout le monde aussi pourrait dire à l'auteur de l'*Influence des passions* : « Je fais comme vous, madame, je n'y entends rien. »

.*. Le duc d'Orléans, au commencement de 1789, jeta les yeux sur Rivarol, et lui dépêcha le duc de Biron, pour l'engager à publier une brochure sur ce qu'on appelait les dilapidations de la cour; il parcourut d'un air dédaigneux le canevas qu'on lui présenta. Après un moment de silence, il dit au plénipotentiaire : « Monsieur le duc, envoyez votre laquais chez Mirabeau; joignez-y quelques centaines de louis : votre commission est faite. »

.*. Un émigré d'un très-grand nom, voyant la considération dont jouissait Rivarol à la cour de Prusse, lui demanda pourquoi il n'avait pas engagé son frère à venir le joindre; il répondit au Français indiscret : « Monsieur, c'est que j'ai laissé derrière moi un patron pour tâcher de me faire sortir de l'enfer. »

.*. A une dame, à Londres, qui lui montrait avec complaisance des bijoux précieux qu'il reconnut avoir fait partie du mobilier de Versailles : Madame, je suis bien fâché pour vous que vous ne possédiez cela que de seconde date.

.*. Questionné par une des plus grandes dames de Berlin si les Françaises étaient réellement plus jolies que les Prussiennes : Madame, à Paris, on ne juge guère de la beauté que par les yeux; ici, au contraire, c'est le cœur qui fixe les yeux.

.*. Les rois de France guérissaient leurs sujets de la roture à peu près comme les écrouelles, à condition qu'il en resterait des traces.

.*. M. Necker est un charlatan si impudent, que ses promesses finissent par persuader ceux mêmes qui n'y croient pas.

.*. A l'abbé de Balivière, qui lui demandait une épigraphe pour une brochure qu'il venait de composer : Je ne puis vous offrir qu'une épitaphe.

.*. De son frère : C'est une montre à répétition ; elle sonne bien quand il me quitte.

.*. A quelqu'un qui lui demandait son avis sur un distique : C'est bien, mais il y a des longueurs.

.*. M. de L... avait dit dans une société à l'abbé de Balivière : « Mettez-vous là, à côté de moi, l'abbé; vous direz force bêtises, et cela réveillera mes idées. » Rivarol retournait plaisamment ce mot de M. de L..., en disant à son secrétaire : « M. de B..., mettez-vous là ; je vous dirai force bêtises, et cela réveillera vos idées. »

.*. Le poëte Lebrun, le matin, dans son lit, assis sur son séant, entouré d'Homère, de Pindare, d'Anacréon, de Virgile, d'Horace, de Racine, de Boileau, pêche à la ligne un mot dans l'un, un mot dans l'autre, pour en composer ses mosaïques poétiques.

.*. Sur l'abbé de M... : Son esprit ressemble à un camion, pointu et borné.

.*. Du chevalier de P..., d'une malpropreté remarquable : Il fait tache dans la boue.

.*. Le poëme des *Mois* est en poésie le plus beau naufrage du siècle.

ESPRIT DE RIVAROL.

.*. Sur Dumouriez : Il défait à coups de plume le peu qu'il a fait à coups d'épée.

.*. C'est un terrible avantage, que de n'avoir rien fait, mais il ne faut pas en abuser.

.*. Certains auteurs ont une fécondité malheureuse; G... a une malheureuse infécondité.

.*. Delille est l'abbé Virgile.

.*. En parlant de la maladresse des Anglaises : Elles ont deux bras gauches.

.*. L'esprit voit vite, juste et loin.

.*. A Florian, qu'il rencontra un jour marchant avec un manuscrit qui sortait de sa poche : Ah! monsieur, si on ne vous connaissait pas, on vous volerait.

.*. Je fais les épigrammes, et mon frère se bat.

.*. A l'abbé de Balivière, qui lui disait, au sujet de la Révolution : « Oui, c'est l'esprit qui nous a tous perdus. — Que ne nous offriez-vous l'antidote? »

.*. M. Lally-Tollendal est le plus gras des hommes sensibles.

.*. Le style de la Harpe est poli sans avoir de l'éclat; on voit qu'il l'a passé au brunissoir.

.*. Des laquais enrichis : Ils ont sauté du derrière de la voiture en dedans, en évitant la roue.

.*. En apprenant la nomination de Chamfort à l'Académie française : C'est une branche de muguet entée sur des pavots.

.*. Le marquis de S..., qui était manchot, venait de solliciter une pension de l'Assemblée constituante : Il tend à l'Assemblée jusqu'à la main dont le bras lui manque.

.*. Les ouvrages de Cubières, qui se vendent sur le *titre*, sont comme ces ballots que les Hollandais expédient pour

Batavia, et qui en reviennent, d'après l'étiquette, sans avoir été ouverts.

.*. A quelqu'un qui lui disait : « Connaissez-vous le vers du siècle :

> Le trident de Neptune est le sceptre du monde ?

— Oui, mais ce n'est qu'un vers solitaire. »

.*. A quelqu'un qui lui demandait son sentiment sur madame de Genlis : Je n'aime que les sexes prononcés.

.*. Au sujet de nos prétendus régénérateurs en finances : Que de zéros pour une simple soustraction à faire !

.*. Les rois de France, en vendant la noblesse, n'ont pas songé à vendre aussi le temps, qui manque toujours aux parvenus.

.*. Madame de Coigny lui écrivait, au sujet de son *Dialogue entre M. de Limon et un homme de goût* : « De mémoire d'émigrée, je ne me rappelle pas avoir ri d'aussi bon cœur ; c'est plus fin que le comique, plus gai que le bouffon, et plus drôle que le burlesque. »

.*. Sur M. de Champ... l'aîné, homme très-mystérieux : Il n'entre point dans un appartement, il s'y glisse, il longe le dos des fauteuils, et va s'établir dans l'angle d'un appartement ; et, quand on lui demande comment il se porte : « Taisez-vous donc ! est-ce qu'on dit ces choses-là tout haut ? »

.*. De M. de la R... : S'il était aussi aimable qu'il est fin, il gouvernerait le monde.

.*. Cerutti a fait des phrases luisantes sur nos grands hommes de l'année dernière. C'est le limaçon de la littérature : il laisse partout une trace argentée ; mais ce n'est que de l'écume. M. Necker l'a fait prier de ne pas passer chez lui.

.*. Sur Brigand-Baumier, qui avait écrit contre lui : Il m'a donné un coup de pied de la main dont il écrit.

.*. A M. de Tilly, qui lui disait que l'abbé Raynal était un âne par la ceinture : Tu te trompes, c'est bien un âne de pied en cap.

.*. Le crédit est la seule aumône qu'on puisse faire à un grand État.

.*. Sur l'abbé Giraud, qui s'était fait denigreur de son métier, et qui avait coutume de dire de tous les livres qu'il lisait : *C'est absurde!* Il va laissant tomber sa *signature* partout.

.*. De l'archevêque de V..., qui, ayant embrassé dans l'Assemblée constituante les principes philosophiques, qu'il avait vivement combattus toute sa vie : Il s'est fait l'exécuteur testamentaire de ses ennemis.

.*. Lorsqu'il apprit que l'archevêque de Toulouse s'était empoisonné : C'est qu'il aura avalé une de ses maximes.

.*. Du duc d'Orléans : Ce prince que tous ses vices n'ont pu conduire à son crime.

.*. De ce prince, dont le visage était très-bourgeonné : La débauche l'a dispensé de rougir.

.*. En parlant de tous ses amis, qui l'avaient abandonné successivement : Sa trahison n'a trouvé que des traîtres.

.*. En parlant des machines anglaises : Ce sont des espèces de géants qui, avec cent bras, n'ont qu'un estomac.

.*. Son frère vint lui annoncer un jour qu'il avait lu sa tragédie devant M. F... : Hélas! je vous avais dit que c'était un de nos amis.

.⁎. Je ne connais guère en Europe que madame de Staël qui puisse tromper sur son sexe.

.⁎. Sur Rulhières: Il reçoit le venin comme les crapauds, et le rend comme les vipères.

.⁎. Du rédacteur du *Journal de Paris*, en 1790 : C'est le confiseur de l'Assemblée constituante.

.⁎. Du même, au sujet des abonnés de son journal : Il a regagné en allées ce qu'il a perdu en portes cochères.

.⁎. A Buffon, qui lui demandait : « Que pensez-vous de mon fils? — Il y a une si grande distance de vous à lui, que l'univers entier passerait entre vous deux. »

.⁎. L'estomac est le sol où germe la pensée.

.⁎. Sur M. R... : Il a fait une chansonnette qui a toute la profondeur dont on peut s'aviser dans ce genre.

.⁎. Dans les mains de M. Callicau, Apollon devient un Abailard.

.⁎. Voltaire disait toujours : « L'abbé Suard et M. Arnaud; » et on avait beau lui représenter qu'il fallait dire : « M. Suard et l'abbé Arnaud, » le vieillard s'obstinait, et ne voulait pas changer les étiquettes, ni déranger pour eux une case de son cerveau.

.⁎. Les Parisiens tiennent à la prise de la Bastille, comme autrefois les Français au fameux passage du Rhin, qui ne coûta de la peine qu'à Boileau.

.⁎. Le peuple est un souverain qui ne demande qu'à manger : sa majesté est tranquille quand elle digère.

.⁎. A M. de C... : Quand vous aurez été deux mois ici (en Hollande), vous en saurez autant que moi; nous mettrons votre esprit en serre chaude.

.⁎. La noblesse est, aux yeux du peuple, une espèce de religion dont les gentilshommes sont les prêtres; et, parmi les bourgeois, il y a bien plus d'impies que d'incrédules.

.*. Il n'est point de mot que M. Target ne puisse décrier quand il voudra. Cet orateur s'est rendu maître de leur réputation, et il les proscrit par l'usage.

.*. D'un écrit de Florian : Il y a la moitié de l'ouvrage en blanc, et c'est ce qu'il y a de mieux.

.*. Sur l'épître en vers de M. Castera à M. de Fontanes : C'est une grande marque de confiance que M. Castera lui a donnée là ; car cette épître contient le secret de son talent.

.*. Il ne faut pas trop compter sur la sagacité de ses lecteurs ; il faut s'expliquer quelquefois.

.*. Dans une lettre à M. de Tilly : Nous pourrions faire ici commerce d'anecdotes et d'esprit; les Hambourgeois n'y trouveraient rien à redire.

.*. Il n'est rien de si absent que la présence d'esprit.

.*. Sur M. de S... : C'est un homme qu'on fuit dans les temps calmes, et qui fuit dans les temps d'orage.

.*. A quelqu'un qui lui disait : « Connaissez-vous la *Messiade* de Klopstock ? — C'est le poëme où il y a le plus de tonnerres. »

.*. D'un madrigal et d'une épigramme également innocents : Il y a un peu trop de madrigal dans son épigramme, et un peu trop d'épigramme dans son madrigal.

.*. A un de ses amis presque aussi malin que lui : Pour peu que cela dure, avec nous il n'y aura plus un mot innocent dans la langue.

.*. A prince dévot confesseur homme d'État.

.*. De Beauzée : C'est un bien honnête homme, qui a passé sa vie entre le supin et le gérondif :

Entre les deux supins, ô sort digne d'envie !

Grammaticalement il consuma sa vie.

.*. J'ai traduit l'*Enfer* du Dante, parce que j'y retrouvais mes ancêtres.

.*. De M. B... : Ses épigrammes font honneur à son cœur.

.*. M. de Maurepas, ayant désiré connaître Rivarol, se le fit présenter. Ce dernier soutint dignement la réputation qui l'avait devancé chez le vieux ministre. M. de Maurepas, dans un moment d'enthousiasme, dit : « C'est honteux qu'un homme de votre mérite soit ainsi oublié; on ne donne plus rien qu'aux oisifs. — Monsieur, de grâce, ne vous fâchez pas; je vais à l'instant me faire inscrire sur la liste : dans peu, je serai un personnage. »

.*. Garat a des phrases d'une longueur désespérante pour les asthmatiques.

.*. Il faut dépouiller le vieil homme en poésie.

.*. Les journalistes qui écrivent pesamment sur les poésies légères de Voltaire sont comme les commis de nos douanes qui impriment leurs plombs sur les gazes légères d'Italie.

.*. Un livre qu'on soutient est un livre qui tombe.

.*. Le malheur s'attache à tout, et rien ne paraît méprisable à l'espérance.

.*. Voyez, lorsqu'il tonne, le superstitieux et le savant : l'un oppose des reliques, l'autre un conducteur à la foudre.

.*. Quelqu'un disait de l'abbé Giraud, qui avait fait une comédie intitulée le *Bourgeois révolutionnaire* : « Il trouve sa pièce gaie. — Je le crois bien, c'est l'homme le plus triste de son siècle ! »

.*. Sur Boisjolin : Il a pris l'*Art poétique* d'une main, et les *Jardins* de M. Delille de l'autre; après les avoir balancés quelque temps, il a mis tout à coup les *Jardins* dessus et l'*Art poétique* dessous, aux grandes acclamations des gens de goût : il n'y a que M. Delille qui ait paru scandalisé.

.*. A un nommé Duhamel, homme très-obscur, qui se plaignait d'avoir été cité dans le *Petit Almanach de nos grands hommes* : Voilà les inconvénients de la célébrité !

.*. Rivarol avait emprunté à M. de Ségur le jeune une bague où était la tête de César. Quelques jours après, M. de Ségur la lui redemanda, Rivarol lui répondit : César ne se rend pas.

.*. A propos de la F... : A force de sottises, il vint à bout de ses amis, et sa nullité triompha de sa fortune.

.*. Un jour je m'avisai de médire de l'Amour : il m'envoya l'Hymen pour se venger. Depuis, je n'ai vécu que de regrets.

.*. Quand Rivarol fut présenté à Voltaire, ils eurent une conversation sur les mathématiques, et entre autres sur l'algèbre. Voltaire lui dit, avec le poids et l'ironie de son âge : « Eh bien, qu'est-ce que c'est que cette algèbre où l'on marche toujours un bandeau sur les yeux ? — Oui, reprit Rivarol avec toute la vivacité d'une jeune imagination, il en est des opérations de l'algèbre comme du travail de vos dentelières, qui, en promenant leurs fils au travers d'un labyrinthe d'épingles, arrivent, sans le savoir, à former un magnifique tissu. »

.*. Quelqu'un venait de lire à Rivarol un parallèle entre Corneille et Racine, fort long et fort ennuyeux : Votre parallèle est fort bien, mais il est un peu long, et je le réduirais à ceci : L'un s'appelait Pierre Corneille, et l'autre s'appelait Jean Racine.

.*. La fable du *Rat de ville* et du *Rat des champs*, la plus faible de toutes celles de la Fontaine, est la plus haute politesse que les modernes aient faite à l'antiquité.

.*. De Champcenetz : Il se bat pour les chansons qu'il n'a pas faites, et même pour celles que ses ennemis lui accordent.

.*. De M. M... : Son *Amant bourru* est un des joyaux du Théâtre-Français; ses *Amours de Bayard* se sont emparés d'un public encore tout chaud du *Mariage de Figaro*, et en ont obtenu les mêmes transports. C'est le théâtre des Variétés qui a donné l'idée de ces énormes succès. MM. M... et Beaumarchais doivent bien entre eux se moquer de Molière, qui, avec tous ses efforts, n'a jamais passé les quinze représentations! Se moquer de Molière est bon; mais en avoir pitié serait meilleur.

.*. Les charades de M. de Fulvy sont un peu trop épiques : on désirerait qu'il les maintînt à la hauteur de ses autres poésies.

.*. De Beaumarchais : Son nom a toute la vogue d'un pont-neuf.

.*. D'un article de l'*Encyclopédie* sur l'Évidence par Turgot, article fort obscur : C'est un nuage chargé d'écrire sur le soleil.

.*. L'abbé Delille, après son raccommodement à Hambourg avec Rivarol, lui dit de ces choses aimables qui lui sont naturelles, et termina par ce vers :

> Je t'aime, je l'avoue, et je ne te crains pas.

Un Allemand, présent à cette conversation, s'écria : « Pour moi, je retourne le vers :

> Je te crains, je l'avoue, et je ne t'aime pas.

Rivarol rit aux éclats de cette remarque naïve.

.*. A l'époque de l'affaire des parlements, en 1788, le duc d'Orléans fut exilé à Villers-Cotterets. Ce prince parut acquérir alors une espèce de popularité, et se relever dans l'estime publique; sur quoi Rivarol dit : Ce prince, contre les lois de la perspective, paraît s'agrandir en s'éloignant.

.*. Quelqu'un lui parlait d'un littérateur ignorant : Ne me parlez pas de cet homme-là; il ne sait ni lire ni écrire.

.*. Un jour Rivarol avait discuté très-vivement sur la politique avec M. de B..., son secrétaire. Celui-ci lui dit : « Je suis bien aise, monsieur de Rivarol, que vous vous rapprochiez enfin de mes idées. — Et moi, je suis charmé de voir que vous vous rapprochiez enfin de mon genre. »

.*. A un sot qui se vantait devant lui de savoir quatre langues : Je vous en félicite, vous avez quatre mots contre une idée.

.*. D'une épigramme très-fine : C'est une épigramme détournée, on ne l'entendra pas.

.*. Dans un souper avec des Hambourgeois, où Rivarol prodiguait les saillies, il les voyait tous chercher à comprendre un trait spirituel qui venait de lui échapper. Il se retourna vers un Français qui était à côté de lui, et lui dit : Voyez-vous ces Allemands, ils se cotisent pour entendre un bon mot !

.*. Peu de temps avant sa mort : D'après la disposition où sont les esprits partout, si j'étais appelé à donner un conseil à ceux qui sont sur le trône, je leur dirais : Apprenez bien vite à régner, ou craignez le sort de Denys de Syracuse.

.*. De lui, lorsqu'il fut forcé par son libraire d'écrire sa grammaire : Je ressemble à un amant obligé de disséquer sa maîtresse.

.*. En parlant de L... : Ses idées ressemblent à des carreaux de vitre entassés dans le panier d'un vitrier : claires une à une, et obscures toutes ensemble.

.*. Je veux bien, disait-il à une dame, vieillir en vous aimant, mais non mourir sans vous le dire.

.*. Une femme, après avoir entendu son morceau sur l'Amitié, lui demanda pourquoi il n'avait pas peint les femmes aussi susceptibles d'amitié que les hommes : C'est qu'étant la perfection de la nature, comme l'amour est la perfection de l'amitié, vous ne pouvez éprouver d'autre sentiment que celui qui vous est analogue.

.*. A propos d'une fille de L... et de mademoiselle Durancy : Elle est née de la folie sans esprit et de la bêtise sans bonté.

.*. De M. le Tonnelier de Breteuil, ambassadeur de France à Vienne : Il aurait dû raccommoder les cercles de l'empire.

.*. Sur une femme qui perdait ses amants : Elle s'agrandit, sans garder ses conquêtes.

.*. La métaphysique de l'école est comme la Philaminthe de Molière, elle traite le corps de guenille.

.*. Dans une soirée de Berlin, où Rivarol avait parlé toute la soirée avec une dame à voix basse, elle lui reprochait l'inconvenance de ce procédé. « Voulez-vous donc que je m'extravase avec ces gens-là ? »

CONVERSATION DE RIVAROL

NOTÉE PAR CHÊNEDOLLÉ.

On retrouve, dans les papiers de Chênedollé, la plupart des bons mots de Rivarol et de ses pensées, mais dans leur vrai lieu, dans leur courant et à leur source. On en jugera par le récit suivant de sa première visite à Rivarol, que nous donnons ici sans rien retrancher à la naïveté d'admiration qui y respire.

« Rivarol venait d'arriver de Londres à Hambourg, où je me trouvais alors. J'avais tant entendu vanter son esprit et le charme irrésistible de sa conversation par quelques personnes avec lesquelles je vivais, que je brûlais du désir de faire sa connaissance. Je l'avais aperçu deux ou trois fois dans les salons d'un restaurateur français nommé Gérard, alors fort en vogue à Hambourg, chez lequel je m'étais trouvé à table assez près de lui, et ce que j'avais pu saisir au vol de cette conversation prodigieuse, de cet esprit rapide et brillant, qui rayonnaît en tous sens et s'échappait en continuels éclairs, m'avait jeté dans une sorte d'enivrement fiévreux dont je ne pouvais revenir. Je ne voyais que Rivarol, je ne pensais, je ne rêvais qu'à Rivarol : c'était une vraie frénésie qui m'ôtait jusqu'au sommeil.

« Six semaines se passèrent ainsi. Après avoir fait bien des tentatives inutiles pour pénétrer jusqu'à mon idole, un de mes meilleurs amis arriva fort à propos d'Osnabruck à Hambourg pour me tirer de cet état violent qui, s'il eût duré, m'eût rendu fou. C'était le marquis de la Tresne, homme d'esprit et de talent, traducteur habile de Virgile et de Klopstock; il était lié avec Rivarol : il voulut bien se charger de me présenter au *grand homme* et me servir d'introducteur auprès de ce roi de la conversation. Nous prenons jour, et nous nous mettons en route pour aller trouver Rivarol, qui alors habitait à Ham, village à une demi-lieue de Hambourg, dans une maison de campagne fort agréable. C'était le 5 septembre 1795, jour que je n'oublierai jamais. Il faisait un temps superbe, calme et chaud, et tout disposait l'âme aux idées les plus exaltées, aux émotions les plus vives et les plus passionnées. Je ne puis dire quelles sensations j'éprouvai quand je me trouvai à la porte de la maison : j'étais ému, tremblant, palpitant, comme si j'allais me trouver en présence d'une maîtresse adorée et redoutée. Mille sentiments confus m'oppressaient à la fois : le désir violent d'entendre Rivarol, de m'enivrer de sa parole, la crainte de me trouver en butte à quelques-unes de ces épigrammes qu'il lançait si bien et si volontiers, la peur de ne pas répondre à la bonne opinion que quelques personnes avaient cherché à lui donner de moi, tout m'agitait, me bouleversait, me jetait dans un trouble inexprimable. J'éprouvais au plus haut degré cette fascination de la crainte quand enfin la porte s'ouvrit. On nous introduisit auprès de Rivarol, qui, en ce moment, était à

table avec quelques amis. Il nous reçut avec une affabilité caressante, mêlée toutefois d'une assez forte teinte de cette fatuité de bon ton qui distinguait alors les hommes du grand monde. (Rivarol, comme on sait, avait la prétention d'être un homme de qualité.) Toutefois il me mit bientôt à mon aise en me disant un mot aimable sur mon ode à Klopstock, que j'avais fait paraître depuis peu. « J'ai lu votre ode, me dit il ;
« elle est bien : il y a de la verve, du mouvement, de l'élan.
« Il y a bien encore quelques *juvenilia*, quelques images
« vagues, quelques expressions ternes, communes ou peu
« poétiques, mais d'un trait de plume il est aisé de faire dis-
« paraître ces taches-là. J'espère que nous ferons quelque
« chose de vous : venez me voir, nous mettrons votre esprit
« *en serre chaude*, et tout ira bien. Pour commencer, nous
« allons faire aujourd'hui une débauche de poésie. »

« Il commença en effet, et se lança dans un de ces monologues où il était vraiment prodigieux. Le fond de son thème était celui-ci : Le poëte n'est qu'un sauvage très-ingénieux et très-animé chez lequel toutes les idées se présentent en images. Le sauvage et le poëte font le cercle ; l'un et l'autre ne parlent que par hiéroglyphes, avec cette différence que le poëte tourne dans une orbite d'idées beaucoup plus étendue. — Et le voilà qui se met à développer ce texte avec une abondance d'idées, une richesse de vues si fines ou si profondes, un luxe de métaphores si brillantes et si pittoresques, que c'était merveille de l'entendre.

« Il passa ensuite à une autre thèse, qu'il posa ainsi :
« L'art doit se donner un but qui recule sans cesse et mette
« l'infini entre lui et son modèle. » Cette nouvelle idée fut développée avec des prestiges d'élocution encore plus étonnants : c'étaient vraiment des paroles de féerie. — Nous hasardâmes timidement, M. de la Tresne et moi, quelques objections, qui furent réfutées avec le rapide dédain de la

supériorité. (Rivarol, dans la discussion, était cassant, emporté, un peu dur même.) — « Point d'objections d'enfant, » nous répétait-il, et il continuait à développer son thème avec une profusion d'images plus toujours éblouissantes. Il passait tour à tour de l'abstraction à la métaphore, et revenait de la métaphore à l'abstraction avec une aisance et une dextérité inouïes. Je n'avais pas d'idée d'une improvisation aussi agile, aussi svelte, aussi entraînante. J'étais tout oreille pour écouter ces paroles magiques qui tombaient en reflets pétillants comme des pierreries, et qui d'ailleurs étaient prononcées avec le son de voix le plus mélodieux et le plus pénétrant, l'organe le plus varié, le plus souple et le plus enchanteur. J'étais vraiment *sous le charme*, comme disait Diderot.

« Au sortir de table, nous fûmes nous asseoir dans le jardin, à l'ombre d'un petit bosquet formé de pins, de tilleuls et de sycomores panachés, dont les jeunes et hauts ombrages flottaient au-dessus de nous. Rivarol compara d'abord, en plaisantant, le lieu où nous étions aux jardins d'Académe, où Platon se rendait avec ses disciples pour converser sur la philosophie. Et, à vrai dire, il y avait bien quelques points de ressemblance entre les deux scènes qui pouvaient favoriser l'illusion. Les arbres qui nous couvraient, aussi beaux que les platanes d'Athènes, se faisaient remarquer par la vigueur et le luxe extraordinaire de leur végétation. Le soleil, qui s'inclinait déjà à l'occident, pénétrait jusqu'à nous, malgré l'opulente épaisseur des ombrages, et son disque d'or et de feu, descendant comme un incendie derrière un vaste groupe de nuages, leur prêtait des teintes si chaudes et si animées, qu'on eût pu se croire sous un ciel de la Grèce... Rivarol, après avoir admiré quelques instants ce radieux spectacle et nous avoir jeté à l'imagination deux ou trois de ces belles expressions poétiques qu'il semblait créer en se jouant, se remit à causer littérature.

« Il passa en revue presque tous les principaux personnages littéraires du dix-huitième siècle, et les jugea d'une manière âpre, tranchante et sévère. Il parla d'abord de Voltaire, contre lequel il poussait fort loin la jalousie ; il lui en voulait d'avoir su s'attribuer le monopole universel de l'esprit. C'était pour lui une sorte d'ennemi personnel. Il ne lui pardonnait pas d'être venu le premier et d'avoir pris sa place.

« Il lui refusait le talent de la grande, de la haute poésie, même de la poésie dramatique. Il ne le trouvait supérieur que dans la poésie fugitive, et là seulement Voltaire avait pu dompter l'admiration de Rivarol et la rendre obéissante. « Sa *Henriade*, disait-il, n'est qu'un maigre croquis, un sque-
« lette épique où manquent les muscles, les chairs et les cou-
« leurs. Ses tragédies ne sont que des thèses philosophiques
« froides et brillantes. Dans le style de Voltaire, il y a toujours
« une *partie morte* : tout vit dans celui de Racine et de Vir-
« gile. L'*Essai sur les mœurs et l'esprit des nations*,
« mesquine parodie de l'immortel discours de Bossuet, n'est
« qu'une esquisse assez élégante, mais terne et sèche et men-
« songère. C'est moins une histoire qu'un pamphlet en grand,
« un artificieux plaidoyer contre le christianisme et une
« longue moquerie de l'espèce humaine. Quant à son *Dic-*
« *tionnaire philosophique*, si fastueusement intitulé la *Rai-*
« *son par alphabet*, c'est un livre d'une très-mince portée en
« philosophie. Il faut être bien médiocre soi-même pour s'i-
« maginer qu'il n'y a rien au delà de la pensée de Voltaire.
« Rien de plus incomplet que cette pensée : elle est vaine,
« superficielle, moqueuse, dissolvante, essentiellement propre
« à détruire, et voilà tout. Du reste, il n'y a ni profondeur,
« ni élévation, ni unité, ni avenir, rien de ce qui fonde et
« systématise. » Ainsi disant, il faisait la revue des principaux ouvrages de Voltaire, et les marquait en passant d'un
de ces stigmates qui laissent une empreinte ineffaçable, sem-

blable à la goutte d'eau-forte qui creuse la planche de cuivre en y tombant. Il finit par se résumer dans cette phrase, que j'ai déjà citée ailleurs : « Voltaire a employé la mine de « plomb pour l'épopée, le crayon pour l'histoire, et le pinceau « pour la poésie fugitive. »

« Enhardi par l'accueil aimable que Rivarol me faisait, je me hasardai à lui demander ce qu'il pensait de Buffon, alors l'écrivain pour moi par excellence. — « Son style a de la « pompe et de l'ampleur, me répondit-il, mais il est diffus et « pâteux. On y voit toujours flotter les plis de la robe d'A-« pollon, mais souvent le dieu n'y est pas. Ses descriptions « les plus vantées manquent souvent de nouveauté, de créa-« tion dans l'expression. Le portrait du *Cheval* a du mouve-« ment, de l'éclat, de la rapidité, du fracas. Celui du *Chien* « vaut peut-être mieux encore, mais il est trop long ; ce n'est « pas là la splendide économie de style des grands maîtres. « Quant à l'*Aigle*, il est manqué ; il n'est dessiné ni avec une « vigueur assez mâle, ni avec une assez sauvage fierté. Le « *Paon* aussi est manqué : qu'il soit de Buffon ou de Gue-« neau, peu importe ; c'est une description à refaire. Elle est « trop longue, et pourtant ne dit pas tout. Cela chatoie plus « encore que cela ne rayonne. Cette peinture manque sur-« tout de cette verve intérieure qui anime tout et de cette « brièveté pittoresque qui double l'éclat des images en les « resserrant. Pour peindre cet opulent oiseau, il fallait trem-« per ses pinceaux dans le soleil et jeter sur ses lignes les cou-« leurs aussi rapidement que le grand astre jette ses rayons « sur le ciel et les montagnes. J'ai dans la *tête* un *paon* bien « autrement neuf, bien autrement magnifique, et je ne de-« manderais pas une heure pour mieux faire.

« Le portrait du *Cygne* est fort préférable : là il y a vrai-« ment du talent, d'habiles artifices d'élocution, de la lim-« pidité et de la mollesse dans le style, et une mélancolie

« d'expression qui, se mêlant à la splendeur des images,
« en tempère heureusement l'éclat. Un morceau encore sans
« reproche, c'est le début des *Époques de la nature*. Il y
« règne de la pompe sans emphase, de la richesse sans
« diffusion et une magnificence d'expression, haute et
« calme, qui ressemble à la tranquille élévation des
« cieux. Buffon ne s'est jamais montré plus artiste en
« fait de style. C'est la manière de Bossuet appliquée à
« l'histoire naturelle.

« Mais un écrivain bien supérieur à Buffon, poursuivait
« Rivarol sans s'interrompre, c'est Montesquieu. J'avoue que
« je ne fais plus cas que de celui-là (et de Pascal toutefois!)
« depuis que j'écris sur la politique; et sur quoi pourrait-
« on écrire aujourd'hui? Quand une révolution inouïe ébranle
« les colonnes du monde, comment s'occuper d'autre chose?
« La politique est tout; elle envahit tout, remplit tout, attire
« tout : il n'y a plus de pensée, d'intérêt et de passion que
« là. Si un écrivain a quelque conscience de son talent, s'il
« aspire à redresser ou à dominer son siècle, en un mot s'il
« veut saisir le sceptre de la pensée, il ne peut et ne doit
« écrire que sur la politique. Quel plus beau rôle que celui
« de dévoiler les mystères de l'organisation sociale, encore
« si peu connue! Quelle plus noble et plus éclatante
« mission que celle d'arrêter, d'enchaîner, par la puissance
« et l'autorité du talent, ces idées envahissantes qui sont
« sorties comme une doctrine armée des livres des philoso-
« phes, et qui, attelées au char du soleil, comme l'a si
« bien dit ce fou de Danton, menacent de faire le tour du
« monde! Pour en revenir à Montesquieu, sans doute en
« politique il n'a ni tout vu, ni tout saisi, ni tout dit, et cela
« était impossible de son temps. Il n'avait point passé au
« travers d'une immense révolution qui a ouvert les en-
« trailles de la société et qui a tout éclairé, parce qu'elle a

« tout mis à nu. Il n'avait pas pour lui les résultats de cette
« vaste et terrible expérience qui a tout vérifié et tout ré-
« sumé; mais ce qu'il a vu, il l'a supérieurement vu, et vu
« sous un angle immense. Il a admirablement saisi les
« grandes phases de l'évolution sociale. Son regard d'aigle
« pénètre à fond les objets et les traverse en y jetant la
« lumière. Son génie, qui touche à tout en même temps,
« ressemble à l'éclair qui se montre à la fois aux quatre
« points de l'horizon. Voilà mon homme! c'est vraiment
« le seul que je puisse lire aujourd'hui. Toute autre lec-
« ture languit auprès de celle d'un si ferme et si lu-
« mineux génie, et je n'ouvre jamais l'*Esprit des lois* que
« je n'y puise ou de nouvelles idées ou de hautes leçons de
« style. »

Chênedollé, à qui l'on doit cette vive reproduction du discours de Rivarol (discours qui n'est pas encore à sa fin), s'arrête ici un moment pour noter les sentiments divers qui se pressaient en lui devant ces flots et cette cascade toujours rejaillissante du torrent sonore. A propos de la tirade sur Buffon : « J'étais, dit-il, confondu, je l'avoue, de la sévérité de ces jugements et de ce ton d'assurance et d'infaillibilité avec lequel ils étaient débités; mais il me paraissait impossible qu'un homme qui parlait si bien se trompât. » Et, faisant comme les jeunes gens qui, dans leur curiosité, n'ont pas de cesse qu'ils n'aient questionné tour à tour sur tous les objets un peu inégaux de leur prédilection secrète, il profita d'un moment où Rivarol reprenait haleine : « Et Thomas? » demanda-t-il.

« Thomas est un homme manqué, repartit d'un ton bref
« Rivarol; c'est un homme qui n'a que des demi-idées. Il a
« une assez belle phrase, mais il n'en a qu'une. Il n'avait
« pas ce qu'il fallait pour faire l'éloge de Descartes : c'est un
« ouvrage composé avec la science acquise de la veille. Cela

« n'est ni digéré ni fondu. Il aurait fallu à l'auteur les con-
« naissances positives de Fontenelle, l'étendue et la pénétra-
« tion de son coup d'œil scientifique. L'Éloge de Marc-Au-
« rèle vaut mieux ; il y a dans cet Éloge des intentions
« dramatiques qui ne sont pas sans effet. Le style en est
« meilleur aussi, bien que là pourtant, comme ailleurs, ce
« style manque d'originalité. Ce n'est pas là un style *créé*.
« Et puis il est trop coupé, trop haché, ou, par endroits,
« démesurément long. Thomas ne s'entend pas à parcourir
« avec grâce et fermeté les nombreux détours de la période
« oratoire. Il ne sait pas *enchevêtrer* sa phrase. Quant à
« son *Essai sur les Éloges*, il y a de belles pages sans doute;
« mais, quoique les défauts y soient moindres et qu'il ait
« détendu son style, il y règne encore un ton d'exagération
« qui gâte les meilleurs morceaux. Thomas exagère ses sen-
« timents par ses idées, ses idées par ses images, ses images
« par ses expressions. »

« — Et Rousseau? monsieur de Rivarol.

« — Oh! pour celui-là, c'est une autre affaire. C'est un
« maître sophiste qui ne pense pas un mot de ce qu'il dit ou
« de ce qu'il écrit, c'est le paradoxe incarné, — grand ar-
« tiste d'ailleurs en fait de style, bien que, même dans ses
« meilleurs ouvrages, il n'ait pu se défaire entièrement de
« cette rouille genevoise dont son talent reste entaché. Il
« parle du haut de ses livres comme du haut d'une tribune;
« il a des cris et des gestes dans son style, et son éloquence
« épileptique a dû être irrésistible sur les femmes et les
« jeunes gens. Orateur *ambidextre*, il écrit sans conscience,
« ou plutôt il laisse errer sa conscience au gré de toutes ses
« sensations et de toutes ses affections. Aussi passionne-t-il
« tout ce qu'il touche. Il y a des pages, dans la *Nouvelle*
« *Héloïse*, qui ont été touchées d'un rayon du soleil. Toutes
« les fois qu'il n'écrit pas sous l'influence despotique d'un

« paradoxe, et qu'il raconte ses sensations ou peint ses pro-
« pres passions, il est aussi éloquent que vrai. Voilà ce qui
« donne tant de charme à quelques tableaux de ses *Confes-*
« *sions*, et surtout à ce préambule qui sert d'introduction à
« la Profession du Vicaire savoyard, et où, sous le voile
« d'un jeune homme qu'il met en scène avec le Vicaire, il
« raconte sa propre histoire. C'est, avec quelques Lettres
« Provinciales et les chapitres sur l'*Homme* de Pascal, ce
« que nous avons de mieux écrit en notre langue. C'est fait
« *à point*. »

« Le reste de la conversation se passa en un feu roulant
d'épigrammes lancées avec une verve intarissable sur d'autres renommées politiques et littéraires. Jamais Rivarol ne
justifia mieux son surnom de *Saint-Georges de l'épigramme*.
Pas un n'échappait à l'habileté désespérante de sa pointe. Là
passèrent tour à tour, transpercés coup sur coup, et l'abbé
Delille, « qui n'est qu'un rossignol qui a reçu son cerveau en
« gosier, » et Cerutti, qui a fait des phrases *luisantes* sur
« nos grands hommes de l'année dernière, espèce de limaçon
« de la littérature qui laisse partout où il passe une trace
« argentée, mais ce n'est qu'écume et bave ; » et Chamfort,
« qui, en entrant à l'Académie, ne fut qu'une branche de
« muguet entée sur des pavots ; » et Roucher, « qui est en
« poésie le plus beau naufrage du siècle ; » et Chabanon,
« qui a traduit Théocrite et Pindare de toute sa haine contre
« les Grecs ; » et Fontanes, « qui passe son style au brunis-
« soir et qui a le poli sans l'éclat ; » et Lebrun, « qui n'a
« que de la hardiesse *combinée* et jamais de la hardiesse
« *inspirée ;* ne le voyez-vous pas d'ici, assis sur son séant dans
« son lit, avec des draps sales, une chemise sale de quinze
« jours et des bouts de manche en batiste un peu plus blancs,
« entouré de Virgile, d'Horace, de Corneille, de Racine, de
« Rousseau, qui pêche à la ligne un mot dans l'un et un

« mot dans l'autre, pour en composer ses vers, qui ne sont
« que mosaïque? » Et Mercier avec son *Tableau de Paris*,
« ouvrage pensé dans la rue et écrit sur la borne; » et l'abbé
Millot, « qui n'a fait que des commissions dans l'histoire; »
et Palissot, « qui a toujours un chat devant les yeux pour
« modèle? c'est pour lui le torse antique; » et Condorcet,
« qui écrit avec de l'opium sur des feuilles de plomb; » et
Target, « qui s'est noyé dans son talent. » Chaque mot était
une épigramme condensée qui portait coup et perçait son
homme. Mirabeau obtint les honneurs d'une épigramme plus
détaillée :

« La tête de Mirabeau, disait-il, n'était qu'une grosse
« éponge toujours gonflée des idées d'autrui. Il n'a eu
« quelque réputation que parce qu'il a toujours écrit sur des
« matières palpitantes de l'intérêt du moment. Ses brochures
« sont des brûlots lâchés au milieu d'une flotte : ils y mettent
« le feu, mais ils s'y consument. Du reste, c'est un barbare
« effroyable en fait de style; c'est l'Attila de l'éloquence, et,
« s'il y a dans ses gros livres quelques phrases bien faites,
« elles sont de Chamfort, de Cerutti ou de moi. »

« Trois heures, continue Chênedollé, s'écoulèrent dans
ces curieux et piquants entretiens, et me parurent à peine
quelques instants. Le soleil cependant avait disparu de l'horizon, et la nuit qui tombait nous avertit qu'il était temps de
nous retirer.

« Nous prîmes donc congé de Rivarol, qui, en nous quittant, nous dit quelques-uns de ces mots aimables qu'il savait
si bien trouver, et nous fit promettre de revenir. Puis il me
remit sa traduction du Dante, en me disant : « Lisez cela ! il
« y a là des études de style qui formeront le vôtre et qui vous
« mettront des formes poétiques dans la tête. C'est une mine
« d'expressions où les jeunes poëtes peuvent puiser avec
« avantage. »

« Nous reprîmes la route de Hambourg, M. de la Tresne et moi, confondus, terrassés, éblouis par les miracles de cette parole presque fabuleuse. Le jour avait tout à fait disparu ; il faisait une de ces belles nuits si communes en cette saison dans les climats du Nord, et qui ont un éclat et une pureté qu'on ne voit point ailleurs. Une lune d'automne brillait dans un ciel d'un bleu magnifique, et sa lumière, brisée en réseaux de diamant, étincelait dans les hautes cimes des vieux ormes qui bordent la route, en projetant devant nous de longues ombres. L'oreille et la tête encore pleines de la conversation de Rivarol, nous marchions silencieusement sous cette magique clarté, et le profond silence n'était interrompu que par ces exclamations répétées vingt fois : « Il faut convenir « que Rivarol est un causeur bien extraordinaire ! » De tout ce soir-là, il nous fut impossible de trouver d'autres paroles. »

Si j'avais moins longuement cité, on n'aurait pas une idée aussi complète, ce me semble, de ce que fut réellement Rivarol, le grand improvisateur, le *dieu de la conversation* à cette fin d'un siècle où la conversation était le suprême plaisir et la suprême gloire. On n'avait qu'à le toucher sur un point, qu'à lui donner la note, et le merveilleux clavier répondait à l'instant par toute une sonate.

POÉSIES DE RIVAROL

POÉSIES

ÉPITRE AU ROI DE PRUSSE

Tu croyais donc, grand roi, que ton puissant suffrage
Serait de mes beaux jours le fortuné présage,
Et qu'on verrait l'envie interdite à ta voix,
Ainsi que la victoire obéir à tes lois ?
Mais chez nos beaux esprits ta faveur même est vaine.
Voltaire eut à la fois ton amour et leur haine.
Ils sentaient que le ciel, trop avare pour eux,
N'avait donné qu'à lui ces transports et ces feux,
Et cette soif d'un cœur à la gloire fidèle,
Qui le fit soixante ans haleter après elle.
Aussi tes yeux l'ont vu frapper à coups pressés
Tous ces rivaux obscurs, de sa gloire offensés,
Et souvent, par le sel d'une heureuse satire,
Au sein de leur douleur les forcer de sourire.

Il fatigua lui seul, par ses nombreux travaux,
Les serpents du Parnasse et l'hydre des journaux :
D'un siècle de succès désespéra l'envie;
Et, l'écrasant du poids d'une si belle vie,
Finit par un triomphe et mourut couronné.
Pour moi, de la nature, enfant abandonné,
Qui n'ai point des beaux-arts la fièvre enchanteresse;
Moi, qui, toujours bercé des mains de la paresse,
Et par la volupté de bonne heure amolli,
Ne dois faire qu'un pas de la mort à l'oubli,
Pourquoi suis-je engagé dans ces nobles querelles,
Des amants de la gloire épreuves éternelles?
Dans un coin du Parnasse avec peine affermi,
Ai-je, par mes succès, affligé quelque ami?
Me fera-t-on payer la vogue inespérée
D'un discours innocent, qui des bords de la Sprée
Aux rives de Léthé fût bientôt descendu
Si ton auguste appui ne l'avait défendu?

Cependant le bruit court que ta main le couronne;
Soudain frère Lourdis autrement en ordonne;
Sur ses feuilles de plomb il trace mon arrêt ;
Pour cinq ou six lecteurs je suis mort en effet!
Mais qu'importe? aux Lourdis il est beau de déplaire;
Des Zoïles du temps méritons la colère.
Telle est la loi du goût! Si Lourdis ne le hait,
Le succès d'un bon livre est encore imparfait.
Parlez mieux, dira-t-on, du chef de nos critiques;
Lui seul dans les journaux fait des extraits classiques :
Ses écrits, que l'on trouve obscurs, diffus et froids,
Sont d'un homme qui pense et qui parle avec poids.
Nous n'avons pas pour vous des sentiments de haine,
Mais nous pleurons des arts la ruine prochaine;
Et puisse quelquefois notre utile rigueur,
Au bon goût qui se perd, ramener un auteur!

Ah! je vous reconnais, mes généreux confrères,
Vous pleurez un succès, vos larmes sont sincères;
Mais je pourrais encore aigrir vos déplaisirs,
Et de votre douleur, égayant mes loisirs,
Exciter ma paresse à servir ma vengeance.
Dieu qui défend l'attaque, a permis la défense.
Il permet qu'à l'église, au théâtre, au barreau,
Une utile discorde allume son flambeau :
Le talent dormirait sans un peu de colère...
Aussi, n'allez donc pas, obscur folliculaire,
Quand vous m'insulterez, compter sur mon mépris,
Le plus vil d'entre vous pourrait s'y trouver pris.
En vain de sa bassesse un Pradon s'environne,
Boileau, dans son courroux, ne méprisait personne.

A qui donc cet Hercule a-t-il légué ses traits?
Faudra-t-il s'en tenir à d'impuissants regrets;
Et, quand je vois partout, à l'abri du silence,
Pulluler de Cotins une famille immense;
Lorsqu'un hardi bouffon, assiégeant les Français,
Vient quêter sans pudeur l'opprobre d'un succès,
Et qu'une légion de beaux esprits manœuvres
Harcèle des lecteurs fatigués de chefs-d'œuvres,
Ne pourrais-je du moins, dans un jour de gaieté,
Condamner un Garasse à l'immortalité!
Ah! d'un sort plus obscur goûtons les avantages:
Des destins trop brillants amènent trop d'orages.
Non, non, je n'irai point, séchant dans les travaux,
Aux intérêts du goût immoler mon repos,
Dussé-je, vers la fin d'une vie abusée,
Couvrir mon front blanchi des lauriers d'un musée!
Je suis loin de prétendre à cet excès d'honneur.
Tel qu'un sage, à l'écart, poursuivant le bonheur,
Je veux passer sans bruit et glisser dans la vie,
Pour ne pas reveiller les serpents de l'envie.

Allons, frère Lourdis, donnez-nous, chaque mois,
L'extrait de votre esprit et de l'esprit des lois :
Tandis qu'à m'endormir votre prose s'obstine,
Clément fond sur Voltaire, et Mercier sur Racine.

O Frédéric! tu vois vers quelle affreuse nuit
Précipite ses pas le siècle qui s'enfuit !
Le noble champ des arts n'est plus qu'un cimetière,
Figaro foule en paix la cendre de Molière;
Un silence de mort règne dans ces déserts.
Seulement, quelquefois on entend dans les airs
Des drames gémissants les voix mélancoliques,
Et des journaux hargneux les cris périodiques.
Grand roi! que tu naquis en de plus heureux temps !
Le ciel brillait alors de flambeaux éclatants,
Qui, versant à grands flots leurs feux et leur lumière,
De Frédéric naissant éclairaient la carrière.
Bientôt le Nord, tremblant au bruit de tes exploits,
Te vit associer, seul entre tous les rois,
Au casque des héros le laurier des poètes,
Et le charme des vers à l'éclat des conquêtes.

Heureux le conquérant sur le Pinde monté
Qui se fait à lui seul son immortalité!
De Mars et d'Apollon c'est une loi suprême
Qu'un héros soit chanté, s'il ne chante lui-même.
Aussi, combien de rois, malgré leurs grands travaux,
Indignement couchés dans la nuit des tombeaux !
On n'a pu d'une larme honorer leur mémoire,
Vingt siècles en silence ont passé sur leur gloire :
Et pourtant ils vivraient, si d'un fils d'Apollon
La voix harmonieuse eût consacré leur nom.

Du vieillard de Ferney la main brillante et pure
Tressa de tes lauriers l'immortelle verdure,

Et, sur le même autel où tu reçus ses vœux,
Il t'offrit un encens qui brûlait pour tous deux ;
Vous commerciez de gloire en vous rendant hommage.
Vos noms toujours nouveaux, rajeunis d'âge en âge,
Brillant du double éclat des armes et des vers,
En vainqueurs alliés parcourront l'univers ;
Et l'on dira toujours Frédéric et Voltaire,
Comme on unit encore Achille avec Homère.

LE CHOU ET LE NAVET

LE CHOU A M. L'ABBÉ DELILLE.

Lorsque sous tes emprunts, masquant ton indigence,
Des esprits étrangers tu cherchais l'alliance,
D'où vient que ton esprit et ton cœur en défaut
Du jardin potager ne dirent pas un mot ?
Il aurait pu fournir à ta veine épuisée
Des vrais trésors de l'homme une peinture aisée :
Le verger de ses fruits eût décoré tes champs,
Et mon nom t'eût valu des souvenirs touchants.

N'est-ce pas moi, réponds, créature fragile,
Qui soutins de mes sucs ton enfance débile ?
Le navet n'a-t-il pas, dans le pays latin,

Longtemps composé seul ton modeste festin,
Avant que dans P ris ta muse froide et mince
Égayât les soupers du commis et du prince?
Enfant dénaturé, si tu rougis de moi,
Vois tous les choux d'Auvergne élevés contre toi !
Songe à tous mes bienfaits, délicat petit-maître,
Ma feuille t'a nourri, mon ombre t'a vu naître :
Dans tes jardins anglais tu me proscris en vain :
Adam au paradis me plantait de sa main;
Le Nil me vit au rang de ses dieux domestiques,
Et l'auteur immortel des douces Géorgiques,
De ses grandes leçons interrompant le fil,
S'arrêta dans son vol pour chanter le persil.
Que ne l'imitais-tu? mais ta frivole muse,
Quêtant un sentiment aux échos de Vaucluse,
De Pétrarque en longs vers nous rabâche la foi,
Et ne réserve pas d'hémistiche pour moi
Réponds donc maintenant aux cris des chicorées,
Aux clameurs des oignons, aux plaintes des poirées,
Ou crains de voir bientôt, pour venger notre affront,
Les chardons aux pavots s'enlacer sur ton front.

LE NAVET, AU CHOU.

J'ai senti, comme toi, notre commune injure;
Mais ne crois pas, ami, que, par un vain murmure,
Des oignons irrités j'imite le courroux :
Le ciel fit les navets d'un naturel plus doux.
Des mépris d'un ingrat le sage se console.
Je vois que c'est pour plaire à ce Paris frivole
Qu'un poëte orgueilleux veut nous exiler tous
Des jardins où Virgile habitait avec nous.
Un prêtre dans Memphis, avec cérémonie,
Eût conduit au bûcher le candidat impie;

Mais le temps a détruit Memphis et nos grandeurs.
Il faut à son état accommoder ses mœurs.
Je permets qu'aux boudoirs, sur les genoux des belles,
Quand ses vers pomponnés enchantent les ruelles,
Un élégant abbé rougisse un peu de nous,
Et n'y parle jamais de navets et de choux.
Son style citadin peint en beau les campagnes :
Sur un papier chinois il a vu les montagnes,
La mer à l'Opéra, les forêts à Longchamps,
Et tous ces grands objets ont ennobli ses chants.
Ira-t-il, descendu de ces hauteurs sublimes,
De vingt noms roturiers déshonorer ses rimes,
Et, pour nous, renonçant au musc du parfumeur,
Des choux qui l'ont nourri lui préférer l'odeur?
Papillon en rabat, coiffé d'une auréole,
Dont le manteau plissé voltige au gré d'Éole,
C'est assez qu'il effleure, en ses légers propos,
Les bosquets et la rose, et Vénus et Paphos.
La mode à l'œil changeant, aux mobiles aigrettes,
Semble avoir pour lui seul fixé ses girouettes ;
Sur son char fugitif, où brillent nos Laïs,
L'ennemi des navets en vainqueur s'est assis ;
Et ceux qui pour Janot abandonnent Préville,
Lui décernent déjà les lauriers de Virgile.

LE CHOU.

Qu'importent des succès par la brigue surpris?
On connaît les dégoûts du superbe Paris.
Combien de grands auteurs dans les soupers brillèrent
Qui, malgré leurs amis, au grand jour s'éclipsèrent !
Le monde est un théâtre, et, dans ses jeux cruels,
L'idole du matin le soir n'a plus d'autels.
Nous y verrons tomber cet esprit de collége,

De ses dieux potagers déserteur sacrilége :
Oui, la fortune un jour vengera notre affront :
Sa gloire passera, les navets resteront.

A MANETTE

Vous dont l'innocence repose
Sur d'inébranlables pivots,
Pour qui tout livre est lettre close,
Et qui de tous les miens ne lirez pas deux mots ;
Qui, loin de distinguer les vers d'avec la prose,
Ne vous informez pas si les biens ou les maux
    Ont l'encre et le papier pour cause ;
S'il est d'autres lauriers ou bien d'autres pavots
    Que ceux qu'un jardinier arrose ;
Et qui ne soupçonnez de plumes qu'aux oiseaux ;
Vous qui m'offrez souvent l'aide de vos ciseaux
Dans les difficultés que l'étude m'oppose,
Ou quelques bouts de fil pour coudre mes propos ;
Ah ! conservez-moi bien tous ces jolis zéros
    Dont votre tête se compose.
    Si jamais quelqu'un vous instruit,
    Tout mon bonheur sera détruit
    Sans que vous y gagniez grand'chose.
Ayez toujours pour moi du goût comme un bon fruit,
    Et de l'esprit comme une rose.

RÉPONSE AUX VERS PRÉCÉDENTS

Cette morale peu sévère
Séduira plus d'un jeune cœur ;
Il est commode et doux de n'employer pour plaire
Que ses attraits et sa fraîcheur ;
Mais un amant que l'esprit indispose
Peut-il être constant ? Oh ! non ;
Celui qui pour aimer ne cherche qu'une rose
N'est sûrement qu'un papillon.

PORTRAIT DE FRÉDÉRIC II

Poëte conquérant, sage, voluptueux,
Ce roi qui sut instruire et ravager la terre,
Se dégoûta des vers, des rois et de la guerre,
Méprisa ses sujets et les rendit heureux.

INSCRIPTION DE LA PORTE DE L'ENFER

TRADUITE DU DANTE.

C'est moi qui vis tomber les légions rebelles ;
C'est moi qui vois passer les races criminelles ;
C'est par moi qu'on arrive aux douleurs éternelles ;
La main qui fit les cieux posa mes fondements ;
J'ai de l'homme et du jour précédé la naissance ;
    Et je dure au delà des temps :
Entre, qui que tu sois, et laisse l'espérance.

LETTRE DE RIVAROL A MADAME DE FOUGY

EN LUI ENVOYANT DU BAUME DE LA MECQUE.

27 octobre 1796.

Madame, puisque vous ne m'envoyez pas votre flacon, je prends le parti de vous envoyer le mien, d'autant plus que, réflexion faite, il me reste assez de baume pour le donner tout, pas assez pour le partager.

> Voilà ce baume de la Mecque
> Dont l'Orient fait si grand cas,
> A qui plus d'une beauté grecque
> Doit le secret de ses appas,
> Et qui sans vous ne quittait pas
> Le coin de ma bibliothèque.

J'ai pourtant hésité à vous l'envoyer, en songeant combien les propriétés de ce baume vous sont inutiles :

> Car ce n'est point de l'Arabie
> Que vous avez reçu cette fleur de beauté
> Qui ne peut vous être ravie :
> La nature vous fit dans un jour de gaieté ;
> Flore depuis vous a suivie,
> Et le printemps son député,
> S'est chargé seul de votre vie ;
> En si brillante compagnie,
> Je conçois bien, en vérité,
> Que l'on dédaigne ou qu'on oublie
> Un ingrédient inventé
> Pour les teints de la Géorgie :
> Car au fond l'art le plus vanté
> N'est qu'un besoin, et l'industrie
> Est fille de la pauvreté.

Votre opulence n'a donc que faire de cet ingrédient ; il ne vous faut ici drogue ni recette, et j'en suis bien fâché :

Ah! si vous ne saviez que feindre ;
Si votre éclat n'était que fard,
Si votre esprit n'était qu'un art,
Vous ne seriez pas tant à craindre ;
On peut braver les airs vainqueurs
Et les armes d'une coquette,
Qui n'a pour attaquer les cœurs
Que l'arsenal de sa toilette ;
Mais vous plaisez sans y penser,
Et votre paisible indolence,
Qui ne connaît pas sa puissance,
Ne sait que trop bien l'exercer.

C'est ainsi que vous me faites du mal paisiblement et innocemment. Il est vrai que le baume de la Mecque a la propriété de fermer une blessure en moins que rien, que c'est avec lui qu'on fait le vrai taffetas d'Angleterre, et que Mahomet lui doit ses plus grands miracles : mais je vous défie de vous en servir avec autant de bonheur que lui :

Sachez, vous qui lancez des traits
Dont les atteintes sont si sûres,
Qu'il n'existe point de secrets
Qui guérissent de vos blessures.

Voilà donc deux propriétés de ce suc divin aussi inutiles à vous qu'aux autres ; mais il lui reste encore (car il faut que je vante mon baume) d'être le premier des aromates. L'antiquité lui donnait le pas sur tous les parfums :

A ce titre il vous était dû :
Vénus n'en reçut pas de plus doux sur la terre
Mais avec vous c'est temps perdu :
Votre divinité sévère
Se moquera de sa vertu ;
Vous encenser n'est pas vous plaire.

A force de parler, je découvre pourtant à cette fameuse résine une vertu à votre usage : c'est qu'elle est admirable pour les poitrines délicates. Songez que vous allez passer l'hiver au 54° de latitude nord. Vos poumons pourraient bien avoir à souffrir de ce froid rigoureux qui va, dit-on, jusqu'à fendre les pierres :

Aussi quand vos beaux yeux, à travers vos carreaux,
Verront, en clignotant sous leurs noires paupières,
Nos humbles toits et leurs gouttières
Se charger de brillants cristaux ;
Quand les belles de ***, au fond de leurs traîneaux
Auront placé leurs gros derrières,
Et qu'elles y seront moins fières
De leurs amants transis que de leurs grands chevaux ;
Quand vous lirez dans les journaux
Que les naïades prisonnières
Dans leur lit immobile ont suspendu leurs eaux,
Et que des chars tremblants ont tracé des ornières
Où voguaient d'agiles vaisseaux ;
Lorsqu'un des envoyés des trois Sœurs filandières,
Le catarrhe, viendra livrer ses durs assauts
Au lourd habitant des bruyères
Que l'Elbe arrose de ses flots,
Alors gardez le coin de vos brûlants fourneaux :
N'allez pas imiter les modes meurtrières

Des épais descendants des Teutons et des Goths,
Qui des deux Océans gardent mal les barrières,
　　Gens qui feraient fort à propos,
　　S'ils nous empruntaient nos manières,
　　Et s'ils nous prêtaient leurs lingots ;
　　Mais dont les humides cerveaux
Nés pour les fluxions et non pour les bons mots,
　　Ont la pesanteur des métaux
　　Qu'ont entassés leurs mains grossières ;
　　Gens qui trafiquent de nos maux ;
Fripons toujours anciens, fripons toujours nouveaux,
　　Nous volant tout, hors nos lumières ;
Qui, se croyant subtils, quand ils ne sont que faux,
　　Veulent marcher sous deux bannières,
Et, suivant du calcul les timides lisières,
　　Craignent à la fois les panneaux
　　Des Anglais, leurs dignes rivaux,
　　Et les sanglantes étrivières
　　Que Paris doit à leurs travaux.
Quand la mort, confondant leurs âmes financières,
Les fait enfin passer de leurs poudreux bureaux
　　Dans ses étroits et noirs caveaux,
On les voit cheminer devers leurs cimetières
　　En uniforme de corbeaux,
Et descendre à pas lents dans ces tristes carrières,
　　A la lueur de cent flambeaux,
　　Escortés de porte-manteaux
Dont ils ont acheté les pleurs et les prières,
Et les crêpes pendants et les vastes chapeaux ;
　　Malheureux qui sont assez sots
　　Pour ne décorer que leurs bières,
　　Et qui sont mieux dans leurs tombeaux
　　Qu'ils n'ont été dans leurs tanières.

Comme vous n'avez ni leur mauvais goût ni leurs robustes fibres, et que vous n'êtes pas femme à vous consoler de la mort, dans l'espoir que votre enterrement pourra nous ruiner en édifiant les ***, je me flatte que vous laisserez là et leurs courses à chariots découverts, et leurs repas, et leurs visites : songez-y donc,

> Le ciel, dans sa magnificence,
> Vous garantit votre beauté ;
> Le Temps, qui s'gna le traité,
> Respectera cette assurance ;
> Mais il laissa votre santé
> Entre les mains de la Prudence.

Si vous n'oubliez pas mes avis, vous ferez fréquemment un air nouveau avec des fumigations aromatiques; cet air artificiel, que j'ai opposé avec succès aux brouillards de Londres, vous sera très-salutaire :

> Il vous conservera cette *touchante voix*
> *Dont les sons enchanteurs m'ont séduit tant de fois...*
> Ce dernier vers est de *Zaïre;*
> Je n'ai pas craint de le citer :
> On fait très-bien de répéter
> Ce que l'on ne saurait mieux dire :
> Sans doute, quand il fit ces vers brillants et doux,
> Voltaire était prophète et ne songeait qu'à vous.

Au reste, quand vous aurez brûlé, respiré, avalé tout ce baume, n'allez pas jeter la petite fiole : elle aura un emploi que vous ne lui soupçonnez guère; gardez-la, je vous prie, je pourrai en avoir affaire :

Il faut tout craindre ; on peut tout croire :
Si jamais je perds la raison
Comme le bon Roland, d'amoureuse mémoire,
Je prétends qu'elle ira loger dans ce flacon,
Heureuse de troquer la gloire
Contre une si douce prison.

PARODIE DU SONGE D'ATHALIE

M. GAILLARD, à madame de Genlis, qui traverse le Lycée.

Savante gouverneur, est-ce ici votre place ?
Pourquoi ce teint plombé, cet œil creux qui nous glace ?
Parmi vos ennemis, que venez-vous chercher ?
De ce bruyant Lycée osez-vous approcher ?
Auriez-vous dépouillé cette haine si vive ?...

MADAME DE GENLIS.

Prêtez-moi l'un et l'autre une oreille attentive.
Je ne veux point ici rappeler le passé,
Ni vous rendre raison de ce que j'ai versé.
Ce que j'ai fait, Gaillard, j'ai cru devoir le faire.
Je ne prends point pour juge un monde téméraire.

Quoi que sa médisance ait osé publier,
Un grand prince a pris soin de me justifier.
Sur de petits tréteaux ma fortune établie
M'a fait connaître à Londre et même en Italie;
Par moi votre clergé goûte un calme profond.
La Seine ne voit plus ce Voltaire fécond,
Ni cet altier Rousseau, par d'éternels ouvrages,
Comme au temps du feu roi, dérober vos hommages.
La Sorbonne me traite et de fille et de sœur :
Enfin de ma raison le pesant oppresseur,
Qui devait m'entourer de sa secte ennemie,
Condorcet, Condorcet tremble à l'Académie.
De toutes parts pressé par un nombreux essaim
De serpents en rabat réchauffés dans mon sein,
Il me laisse à Paris souveraine maitresse...
Je jouissais en paix du fruit de ma finesse;
Mais un trouble importun vient depuis quelques jours
De mes petits projets interrompre le cours.
Un rêve... (me devrais-je inquiéter d'un rêve?...)
Entretient dans mon cœur un chagrin qui me crève.
Je l'évite partout, partout il me poursuit.
C'était dans le repos du travail de la nuit :
L'image de B.u.f.f.o.n devant moi s'est montrée,
Comme au Jardin du Roi, pompeusement parée :
Ses erreurs n'avaient point abattu sa fierté;
Même il usait encor de ce style apprêté
Dont il eut soin de peindre et d'orner son ouvrage,
Pour éviter des ans l'inévitable outrage.
Tremble! ma noble fille et trop digne de moi,
Le parti de Voltaire a prévalu sur toi;
Je te plains de tomber dans ses mains redoutables,
Ma fille!... En achevant ces mots épouvantables,
L'Histoire naturelle a paru se baisser :
Et moi je lui tendais les mains pour la presser.
Mais je n'ai plus trouvé qu'un horrible mélange
De quadrupèdes morts et trainés dans la fange;

De reptiles, d'oiseaux et d'insectes affreux
Que B.e.x.o.n et G.u.e.n.e.a.u se disputaient entre eux.

PARODIE DU RÉCIT DE THÉRAMÈNE

RÉCIT DU PORTIER DU SIEUR
PIERRE-AUGUSTIN CARON DE BEAUMARCHAIS.

A peine Beaumarchais, débarrassant la scène,
Avait de Figaro terminé la centaine,
Qu'il volait à Tarare; et pourtant ce vainqueur,
Dans l'orgueil du triomphe, était morne et rêveur.
Je ne sais quel chagrin, le couvrant de son ombre,
Lui donnait, sur son char, un maintien bas et sombre.
Ses vertueux amis, sottement affligés,
Copiaient son allure autour de lui rangés.
Sa main sur Sabatto laissait flotter les rênes;
Il filait un discours tout rempli de ses peines.
Les Se***, les Gu***, qu'on voyait autrefois,
Fanatiques ardents, obéir à sa voix,
L'œil louche maintenant et l'oreille baissée,
Semblaient se conformer à sa triste pensée.
Un effroyable écrit, sorti du sein des eaux,
Des Perrier tout à coup a troublé le repos;

Et du fond du marais une voix formidable
Se mêle éloquemment à l'écrit redoutable.
Jusqu'au fond de nos cœurs notre sang est glacé ;
Des badauds attentifs le crin s'est hérissé.
Cependant, sur le dos d'un avocat terrible,
S'élève avec fracas un mémoire invincible :
Le volume s'approche et vomit à nos yeux,
Parmi de noirs flots d'encre, un monstre furieux.
Son front large est couvert de cornes flétrissantes,
Tout son corps est armé de phrases menaçantes.
Indomptable Allemand, banquier impétueux,
Son style se recourbe en replis tortueux ;
Ses longs raisonnements font trembler le complice ;
Sa main avec horreur va démasquer le vice.
Le Châtelet s'émeut, Paris est infecté,
Et tout le parlement recule épouvanté.
On fuit ; et, sans s'armer d'un courage inutile,
Dans les cafés voisins chacun cherche un asile.
Pierre-Augustin lui seul, protecteur des Nassaux,
Harangue sa cabale et saisit ses pinceaux,
Pousse au monstre un pamphlet *vibré* d'une main sûre,
Et que dans quatre nuits trama son imposture.
De dégoût et d'horreur le monstre pâlissant,
Autour de Beaumarchais se roule en mugissant :
Il bâille et lui présente une gueule enflammée
Qui le couvre à la fois de boue et de fumée.
La peur nous saisit tous : pour la première fois,
On vit pleurer Gu*** et rougir S***.
En calembours forcés leur maître se consume ;
Ils n'attendent plus rien de sa pesante plume.
On dit qu'on a vu même, en ce désordre affreux,
Le Noir qui d'espions garnissait tous les lieux.
Soudain vers l'Opéra l'effroi nous précipite :
On nous suit ; nous entrons : mon maître, mis en fuite,
Voit voler en lambeaux Tarare fracassé ;
Dans les rênes lui-même il tombe embarrassé.

Excusez ma longueur. Cette scène cruelle
Sera pour moi d'ennuis une source éternelle.
J'ai vu, messieurs, j'ai vu ce maitre si chéri
Traîné par un exempt que sa main a nourri ;
Il veut le conjurer, mais l'exempt est de glace.
Ils montent dans un char qui s'offre sur la place :
De nos cris glapissants le quartier retentit.
Le fiacre impétueux enfin se ralentit.
Il s'arrête non loin de cet hôtel antique
Où de Vincent de Paul est la froide relique.
J'y cours en soupirant, et la garde me suit ;
D'un peuple d'étourneaux la file me conduit.
Le faubourg en est plein : cent bouches dégoûtantes
Content de Beaumarchais les détresses sanglantes.
J'arrive, je l'appelle, et, me tendant la main,
Il ouvre le guichet, qu'il referme soudain.
« Le roi, dit-il alors, me jette à Saint-Lazare ;
« Prenez soin entre vous du malheureux Tarare.
« Cher ami, si le prince, un jour plus indulgent,
« Veut bien de cet affront me payer en argent,
« Pour me faire oublier quelques jours d'abstinence,
« Dis-lui qu'il me délivre une bonne ordonnance ;
« Qu'il me rende.... » A ces mots le héros contristé,
Sans couleur et sans voix dans sa cage est resté ;
Triste objet où des rois triomphe la justice,
Mais qu'on n'aurait pas dû traiter comme un novice.

PORTRAIT

Armande a pour esprit des moments de délire ;
Armande a pour vertu le mépris des appas ;
Elle craint le railleur que sans cesse elle inspire ;
Elle évite l'amant qui ne la cherche pas.
Puisqu'elle n'a point l'art de cacher son visage,
Et qu'elle a la fureur de montrer son esprit,
Il faut la défier de cesser d'être sage,
    Et d'entendre ce qu'elle dit.

SUR FLORIAN

    Écrivain actif, guerrier sage,
    Il combat peu, beaucoup écrit ;
    Il a la croix pour son esprit
    Et le fauteuil pour son courage.

RÉPONSE DE LA COULEUVRE

AUX ÉLOGES QUE MADAME DE G... LUI A ADRESSÉS DANS UNE PIÈCE DE VERS.

J'ai lu les bouts-rimés où vous bravez en paix
    Le goût, la langue et l'harmonie ;
Ces vieux tyrans du Pinde ont péri sous vos traits ;
    C'est la révolte du génie.
    Leur fatale aristocratie,
Parmi tant de débris, résistait aux Français ;
    Mais, grâce à vos heureux essais,
Plus d'art, plus de talent et plus de poésie.
    Cette orgueilleuse Polymnie,
Sur ces monts escarpés, dans ses antres secrets,
    Connaitra la démocratie,
    Et va ramper sur ces sommets
Où l'esprit ne planait qu'à l'aide d'Uranie.
    Genlis, ce sont là vos bienfaits,
    C'est à vous seule désormais
De peindre, d'affranchir et d'enchanter les bêtes.
Mais, dites-moi pourquoi, riche comme vous l'êtes,
Vous semblez, dans ces vers qui nous ont tant flattés,
Voir d'un regard jaloux nos faibles qualités ?

>   La couleuvre la plus subtile
>   Serait novice à vos côtés.
> Et que sont, en effet, tous les tours d'un reptile
>   Près de ceux que vous connaissez ?
> Qu'est-ce que le venin que parfois je distille,
>   Au prix du fiel que vous versez,
>   Et des poisons de votre style ?
>   Antique et savante sibylle,
> En vain dans les serpents tout vous charme et vous rit ;
> Nous avons votre cœur sans avoir votre esprit ;
>   Et vous savez, serpent vous-même,
> Que ma langue n'est plus que le muet emblème
> De celle qui chez vous avec art réunit
> La voix que j'ai perdue à la feinte que j'aime.
> C'est par là qu'autrefois j'égalais vos destins :
> Si vous avez séduit le plus vil des humains,
> Je corrompis d'abord la première des femmes ;
> J'empoisonnais jadis et les corps et les âmes ;
> Mais que je payai cher mes trop heureux desseins !
> A mon premier succès le Nil, bordant mon rôle,
>   Me proscrivit dans l'univers,
> M'ordonna de ramper tout ainsi que vos vers,
> Et ne me laissa pas, comme à vous, la parole ;
> Mais, si de mon empire on m'ôta la moitié,
>   Il me reste votre amitié
>   Et les leçons de votre école ;
> Tout serpent avec vous s'instruit et se console ;
> Régnez donc ! infectez les deux départements
> Des esprits et des corps ; tel est votre partage.
> Ne me prodiguez plus vos adroits compliments
>   Et votre insidieux hommage,
> A moi, qui n'ai sur vous que le frêle avantage
> De quelques dents de plus et de mes sifflements ;
>   Encor sont-ils à votre usage.
> Et si, pour vous servir, ce n'était pas assez
>   Des serpents que vous caressez

Et du dragon du voisinage,
Vos lecteurs de sifflets seront toujours armés.
A s'accorder pour vous ils sont accoutumés,
Et leur concert attend l'ouvrage
Qu'on dit chez nous que vous tramez.

SUR CHATEAUNEUF

NEVEU DE DUMOURIEZ.

C'est l'ennemi de Théocrite,
Et qui pis est, de Jésus-Christ ;
Un Grec, un Dieu sont sans esprit
Entre les mains d'un hypocrite
Qui trahit les gens qu'il traduit.

SUR LE MÊME

Châteauneuf est au bas de la littérature
Au-dessus de Basset, qui lui sert de monture,

LES DEUX G...

Nous avons deux G***, l'un écrit, l'autre chante;
Admirez, j'y consens, leur talent que l'on vante;
Mais ne préférez pas, si vous formez un vœu,
La cervelle de l'oncle au gosier du neveu.

ÉPIGRAMME

Si tu prétends avoir un jour ta niche
Dans ce beau temple où sont quarante élus,
Et d'un portrait guindé vers la corniche,
Charmer les sots, quand tu ne seras plus,
Pas n'est besoin d'un chef-d'œuvre bien ample.
Il faut fêter le sacristain du temple;

Puis ce monsieur t'ouvrira le guichet,
Puis de lauriers tu feras grande chère,
Puis immortel seras comme Porchère,
Maury, Cotin, et la Harpe et Danchet.

DE LA VIE

ET

DES POËMES DU DANTE

DANTE

Il n'est guère, dans la littérature, de nom plus imposant que celui du Dante. Le génie d'invention, la beauté des détails, la grandeur et la bizarrerie des conceptions, lui ont mérité, je ne dis pas la première ou la seconde place entre Homère et Milton, le Tasse et Virgile, mais une place à part. Je vais parler un moment de sa personne et de ses ouvrages, et présenter ensuite son poëme de l'*Enfer*, la plus extraordinaire de ses productions.

Dante Alighieri naquit à Florence, en 1265, d'une famille ancienne et illustrée. Ayant perdu son père de bonne heure, il passa à l'école de Brunet Latin, un des plus savants hommes du temps ; mais il s'arracha bientôt aux douceurs de l'étude pour prendre part aux événements de son siècle.

L'Italie était alors toute en confusion ; ses plus grandes villes s'étaient érigées en républiques, tandis que les autres suivaient la fortune de quelques petits tyrans. Mais deux factions désolaient surtout ce beau pays : l'une des gibelins, attachée aux empereurs, et l'autre des guelfes qui soutenait les prétentions des papes. Il y avait plus de soixante ans que les césars allemands n'avaient mis le pied en Italie quand le Dante entra dans les affaires; et cette absence avait prodigieusement affaibli leur parti. Les papes avaient toujours eu l'adresse de leur susciter des embarras dans l'Empire, et de leur opposer les rois de France; de sorte que les empereurs, ne venant à Rome que pour punir un pontife ou imposer des tributs aux villes coupables, revolaient aussitôt en Allemagne pour apaiser les troubles, et l'Italie leur échappait. Leur malheur fut, dans tous les temps, de ne pas demeurer à Rome : elle serait devenue la capitale de leurs États, et les papes auraient été soumis sous l'œil du maître.

Au treizième siècle, la république de Florence était entièrement guelfe ; et, s'il y avait quelques gibelins parmi ses habitants, ils se tenaient cachés : mais ils dominaient ailleurs, et on se battait fréquemment. Le Dante, dont les aïeux avaient été guelfes, se trouva à la de bataille Campaldino, que les Florentins livrèrent aux gibelins d'Arezzo, et qui fut une des plus sanglantes. On voit encore, dans les histoires du temps, qu'il contribua par sa valeur à la victoire de Caprona, remportée aussi par les Florentins sur les républicains de Pise.

Un peu de calme ayant succédé à tant d'orages, le poëte en profita pour se livrer à son goût pour les lettres et aux charmes d'un amour heureux. Béatrix, qu'il aima, est immortelle comme Laure ; et peut-être la destinée de ces deux femmes est-elle digne d'observation ; mortes toutes deux à la fleur de leur âge, et toutes deux chantées par les plus grands poëtes de leur siècle.

Le Dante se maria en 1291, et eut plusieurs enfants; mais il ne trouva pas le bonheur avec sa femme, et fut contraint de l'abandonner. Le dessin, la musique et la poésie le consolèrent et partagèrent ses moments jusqu'à ce qu'il devint homme public, en 1300 : c'est là l'époque de tous ses malheurs. Il était âgé de trente-cinq ans lorsqu'il fut nommé prieur de la république, dignité qui revient à celle des anciens décemvirs. Mais les prieurs n'étaient qu'au nombre de huit. Ces magistrats, malgré leur autorité violente, ne tenaient pas d'une main ferme le gouvernail de l'État, puisque, outre les querelles du sacerdoce et de l'Empire, la république nourrissait encore des inimitiés intestines, et voici quelle en fut la source.

Pistoie, ville du territoire de Florence, était depuis longtemps troublée par les intrigues de deux familles puissantes, et ces intrigues avaient produit deux partis qu'on appela les *blancs* et les *noirs*, pour les mieux distinguer sans doute. Le sénat, afin d'éteindre ces dissensions, attira autour de lui les principales têtes de la discorde ; mais ce levain, au lieu de se perdre dans la masse de l'État, aigrit tellement les esprits, qu'il fallut bientôt être noir ou blanc à Florence comme à Pistoie : c'étaient chaque jour des affronts et des atrocités nouvelles. Les choses furent portées au point que, pour sauver la république, le Dante persuada à ses collègues d'envoyer en exil les chefs des deux partis : ce qui fut exécuté.

Après cet événement, il se flattait d'une paix durable, lorsque, étant allé en ambassade à Rome, les noirs profitèrent de son absence, mirent à leur tête Charles de Valois, frère de Philippe le Bel, et, secrètement aidés par Boniface VIII, rentrèrent dans la ville. Aussitôt tout changea de face : les blancs, déclarés ennemis de la patrie, furent chassés ; et le Dante, qui était soupçonné de leur être favorable, apprit à la fois son exil et la perte de tous ses biens.

Dans son malheur, il s'attacha aux gibelins; et comme en ce moment Henri de Luxembourg était venu se faire couronner à Rome, ce parti avait repris vigueur, et l'Italie était dans l'attente de quelque grande révolution : si bien que le Dante conçut le projet de se faire ouvrir par les armes les portes de Florence. Aussi coupable et moins heureux que Coriolan, il courait de l'armée des mécontents aux camps de l'empereur, passant sa vie à faire des tentatives infructueuses, et témoin de toutes les humiliations des Impériaux.

C'est avec aussi peu de succès qu'il eut recours aux supplications, comme on le voit par une lettre au peuple de Florence, qui commence par ces mots : *Popule mee, quid feci tibi?* Renonçant enfin à tout espoir de retour, il se mit à voyager, parcourut l'Allemagne, et vint à Paris, où, comme on l'a dit du Tasse, on assure qu'il travaillait à ses poëmes. Forcé dans la suite d'implorer la protection des princes d'Italie, il vécut dans différentes cours, et mourut en 1321, âgé de cinquante-six ans, chez Gui de Polente, prince de Ravenne.

Le Dante, à la fois guerrier, négociateur et poëte, eut sans doute des succès et quelques beaux moments; mais, pour avoir passé la moitié de sa vie dans l'exil et l'indigence, il doit augmenter la liste des grands hommes malheureux. C'est ainsi qu'il s'en exprime lui-même, en déplorant la perte de ses biens et de son indépendance. « Partout où se parle cette langue toscane, on m'a vu errer et mendier ; j'ai mangé le pain d'autrui et savouré son amertume. Navire sans gouvernail et sans voiles, poussé de rivage en rivage par le souffle glacé de la misère, les peuples m'attendaient à mon passage, sur un peu de bruit qui m'avait précédé, et voyaient autre qu'ils n'auraient osé le croire : je leur montr[ai] les blessures que me fit la fortune, qui déshonorent celui [qu]i les reçoit. »

A une sensibilité profonde et à la plus haute fierté, le [Da]nte joignait encore cette ambition des républiques, si différente de l'ambition des monarchies. Quand son sénat, qui [ne] faisait pas tout ce qu'il en eût désiré, le nomma à l'am[ba]ssade de Rome, ce poëte, considérant l'état de crise où il [la]issait la république et le péril de confier cette légation à un [au]tre, dit ce mot devenu célèbre : *S'io vo, chi sta, e s'io [st]o, chi va* (si je pars, qui reste, et si je reste, qui part) ? [Q]uoique logé chez le prince de Ravenne, il ne laissa pas de [ra]conter, dans son *Enfer*, l'aventure délicate et désastreuse [ar]rivée à la fille de ce prince ; et lorsque après son exil il se [fu]t réfugié auprès de Can de l'Escale, il conserva dans cette [co]ur ses manières républicaines.

Un jour ce petit souverain lui disait : « Je suis étonné, [m]esser Dante, qu'un homme de votre mérite n'ait point l'art [d]e captiver les cœurs ; tandis que le fou même de ma cour a [ga]gné la bienveillance universelle. — Vous en seriez moins [ét]onné, répondit le poëte, si vous saviez combien ce qu'on [n]omme amitié et bienveillance dépend de la sympathie et des [r]apports. »

Les différents ouvrages qui nous restent de lui * attes[te]nt partout la mâle hardiesse de son génie. On sait avec [q]uelle vigueur il a plaidé la cause des rois contre les [p]apes, dans son *Traité de la monarchie*, et même dans [s]es poëmes. On trouve, par exemple, ces vers sur l'union

---

* En voici la liste : *Canzoni, Sonnetti, Vita nuova, Convivio, Egloghe [E]pistole, Versi heroici, Allegoria sopra Virgilio (de vulgari Eloquentia, [d]e Monarchia)*, et la *Divina Comedia*.

du pouvoir spirituel et temporel, au XVI° chant du *Purgatoire* :

> De la terre et du ciel les intérêts divers
> Avaient donné longtemps deux chefs à l'univers;
> Rome alors florissait dans une paix profonde,
> Deux soleils éclairaient cette reine du monde :
> Mais sa gloire a passé quand l'absolu pouvoir
> A mis aux mêmes mains le sceptre et l'encensoir *

Partout ce poëte a heurté les préjugés de son temps; et ce temps est un des plus malheureux que l'histoire nous présente. Les violences scandaleuses des papes, les disgrâces et la fin de la maison de Souabe, les crimes de Mainfroi, les cruautés de Charles d'Anjou, les funestes croisades de saint Louis et sa fin déplorable, la terreur des armes musulmanes, plus encore les calamités de l'Italie, désolée par les guerres civiles et les barbaries des tyrans; enfin les alarmes religieuses, l'ignorance et le faible de tous les esprits qui aimaient à se consterner pour des prédictions d'astrologie : voilà les traits qui donnent à ces temps une physionomie qui les distingue.

Quoique le génie n'attende pas des époques pour éclore, supposons cependant que, dans un siècle effrayé par tant de

---

* Il fait ailleurs une vive apostrophe à l'empereur, qu'il appelle *César tudesque*, le conjurant de ne pas oublier son Italie, le *jardin de l'Empire*, pour les glaçons de l'Autriche, et l'invitant à venir enfourcher les arçons de cette belle monture qui attend son maître depuis si longtemps.

Si l'empereur avait montré au pape, dans leur entrevue à Vienne, cette invitation du poëte italien, je ne vois pas ce que le pontife aurait pu répondre; car le Dante connaissait fort bien les droits du sacerdoce et de l'Empire, et on ne doute point à Rome qu'il n'y ait encore plus de théologie que de poésie dans la *Divina Comedia*.

catastrophes, et dans le pays même théâtre de tant de discordes, il se rencontre un homme de génie qui, s'élevant au milieu des orages, parvienne au gouvernement de sa patrie; qu'ensuite, exilé par des citoyens ingrats, il soit réduit à traîner une vie errante et à mendier les secours de quelques petits souverains : il est évident que les malheurs de son siècle et ses propres infortunes feront sur lui des impressions profondes, et le disposeront à des conceptions mélancoliques ou terribles.

Tel fut le Dante, qui conçut dans l'exil son poëme de l'*Enfer*, du *Purgatoire* et du *Paradis*, embrassant dans son plan les trois règnes de la vie future, et s'attirant toute l'attention d'un siècle où on ne parlait que du jugement dernier, de la fin de ce monde, et de l'avénement d'un autre.

Il y a deux grands acteurs dans ce poëme : Béatrix, cette maîtresse tant pleurée qui lui doit montrer le paradis, et Virgile, son poëte par excellence, qui doit le guider aux enfers et au purgatoire.

Il descend donc aux enfers sur les pas de Virgile pour s'y entretenir avec les ombres des papes, des empereurs et des autres personnages du temps, sur les malheurs de l'Italie et particulièrement de Florence : ce n'est qu'en passant qu'il touche aux questions sur la vie future dont le monde s'occupait alors.

Comme il savait tout ce qu'on pouvait savoir de son temps, il met à profit les erreurs de la géographie, de l'astronomie et de la physique; et le triple théâtre de son poëme se trouve construit avec une intelligence et une économie admirables. D'abord la terre, creusée jusque dans son centre, offre dix grandes enceintes qui sont toutes concentriques. Il n'est point de crime qui soit oublié dans la distribution des supplices que le poëte rencontre d'un cercle à un autre : souvent une enceinte est partagée en différents donjons, mais toujours avec une telle suite dans la gradation des crimes et des peines, que Montesquieu n'a pas trouvé d'autres divisions pour son *Esprit des Lois*.

Il faut observer que, dans cette immense spirale, les cercles vont en diminuant de grandeur, et les peines en augmentant de rigueur, jusqu'à ce qu'on rencontre Lucifer garrotté au centre du globe, et servant de clef à la voûte de l'enfer. Observons encore ici qu'une spirale et des cercles sont une de ces idées simples, avec lesquelles on obtient aisément une éternité ; l'imagination n'y perd jamais de vue les coupables, et s'y effraye davantage de l'uniformité de chaque supplice : un local varié et des théâtres différents auraient été une invention moins heureuse.

Le Dante et son guide sortent ensemble des ténèbres et des flammes de l'abîme par des routes fort étroites ; mais ils ont à peine passé le point central de la terre qu'ils tournent transversalement sur eux-mêmes ; et, la tête se trouvant où étaient les pieds, ils montent au lieu de descendre. Arrivés à l'hémisphère qui répond au nôtre, ils découvrent un nouveau ciel et d'autres étoiles. Le poëte profite de l'idée où on était alors qu'il n'y avait pas d'antipodes, pour y placer le purgatoire.

C'est une colline dont le sommet se perd dans le ciel, et qui peut avoir en hauteur ce qu'a l'enfer en profondeur. Les deux poëtes s'élèvent de division en division et de clartés en clartés, trouvant sans cesse des punitions qui deviennent toujours plus légères. Le lecteur s'élève et respire avec eux : il entend partout le langage consolant de l'espérance, et ce langage se sent de plus en plus du voisinage des cieux. La colline est enfin couronnée par le paradis terrestre : c'est là que Béatrix paraît, et que Virgile abandonne le Dante.

Alors il monte avec elle de sphère en sphère, de vertus en vertus, par toutes les nuances du bonheur et de la gloire, jusque dans les splendeurs du ciel empyrée, et Béatrix l'introduit au pied du trône de l'Éternel.

Étrange et admirable entreprise ! Remonter du dernier gouffre des enfers jusqu'au sublime sanctuaire des cieux; embrasser la double hiérarchie des vices et des vertus, l'extrême misère et la suprême félicité, le temps et l'éternité; peindre à la fois l'ange et l'homme, l'auteur de tout mal, et le saint des saints ! Aussi on ne peut se figurer la sensation prodigieuse que fit sur toute l'Italie ce poëme national, rempli de hardiesses contre les papes, d'allusions aux événements récents et aux questions qui agitaient les esprits ; écrit d'ailleurs dans une langue au berceau, qui prenait entre les mains du Dante une fierté qu'elle n'eut plus après lui, et qu'on ne lui connaissait pas avant. L'effet qu'il produisit fut tel, que, lorsque son langage rude et original ne fut presque plus entendu et qu'on eut perdu la clef des allusions, sa grande réputation ne laissa pas de s'étendre dans un espace de cinq cents ans, comme ces fortes commotions dont l'ébranlement se propage à d'immenses distances.

L'Italie donna le nom de *divin* à ce poëme et à son auteur; et, quoiqu'on l'eût laissé mourir en exil, cependant ses amis et ses nombreux admirateurs eurent assez de crédit, sept à huit ans après sa mort, pour faire condamner le poëte Ceccho d'Ascoli à être brûlé publiquement à Florence, sous prétexte de magie et d'hérésie, mais réellement parce qu'il avait osé critiquer le Dante. Sa patrie lui éleva des monuments, et envoya, par décret du sénat, une députation à un de ses petits-fils, qui refusa d'entrer dans la maison et les biens de son aïeul. Trois papes ont depuis accepté la dédicace de la *Divina Comedia*, et on a fondé des chaires pour expliquer les oracles de cette obscure divinité *.

---

* Le Dante n'a pas donné le nom de comédie aux trois grandes parties de son poëme, parce qu'il finit d'une manière heureuse, ayant le paradis

Les longs commentaires n'ont pas éclairci les difficultés, la foule des commentateurs n'ayant vu partout que la théologie : mais ils auraient dû voir aussi la mythologie, car le poëte les a mêlées. Ils veulent tous absolument que le Dante soit la *partie animale*, ou les sens ; Virgile, la *philosophie morale*, ou la simple raison, et Béatrix la *lumière révélée*, ou la théologie. Ainsi l'homme grossier, représenté par le Dante, après s'être égaré dans une forêt obscure, qui signifie, suivant eux, les orages de la jeunesse, est ramené par la raison à la connaissance des vices et des peines qu'ils méritent, c'est-à-dire aux enfers et au purgatoire ; mais, quand il se présente aux portes du ciel, Béatrix se montre et Virgile disparaît. C'est la raison qui fuit devant la théologie.

Il est difficile de se figurer qu'on puisse faire un beau poëme avec de telles idées ; et, ce qui doit nous mettre en garde contre ces sortes d'explications, c'est qu'il n'est rien qu'on ne puisse plier sous l'allégorie avec plus ou moins de bonheur. On n'a qu'à voir celle que le Tasse a lui-même trouvée dans sa *Jérusalem*.

Mais il est temps de nous occuper du poëme de l'*Enfer* en particulier, de son coloris, de ses beautés et de ses défauts.

pour dénoûment, ainsi que l'ont cru les commentateurs, mais parce qu'ayant honoré l'*Énéide* du nom d'*alta Tragedia*, il a voulu prendre un titre plus humble, qui convînt mieux au style qu'il emploie, si différent en effet de celui de son maître.

DU POËME DE L'ENFER

Au temps où le Dante écrivit, la littérature se réduisait, en France comme en Espagne, aux petites poésies des troubadours. En Italie, on ne faisait rien d'important dans la langue du peuple; tout s'écrivait en latin. Mais le Dante, ayant à construire son monde idéal, et voulant peindre pour son siècle et sa nation, prit ses matériaux où il les trouva : il fit parler une langue qui avait bégayé jusqu'alors, et les mots extraordinaires qu'il créait au besoin n'ont servi qu'à lui seul. Voilà une des causes de son obscurité. D'ailleurs, il n'est point de poëte qui tende plus de piéges à son traducteur : c'est presque toujours des bizarreries, des énigmes ou des horreurs qu'il lui propose : il entasse les comparaisons les plus dégoûtantes, les allusions, les termes de l'école et les expressions les plus basses; rien ne lui paraît méprisable, et la langue française, chaste et timorée, s'effarouche à chaque phrase. Le traducteur a sans cesse à lutter contre un style affamé de poésie, qui est riche et point délicat, et qui, dans cinq ou six tirades, épuise ses ressources et lui dessèche ses palettes. Quel parti donc prendre? Celui de ménager ses couleurs; car il s'agit d'en fournir aux dessins les plus fiers qui aient été tracés de main d'homme; et, lorsqu'on est pauvre et délicat, il convient d'être sobre. Il faut surtout varier ses inversions : le Dante dessine quelquefois l'attitude de ses personnages par la coupe de ses phrases; il a des brusqueries de style qui produisent de grands effets; et souvent, dans la peinture de ses supplices, il emploie une fatigue de mots qui rend merveilleusement celle des tourmentés. L'imagination passe toujours de la surprise que lui cause la description d'une chose incroyable à l'effroi que lui donne nécessairement la vérité du tableau : il arrive de là que ce monde visible ayant fourni au poëte assez d'images pour peindre son monde idéal, il conduit et ramène sans cesse le lecteur de l'un à l'autre; et ce mélange d'événements si invraisemblables et de couleurs si vraies fait toute la magie de son poëme.

Le Dante a versifié par tercets, ou à rimes triplées; et c'est de tous les poëtes celui qui, pour mieux porter le joug, s'est permis le plus d'expressions impropres et bizarres; mais aussi, quand il est beau, rien ne lui est comparable. Son vers se tient debout par la seule force du substantif et du verbe sans le concours d'une seule épithète.

Si les comparaisons et les tortures que le Dante imagine sont quelquefois horribles, elles ont toujours un côté ingénieux, et chaque supplice est pris dans la nature du crime qu'il punit. Quant à ses idées les plus bizarres, elles offrent aussi je ne sais quoi de grand et de rare qui étonne et attache le lecteur. Son dialogue est souvent plein de vigueur et de naturel, et tous ses personnages sont fièrement dessinés. La plupart de ses peintures ont encore aujourd'hui la force de l'antique et la fraîcheur du moderne, et peuvent être comparées à ces tableaux d'un coloris sombre et effrayant qui sortaient des ateliers des Michel-Ange et des Carrache, et donnaient à des sujets empruntés de la religion une sublimité qui parlait à tous les yeux.

Il est vrai que, dans cette immense galerie de supplices, on ne rencontre pas assez d'épisodes; et, malgré la brièveté des chants, qui sont comme des repos placés de très-près, le lecteur le plus intrépide ne peut échapper à la fatigue. C'est le vice fondamental du poëme.

Enfin, du mélange de ses beautés et de ses défauts, il résulte un poëme qui ne ressemble à rien de ce qu'on a vu, et qui laisse dans l'âme une impression durable. On se demande, après l'avoir lu, comment un homme a pu trouver dans son imagination tant de supplices différents, qu'il semble avoir épuisé les ressources de la vengeance divine; comment il a pu, dans une langue naissante, les peindre avec des couleurs si chaudes et si vraies, et, dans une carrière de trente-quatre chants, se tenir sans cesse la tête courbée dans les enfers.

Au reste, ce poëme ne pouvait paraître dans des circonstances plus malheureuses : nous sommes trop près ou trop loin de son sujet. Le Dante parlait à des esprits religieux, pour qui ses paroles étaient des paroles de vie, et qui l'entendaient à demi-mot; mais il semble qu'aujourd'hui on ne puisse plus traiter les grands sujets mystiques d'une manière sérieuse. Si jamais, ce qu'il n'est pas permis de croire, notre théologie devenait une langue morte, et s'il arrivait qu'elle obtînt, comme la mythologie, les honneurs de l'antique, alors le Dante inspirerait une autre espèce d'intérêt : son poëme s'élèverait comme un grand monument au milieu des ruines des littératures et des religions; il serait plus facile à cette postérité reculée de s'accommoder des peintures sérieuses du poëte et de se pénétrer de la véritable terreur de son enfer ; on se ferait chrétien avec le Dante, comme on se fait païen avec Homère.

PETIT ALMANACH
DES GRANDS HOMMES

Depuis longtemps Paris était inondé par un déluge d'écrivassiers dans tous les genres : il en pleuvait de tous les coins les plus obscurs des provinces. Les vers surtout fourmillaient d'une manière incroyable. Depuis la présidente R..., au Marais, jusqu'à madame Moreau, artiste en robes, rue Honoré, il n'y avait pas un quartier qui n'eût ses deux, quelquefois jusqu'à ses trois bureaux de bel esprit. Chez madame Moreau, on jouait la comédie comme chez Charpentier, cordonnier, rue du Roi-de-Sicile, sans que pourtant il y eût chez l'une un théâtre aussi magnifique que chez l'autre : c'était enfin une fureur que le bel esprit ; et, en vérité, rien n'était plus innocent : c'était le pur amour de la gloire qui animait tous ces apprentis auteurs. Jamais aucun intérêt sordide ne souilla leur âme ; aucun d'eux n'avait même l'espoir que la présidente ou madame Moreau lui donnassent, comme autrefois madame de Tencin à ses fidèles, une culotte de velours pour étrennes le premier jour de l'an. A la vérité, nos jeunes littérateurs n'avaient ni l'importance des académiciens de madame Geoffrin, ni les mêmes nécessités ; et cela se conçoit facilement par la différence des âges, ainsi que par celle des temps.

Tant de travaux académiques se seraient trouvés enfouis s'ils eussent toujours été concentrés dans les petites coteries, quelque nombreuses qu'elles fussent. Il fallut donc des répertoires publics où chacun pût, à loisir et à son gré, admirer le goût du temps. De là tant de recueils soi-disant littéraires, et par suite, des milliers de juges et des milliers d'auteurs.

Toutes ces réunions d'amants de la gloire et des muses étaient, à la vérité, bien innocentes : il est vrai qu'on trouvait parmi eux quelques apprentis philosophes ; mais c'était la faute seule de l'époque du siècle, de laquelle elles aspiraient l'esprit, pour ainsi dire, avec l'air atmosphérique, tout en commençant à bégayer soit des vers, soit de la prose. Comme des enfants mal élevés, ils prirent, sans s'en douter, tous les travers, tous les vices des maîtres si dangereux qu'ils s'étaient choisis, et ne surent ou ne purent ni s'approprier leur charme, ni se parer de leurs grâces. C'est ainsi qu'on vit pendant longtemps (toutefois en ne citant ici que l'élite de la littérature toute moderne) le philosophe la Harpe entre autres vouloir singer Voltaire : il n'y eut pas même jusqu'à M. Fariot, dit *de Saint-Ange*, qui n'ajoutât ce même ridicule à celui de parler aussi sans cesse, quelque jeune qu'il fût alors, de sa mauvaise santé, et tous les autres petits poëtes ou prosateurs prirent, selon leur complexion littéraire, plus ou moins le ton du jour.

Quoi qu'il en soit, tous ces *clubs* littéraires (*littéraires* soit), toutes ces émissions innombrables de pièces au public, en vers ou en prose, sentimentales, philosophiques même, toutes plus ou moins dépourvues d'esprit et de raison, sans une étincelle de génie comme sans invention, enfin tous ces petits cercles littéraires tuaient aveuglément la littérature, le bon goût et les beaux-arts, ou, ce qui revient au même, les étouffaient sous l'ivraie. Ce débordement de faux bel esprit, s'étant creusé un lit, y devint torrent : ce torrent acquit de l'impétuosité ; il lui fallait pour le moins une digue. Rivarol entreprit davantage : ce fut le desséchement de ces eaux malsaines, comme on eût entrepris celui d'un marais fangeux, et, en 1788, il fit paraître le *Petit Almanach de nos grands hommes*, avec cette épigraphe, tirée et traduite du Dante, quatrième chapitre de l'*Enfer :*

> Quelle est cette foule d'esprits que la gloire distingue des autres enfants des hommes?

Mais, tout en maniant avec son adresse et sa grâce ordinaire cette arme du ridicule, le critique ne cesse point d'être juste, et il ne met pas plus d'importance à la fonction dont il se charge que n'en méritent les sujets eux-mêmes.

Il débute par une Épître dédicatoire à M. de Caihava de Lestandoux, président du grand musée de Paris.

« Ce n'est pas sans la plus vive satisfaction que nous vous dédions cet Almanach de tous les grands hommes qui fleurissent dans les musées depuis leur fondation jusqu'à l'an de grâce 1788. Combien d'hommages n'en avez-vous pas reçus, soit en vers, soit en prose! Car vous n'êtes pas comme les rois de la terre, qui n'exigent de leurs sujets que des tributs pécuniaires ; votre trésor ne s'emplit que d'opuscules légers, de pièces fugitives, d'impromptu et de chansons, et la plus grosse monnaie de votre empire n'a jamais passé l'épître dédicatoire ; mais, sans nous, tous ces monuments de leur amour pour le musée et de leur goût pour les lettres périraient sans retour, et l'on verrait tant de fleurs se faner sur vos autels !

« Si l'Almanach royal, *seul livre où la vérité se trouve*, donne la plus haute idée des ressources d'un État qui peut supporter tant de charges, croit-on que notre Almanach puisse être indifférent à votre gloire et à celle de la nation, quand on y trouve qu'un président de musée peut prélever plus de cent mille vers par an sur la jeunesse française, et marcher, dans la capitale, à la tête de cinq ou six cents poëtes?

« Notre Almanach sera pour eux le livre de vie, puisque l'homme le plus inconnu y recevra de nous un brevet d'immortalité. *Il y a*, dit-on, *des chemins connus pour arriver à l'Académie, mais on n'en connaît pas pour échapper au musée.* Ceci peut s'appliquer à notre Almanach : nous ferons au plus modeste une douce violence, et l'on ne verra plus tant d'écrivains exposés à ce cruel oubli qui les gêne de leur vivant, ou à ces équivoques plus outrageantes encore qui fait qu'on les prend sans cesse l'un pour l'autre. Feu Voltaire, dont vous avez peut-être ouï parler, disait toujours : « L'abbé Suard et M. Arnaud ; » et on avait beau lui représenter qu'il fallait dire : « M. Suard et l'abbé « Arnaud, » le vieillard s'obstinait et ne voulait pas changer les étiquettes, ni déranger pour eux une case de son cerveau. Notre Almanach eût prévenu ce scandale; car, sans doute, l'auteur du *Pauvre Diable* nous aurait souvent consulté. »

Cette épître, d'un excellent ton, et parfaitement conforme au sujet, en donne déjà l'esprit et en explique le motif. Mais c'est dans la préface surtout que l'auteur a versé, pour ainsi dire, à pleines mains le sel attique ; elle est ainsi conçue :

« Il y a, parmi les gens du monde, certaines personnes qui doivent tout le bonheur de leur vie à leur réputation de gens d'esprit, et toute leur réputation à leur paresse; toujours spectateurs et jamais auteurs, lisant sans cesse et n'écrivant jamais, censeurs de tout et dispensés de rien produire, ils deviennent des juges très-redoutables, mais ils manquent un peu de générosité. C'est sans doute un terrible avantage que de n'avoir rien fait; mais il ne faut pas en abuser.

« J'écoutais l'autre jour la conversation de trois ou quatre de ces personnes, qui, lasses de parler du siècle de Louis XIV et du siècle présent, de tenir la balance entre Corneille et Racine, entre Rousseau et Montesquieu, descendirent tout à coup de ces hauteurs, et pénétrèrent dans les plus petits recoins de la république des lettres. On s'échauffa, et, les auteurs dont on parlait devenant toujours plus imperceptibles, on finit par faire des paris. « Je gage, « dit l'un, que je pourrai vous citer tel ouvrage et tel écri- « vain dont vous n'avez jamais ouï parler. — Je vous le « rendrai bien, » répondit l'autre. Et, en effet, ces messieurs, se mettant à disputer de petitesse et d'obscurité, on vit paraître sur la scène une armée de Lilliputiens : « Mérard de Saint-Just, Santerre de Magny, Laus de Boissy, « criait l'un. — Joli de Saint-Just, Pons de Verdun, Re- « gnault de Beaucaron, » criait l'autre. Ginguené par-ci, Moutonnet par-là, Briquet, Braquet, Maribarou, Mony-Quitaine, et puis Grouvelle, et puis Berquin, et puis Panis, et puis Fallet. C'était une rage, un torrent : tout le monde était partagé, car ces messieurs paraissaient avoir une artillerie bien montée, et, soit en opposant, soit en accouplant les petits auteurs, ils les balançaient assez bien, et ne se jetaient guère à la tête que des boulets d'un calibre égal; de sorte que, de citations en citations, tant d'auteurs exigus auraient fini par échapper aux prises de l'auditeur le plus attentif, si l'assemblée n'avait mieux aimé croire que ces messieurs plaisantaient et n'alléguaient que des noms sans réalité. Mais les deux antagonistes, choqués de cette opinion, se rallièrent et se mirent à parler contre l'assemblée : « Oui, « messieurs, je vous soutiens qu'il existe un écrivain nommé « M. Levrier de Champrion ; un autre qui s'appelle Delor« mel de la Rotière ; un autre, Gabiot de Salin ; un autre, « le Bastier de Doyencourt ; un autre, Doigny du Ponceau ; « un autre, Philipon de la Madelaine. Et, si vous me pous« sez, je vous citerai M. Groubert de Groubental, M. Fe« nouillot de Falbaire de Quingei, et M. Thomas Minau de la Mistringue. » A ces mots, on éclata de rire ; mais le discoureur sortit de sa poche trois opuscules, l'un sur la finance, l'autre sur l'impôt, et l'autre sur le drame, qui prouvaient bien que MM. Groubert de Groubental, Fenouillot de Falbaire de Quingei et Thomas Minau de la Mistringue n'étaient pas des êtres de raison.

« Pour moi, auditeur bénévole, frappé de la riche nomenclature de tant d'écrivains inconnus, je ne pus me défendre d'une réflexion que je communiquai à mes voisins, et qui, gagnant de proche en proche, fit bientôt changer l'état de la question. N'est-ce pas, leur dis-je, une chose bien étrange et bien humiliante pour l'esprit humain que de ne citer qu'une douzaine, tout au plus, de grands écrivains dans les siècles les plus brillants, tels que ceux d'Alexandre, d'Auguste, des Médicis ou de Louis XIV ? N'est-ce pas donner à la nature, je ne sais quel air d'avarice ou d'indigence ? Le peuple, qui n'entend nommer que cinq ou six grands hommes par siècle, est tenté de croire que la Providence n'est qu'une marâtre ; tandis que si on proclamait le nom de tout ce qui écrit, on ne verrait plus dans elle qu'une mère inépuisable et tendre, toujours quitte envers nous, soit par la qualité, soit par la quantité; et, si j'écrivais l'histoire naturelle, croyez-vous que je ne citerais que les éléphants, les rhinocéros et les baleines? Non, messieurs, je descendrais avec plaisir de ces colosses imposants aux plus petits animalcules, et vous sentiriez s'accroître et s'attendrir votre admiration pour la nature quand j'arriverais avec vous à cette foule innombrable de familles, de tribus, de nations, de républiques et d'empires cachés sous un brin d'herbe.

« C'est donc faute d'avoir fait une si heureuse observation que l'histoire de l'esprit humain n'offre, dans sa mesquine perspective, que d'arides déserts où s'élèvent, à de grandes distances, quelques bustes outragés par le temps et consacrés par l'envie, qui les oppose sans cesse aux grands hommes naissants, et les représente toujours isolés, comme si la nature n'avait pas fait croître autour d'Euripide, de Sophocle et d'Homère, princes de la tragédie et de l'épopée, une foule de petits poëtes, qui vivaient frugalement de la charade et du madrigal; ainsi qu'elle fait monter la mousse et le lierre autour des chênes et des ormeaux, ou, comme dans l'Écriture sainte, on voit, après les grands prophètes, paraître à leur tour les petits prophètes? Ne doit-on pas frémir, quand on songe que, sans une légère attention de la part de Virgile et d'Horace, Bavius et Mœvius seraient inconnus, et que, sans Molière et Boileau, on ignorerait l'existence de Perrin, de Linière et de quelques autres? Enfin, que ne dirai-je pas des soins que s'est donné l'infatigable Voltaire pour déterrer et pour classer dans ses œuvres ses plus petits contemporains! Il est temps de corriger une telle injustice; et, pour n'être plus exposés à des pertes si douloureuses, je pense qu'il faudrait, par un répertoire exact de tous les hommes qui pullulent dans notre littérature, depuis l'énigme jusqu'à l'acrostiche, depuis la charade jusqu'au quatrain, et du distique jusqu'au bouquet à Iris, justifier la nature ; et, disputant tant de noms à l'oubli, montrer à la fois nos trésors et sa magnificence.

« L'assemblée goûta cet honnête projet, et nous résolûmes d'élever, à frais communs, un monument à l'honneur de tous les écrivains inconnus, c'est-à-dire de ceux qui ne sont jamais sortis de nos petits recueils. On convint de donner à ce monument le nom de *Petit Almanach de nos grands hommes*, afin de les venger, par cette épithète, de la manie de ceux qui ne jugent d'un homme que sur l'importance de ses ouvrages ; car j'avoue, en mon particulier, que j'estime autant celui qui n'a fait en sa vie qu'un bilboquet d'ivoire que Phidias élevant son Jupiter Olympien, ou Pigale sculptant le maréchal de Saxe : *In tenui labor*.

« Cet Almanach paraîtra chaque année ; et, afin que la nation puisse juger de notre exactitude, le rédacteur, armé d'un microscope, parcourra les recueils les moins connus, les musées les plus cachés et les sociétés les plus obscures de Paris : nous nous flattons que rien ne lui échappera. On invite tout homme qui aura laissé tomber son nom au bas du moindre couplet, soit dans les journaux de Paris, soit dans les affiches de province, à nous envoyer des renseignements certains sur sa personne ; nous recevrons tout avec reconnaissance ; et, selon notre plan, les articles les plus longs seront consacrés à ceux qui auront le moins écrit. Un vers, un seul hémistiche suffira, pourvu qu'il soit signé ; un compliment, un placet, un mot, seront de grands titres à nos yeux. C'est ainsi que M. d'Aquin de Château-Lion est parvenu à faire de ses *Étrennes d'Apollon* l'ouvrage le plus important qui existe. Mais nous nous flattons de le surpasser bientôt, et de faire pour lui ce que sa modestie ne lui a pas permis, et ce que, vraisemblablement, il ne pourra nous rendre, en lui donnant une place très-honorable dans notre Almanach.

« Au reste, les vétérans de la petite littérature, tels que M. le comte de la Touraille, Caron de Beaumarchais, Blin de Saint-Maur, d'Arnaud de Baculard, etc., nous pardonneront s'ils ne se trouvent, pour ainsi dire, traités qu'en passant dans notre Almanach, et, si de jeunes inconnus obtiennent des préférences marquées. Ce n'est pas que nous ayons prétendu manquer à ce que nous devons aux premiers en affichant notre prédilection pour les autres; mais nous avons cru qu'il était bien juste d'encourager ces jeunes gens plongés dans les eaux de l'oubli, d'où les autres se sont un peu dégagés, non par leurs œuvres, mais par leur âge; car on sait qu'à force de signer périodiquement son nom, de journal en journal, et d'envoyer au *Mercure* des certificats de vie, on finit par dompter le public; mais on perd de ses droits à notre Almanach. »

Par cet Almanach, Rivarol acquit beaucoup de célébrité; son style, sa gaieté, son atticisme, mirent tous les rieurs de son côté. L'ouvrage malin fut recherché dans sa nouveauté; il l'est encore par tous les amateurs de la bonne plaisanterie. Pour l'apprécier, il faut le citer encore.

« BERQUIN. — Après avoir été le poète des nourrices, a voulu devenir le philosophe de l'enfance, et s'est intitulé l'*Ami des Enfants*. L'Allemagne lui a fourni cet ouvrage périodique dont il nous a fait présent. Cette traduction lui a valu toute notre reconnaissance; mais elle nous a coûté un poëme épique dont M. Berquin était fort capable; et c'est trop cher.

« CARRA. — Un des plus colériques et des plus éloquents orateurs de ce siècle. Après avoir écrit quinze ou seize volumes de physique sur l'*Atome*, l'*Apatome* et l'*Exatome*, que tout le monde sait par cœur, il n'a pas dédaigné de tomber sur M. de Calonne. Armé de tous les foudres de l'éloquence, il a porté le dernier coup au lion mourant. Telle est en général la méthode des physiciens qui écrivent sur les affaires civiles ou politiques; accoutumés au calme et au bel ordre qui règne dans la nature, ils veulent introduire parmi les hommes la police qui dirige les astres. Mais M. Carra, qui frappe toujours juste, a, cette fois, frappé trop fort.

« Didot fils. — C'est un prodige en littérature, et un prodige effrayant pour ses rivaux. Ce jeune homme fait plus de livres que M. son père n'en peut imprimer. Le recueil de ses Fables empêchera la vente du beau la Fontaine, qu'on nous a promis; mais on ne peut tout avoir.

« Duchozal. — Il nous semble que tout Paris a reconnu Horace et Juvénal dans cet illustre avocat; mais, en ressuscitant ces deux anciens, il nous a tué deux modernes.

« Duhaussy de Robécourt. — La chanson des pommes cuites sera un jour mise à sa place; en voici le refrain :

> Et je voudrais, pour tout potage,
> Des pommes cuites avec vous.

« Fabre d'Églantine. — On affecte de trouver M. Fabre d'Églantine plus grand dans le couplet que sur nos théâtres, ce qui est injuste. Et comment s'y prendrait-on, s'il n'eût pas fait des romances? Il faudrait bien que l'admiration tombât sur ses drames.

Fenouillot de Falbaire de Quingei. — Ce grand homme est depuis quarante ans le soutien des recueils et des théâtres. Son nom commande le *respect*, selon l'expression d'un de nos journalistes. Nous ne parlerons pas davantage de ce patriarche littéraire.

« FRÉRON fils. — Ses Poésies fugitives ont un si prodigieux rapport avec celles de Voltaire, que nous ne doutons pas qu'en cette considération Voltaire ne se fût réconcilié avec M. Fréron père, et que celui-ci n'eût consenti à aimer le vieillard de Ferney en le voyant revivre dans son propre fils.

« GROUVELLE. — Un des plus profonds métaphysiciens en vers qui existent au dix-huitième siècle ayant conspiré, avec environ trois cents jeunes poëtes, à la gloire du prince Léopold de Brunswick, il fit une ode que nous méditons encore. Son caractère est aussi remarquable que son talent. Le jour où on donna pour la dernière fois la première représentation de sa pièce, l'*Épreuve délicate*, M. Grouvelle montra une gaieté qui charma ses amis, et dit des bons mots que ses ennemis retinrent. On travaille à une collection de ses œuvres, qui sera très-chère, à cause des recherches infinies qu'exige la moindre de ses pièces. Sa traduction en vers de la *Jérusalem délivrée* fera tomber, dit-on, celle de Leclerc et de M. de Montenclos.

« GUIDI (L'abbé). — Auteur du poëme sur l'*Ame des Bêtes*. Cet ouvrage, plein d'âme, vivra éternellement.

« LAUS DE BOISSY. — Écuyer, lieutenant particulier de la connétablie, rapporteur du point d'honneur, de l'académie des Arcades, du Musée, etc., etc. Tant de titres ne sont qu'une faible image de ceux qu'obtient chaque jour, en littérature, le grand écrivain dont nous rappelons ici le nom et la gloire. Ses comédies sont déjà en plusieurs volumes, ses petites pièces innombrables, ses morceaux de prose ne peuvent se rassembler qu'à grands frais et à force de temps. M. Laus de Boissy a rendu croyable tout ce que l'antiquité nous raconte de son héros favori, et que nous n'avons pu expliquer qu'en supposant qu'il y a eu plusieurs Hercules.

Nous nous engageons à donner un Almanach à celui qui pourra nous citer un recueil où ne se trouve pas M. Laus de Boissy.

« LUCE DE LANCIVAL. — Son poëme sur l'*Ascension de M. Charles* fut cause d'abord de tout le bruit que fit cet événement, et soutiendra dans la postérité le souvenir de la découverte des globes aérostatiques.

« LEGOUVÉ. — Ce jeune poëte, renonçant à tous les plaisirs et à toutes les illusions de son âge, ne respire que pour l'honneur des Almanachs et des Étrennes poétiques; aussi, grâce à sa vigilance, rien ne périclite dans la littérature légère.

« MAISONNEUVE. — Ce poëte tragique, connu déjà par une foule de quatrains, vient de concevoir un projet magnanime pour la gloire du Théâtre-Français. Ayant donné au public la tragédie de *Mustapha et Zéangir* sous une nouvelle forme, et voyant que son style plaisait beaucoup, il a porté sa bienveillance sur ce qu'on appelait jusqu'ici les chefs-d'œuvre de la scène, et a voulu nous débarrasser de cette ennuyeuse monotonie. C'est *Alzire* qu'il a d'abord attaqué. En portant son style sur cette pièce, il en a fait *Odnar et Zulna*, titre plus harmonieux que celui d'*Alzire*; et cela lui a si fort réussi, qu'il va nous donner successivement *Phèdre*, *Britannicus*, *Iphigénie* et *Cinna* sous d'autres titres. Nous ne saurions trop l'encourager dans une si haute entreprise, et nous le prions, en notre particulier, de vouloir bien aussi jeter ce style sur *Athalie*, et de finir par là le rajeunissement du théâtre français.

« PERROT. — Maître poëte et tailleur à Paris. Il donne dans la tragédie, et voici deux vers très-connus et très-pathétiques :

    Hélas! hélas! hélas! et quatre fois hélas!
    Il lui coupa le cou d'un coup de coutelas!

« M. Perrot fait aussi l'épître et la fugitive. Peu d'auteurs ont pris de si justes mesures, en parlant des hommes et des animaux : témoin les vers suivants :

> . . . . Mais, tandis qu'on le leurre,
> Le chat passe emportant une livre de beurre :
> Brusquement on se lève, on court après le chat,
> Qui, tout saisi d'effroi, se sauve et casse un plat.

« Piis (Antoine-Pierre-Auguste DE). — Secrétaire ordinaire de monseigneur le comte d'Artois, etc. Ce jeune poëte, tantôt avec M. Desprez, tantôt avec M. Reinier, tantôt avec M. Barré, tantôt avec son talent, tantôt seul, a conçu, corrigé ou enfanté près de mille pièces de théâtre. Son poëme sur l'*Harmonie des mots et des lettres* a mis le sceau à sa réputation. C'est là qu'on a vu le Q traînant sa queue et querellant tout bas, etc. M. de Piis est le premier poëte qui ait songé à donner un état fixe aux vingt-quatre lettres de l'alphabet.

« RATÉ. — *Chansons ! chansons !* Tel est l'aimable cri de M. Raté. On le trouve, on le chante partout ; il n'est point de journal, de recueil et d'almanach où la Gloire ne veuille écrire elle-même ce nom-là. Sa manière est tellement à lui, qu'on nomme ses couplets les *Ratés*, comme on appelle les *Augustins* tous les petits contes de M. Auguste de Piis.

« RIVAROL (Le comte DE). — Cet écrivain n'eût jamais brillé dans notre Almanach, et le jour de l'immortalité ne se fût jamais levé pour lui, si M. le marquis de Ximenès n'eût bien voulu, pour le tirer de son obscurité, l'aider puissamment d'une inscription en vers, destinée à parer le buste du roi. Voici quelques-uns de ces vers adressés au peintre, et qui terminent la pièce :

> . . . . Tu peins un jeune roi

> De qui la gloire sans seconde
> Est d'avoir en tous lieux fait respecter sa loi,
> Sans coûter une larme au monde.

« Cette petite inscription fit un bruit incroyable; le *Journal de Paris* s'en chargea, et c'est là que M. le marquis de Ximenès en donna l'investiture à M. de Rivarol, dont le nom, depuis cette époque, figure assez bien dans toute la littérature qu'on dit légère. Les *Étrennes d'Apollon*, l'ayant enregistrée dans la même année, achevèrent de donner à M. de Rivarol une gloire irrémédiable. Notre notice redressera sans doute le plagiat et l'erreur ; et, quoique ceci ne soit pas un vol, mais un don, il n'en restera pas moins que la délicatesse de l'un devait s'opposer à la générosité de l'autre. Mais quoi! la gloire est si douce! on en veut à tout prix, et quel homme ne se laisserait pas violer pour elle? On ne connaît sous le nom de M. de Rivarol que cette inscription.

« SAINT-ANGE (DE). — Tout glorieux que puisse être ce poëte du quatrain suivant :

> Rival d'Ovide, et saint! quel assemblage étrange!
> A l'heureux traducteur d'un tendre original
> Le nom de Saint paraît convenir assez mal;
> Mais ses vers ont prouvé qu'il a l'esprit d'un Ange!

« Tout fier donc que M. de Saint-Ange puisse être de ce quatrain, nous l'aurions exclu de ce recueil, si ses pièces fugitives ne nous eussent raccommodé avec lui, et n'avaient forcé notre sévérité à lui pardonner quelques morceaux de ses Métamorphoses, dans lesquels Ovide semble avoir gâté son ton et son allure naturelle, en lui faisant doubler le pas et hausser la voix. Au fond, il n'y a de coupable qu'Ovide, mais M. de Saint-Ange l'est pour la forme.

« Viéville (Marchand de la). — Auteur d'un millier de Fables qui n'ont encore instruit, charmé ou corrigé que quelques maisons particulières, où M. de la Viéville les lit assidûment. Ce poëte, à qui on reproche quelquefois sa gloire privée, et qu'on voudrait rendre à la nation, rejette la faute sur les libraires de Paris, qui s'obstinent de concert, et depuis dix ans, à ne pas imprimer son recueil. Voici le mot de cette conjuration : ce n'est pas que les libraires dédaignent M. de la Viéville, ils ne sont que trop sûrs de le vendre; mais ils tremblent pour la Fontaine, qui resterait dans leurs boutiques. Que M. de la Viéville cautionne la Fontaine ou en épuise toutes les éditions qui existent, et nous lui répondons d'une prompte impression. Voyez une de ses dernières fables qui commence par ces vers :

> Un magnifique Cerf-volant,
> Ne put maintenir sa corde,
> Avec sa concorde, etc.

« *N. B.* Les lettres X, Y, Z, se trouvent frappées de stérilité; la gloire, toujours soumise aux arrêts du hasard, ne fera rien pour elles, puisqu'elles n'ont rien fait pour nous. On peut les comparer à ces étoiles nébuleuses que les astronomes se contentent d'indiquer dans leurs catalogues. Il n'y a que M. de Piis qui ait pu faire quelque chose pour l'X, l'Y et le Z, dans son *Poëme de l'Harmonie;* c'est là qu'ils ont un rang et une existence :

> Renouvelé du Ξ, l'X, excitant la rixe,
> Laisse derrière lui l'Y grec, jugé prolixe,
> Et, mis, malgré son zèle, au même numéro,
> Le Z, usé par l'S, est réduit à zéro. »

LE DERNIER JOUR

DE LA

ROYAUTÉ EN FRANCE.

Imprimé dans le *Journal politique et national*, en 1790.

A Versailles, depuis trois heures du matin jusqu'à cinq et demie, rien ne transpire, et tout paraît enseveli dans la tranquille horreur de la nuit ; c'était pourtant un spectacle bien digne d'être observé que cette profonde sécurité de la famille royale, dormant sans défense au milieu d'une horde d'assassins renforcés de vingt mille soldats ; et cela, sur la parole d'un général qui avoue lui-même qu'il n'a conduit ou suivi son armée que de peur d'être pendu en place de Grève ! C'est pour la première fois peut-être qu'une si grande peur a inspiré une si grande confiance !

Il y eut néanmoins, dans cette nuit, quelques personnes qui

ne partagèrent point cette sécurité, et qu'un esprit de prévoyance empêcha de dormir. Une, surtout, pressée d'une secrète inquiétude, sortit de sa maison et monta au château. Ce témoin, digne de foi, vit que les postes étaient occupés par les anciens gardes françaises et par la milice de Versailles, mais qu'il n'y avait pas une sentinelle d'extraordinaire. Seulement il trouva, près de la cour de Marbre, un petit bossu, à cheval, qui se dit placé là par M. de la Fayette, et qui, sur les craintes que lui marquait notre témoin au sujet des brigands, ajouta qu'il répondait de tout; que les gens à piques et à bonnets pointus le connaissaient bien : « Mais, insista le témoin, puisque votre général est couché, et que le château est sans défense, comment ferait-on si on avait besoin de la garde nationale ? » Le bossu répondit : « Il ne peut y avoir du danger qu'au matin. » Ce propos était effrayant ; mais à qui le rendre ? Le témoin parcourut la place d'Armes et l'avenue de Paris, jusqu'à l'entrée de l'Assemblée nationale. Il vit, de proche en proche, de grands feux allumés, et, autour de ces feux, des groupes de brigands et de poissardes qui mangeaient et buvaient. La salle de l'Assemblée était absolument pleine d'hommes et de femmes. Quelques députés s'évertuaient dans la foule. La milice parisienne était dispersée dans tous les quartiers de la ville; les écuries, les cabarets, les cafés regorgeaient. Telle fut la situation de Versailles depuis trois heures du matin jusqu'à la naissance du jour.

Sur les six heures, les différents groupes de brigands, de poissardes et d'ouvriers se réunirent, et, après quelques mouvements, leur foule se porta rapidement vers l'hôtel des gardes du corps, en criant : *Tue les gardes du corps, point de quartier!* L'hôtel fut forcé en un moment. Les gardes, qui étaient en petit nombre, cherchèrent à s'échapper : on les poursuivit de tous côtés avec une rage inexprimable ; on en tua quelques-uns ; d'autres furent horriblement maltraités et s'enfuirent vers le château, où ils tombèrent entre les mains de la milice de Versailles et de celle de Paris ; quinze furent pris et conduits vers la grille, où on les retint, en attendant qu'on eût avisé au genre de leur supplice. Presque en même temps arriva le gros des brigands, hommes et femmes, qui avaient déjà pillé et dévasté l'hôtel ; ils se jetèrent dans toutes les cours du château, en présence de la milice de Paris, et sans que les sentinelles posées par M. de la Fayette fissent la moindre résistance ; pénétrèrent aussitôt, les uns par le grand escalier, et les autres par le côté de la chapelle, dans l'intérieur des salles, et forcèrent celle des Cent-Suisses ; mais auparavant ils égorgèrent deux gardes du corps qui étaient en sentinelle, l'un près de la grille, et l'autre sous la voûte. Leurs corps tout palpitants furent traînés sous les fenêtres du roi, où une espèce de monstre, armé d'une hache, portant une longue barbe et un bonnet d'une hauteur extraordinaire, leur coupa la tête. Ce sont ces deux mêmes têtes, étalées d'abord dans Versailles, qui ont été portées sur des piques devant le carrosse du roi, et promenées, le même jour et le lendemain, dans les rues de Paris.

Les assassins ayant donc pénétré dans la salle des Cent-Suisses, et tué un troisième garde du corps, sur le haut de l'escalier de marbre, demandent à grands cris la tête de la reine ; les horribles menaces et les hurlements de ces bêtes féroces retentissaient dans tout le château. Les gardes du corps forment une espèce de barricade dans leur salle, et se replient du côté de l'Œil-de-Bœuf : mais leur faible barricade est bientôt emportée, et on les poursuit de salle en salle. Ce garde, qui était en sentinelle à la porte de la reine, se défend héroïquement, et, avant de succomber, donne l'alarme par ses cris et par des coups redoublés à la porte de l'appartement. La reine, réveillée par ses femmes, saute hors du lit et s'enfuit en chemise, par un étroit et long balcon, qui borde les fenêtres des appartements intérieurs : elle arrive à une petite porte qui donne dans l'Œil-de-Bœuf, et, après avoir attendu, pendant cinq minutes, qu'on ouvrît cette porte, elle se sauve dans la chambre du roi. A peine avait-elle quitté son appartement, qu'une bande d'assassins, dont deux étaient habillés en femmes, entrent et pénètrent jusqu'à son lit, dont ils soulèvent les rideaux avec leurs piques. Furieux de ne pas la trouver, ils se rejettent dans la galerie, pour forcer l'Œil-de-Bœuf; et sans doute qu'ils auraient mis la France en deuil, s'ils n'avaient rencontré les grenadiers des anciens gardes françaises, qui remplissaient déjà cette antichambre, défendaient l'appartement du roi, et arboraient l'étendard des gardes du corps, afin de les dérober à la furie des bourreaux, soit en les faisant prisonniers, soit en les laissant passer dans la chambre de Louis XVI et dans celle du conseil, où ces infortunés étaient résolus de défendre le roi jusqu'à la dernière goutte de leur sang. Enfin, ces grenadiers, après avoir dégagé les gardes du corps, repoussent peu à peu la foule acharnée des brigands et des assassins, les forcent à descendre dans les cours, et s'emparent de tous les postes, afin de garantir le château d'une nouvelle invasion. Mais je dois dire la cause de cet heureux événement, qui, en sauvant la famille royale, épargna une tache éternelle au nom français, renversa l'édifice de la conspiration, et fit perdre aux factieux tout le fruit de leurs crimes.

Le marquis de la Fayette, arraché de son lit, au premier bruit de ce qui se passait, s'était brusquement jeté sur un cheval, et avait couru au château. Désespéré de son sommeil, de sa crédulité, de ses promesses et de toutes les sottises qui composaient sa vie depuis vingt-quatre heures, il se présente d'un air passionné aux grenadiers des gardes françaises, incorporés dans la milice parisienne, leur parle des dangers du roi et s'offre lui-même en victime. Les grenadiers émus volent au château sur les traces sanglantes du peuple et délivrent les gardes du corps, ainsi qu'on a vu, mais toujours en respectant les bandits et les assassins. Presque au même instant, M. de la Fayette aperçoit les quinze gardes sur le supplice desquels la populace délibérait : il y court, il harangue le peuple et gagne du temps. Une seconde troupe de grenadiers passait : « Grenadiers, leur cria-t-il, souffrirez-vous donc que de braves gens soient ainsi lâchement assassinés? Je les mets sous votre sauvegarde. Jurez-moi, foi de grenadiers, que vous ne souffrirez pas qu'on les assassine. » Les grenadiers le jurent, et mettent les gardes du corps au milieu d'eux. Mais plus loin la populace, chassée du château, furieuse et merveilleusement secondée par la milice de Versailles, avait arrêté quelques autres gardes et s'apprêtait à les égorger. Ce fut le désir de rendre leur exécution plus éclatante, en les massacrant sous les fenêtres du roi, qui les sauva. Un officier de la milice nationale de Paris en arracha huit d'entre les mains de cette troupe forcenée. Parmi les autres se trouvaient quelques brigadiers à cheveux blancs, dont ils étaient entourés : « Notre vie est entre vos mains, disaient-ils; vous pouvez nous égorger; mais vous ne l'abrégerez que de quelques instants, et nous ne mourrons pas déshonorés. » Cette courte harangue produisit une sorte de révolution dans les esprits. Un officier de la garde nationale, touché du noble discours et de l'air vénérable de ces militaires, saute au cou du plus âgé et s'écrie : « Nous n'égorgerons point de braves gens comme vous. » Son exemple est suivi par quelques officiers de la milice parisienne. Au même instant, le roi, instruit que ses gardes étaient si misérablement égorgés, ouvre lui-même ses fenêtres, se présente sur son balcon, et demande leur grâce au peuple. Les gardes du corps, réfugiés près de sa personne, voulant sauver leurs camarades, jettent du haut du balcon leurs ban-

doulières à ce même peuple, mettent bas les armes, et crient :
Vive la nation ! La démarche du roi et l'action de ses gardes
flattent et amollissent l'orgueil de ces tigres : des cris redoublés de *Vive le roi !* partent de toutes les cours et de toute
l'étendue de la place d'Armes. En un moment les victimes
qu'on allait massacrer sont fêtées, embrassées et portées en
tumulte sous les fenêtres du roi ; on invite ceux qui étaient
auprès de Sa Majesté à descendre ; ils descendent en effet et
partagent avec leurs compagnons les caresses bruyantes et les
tendres fureurs de cette populace, dont nous décrirons bientôt le barbare triomphe et les cruelles joies. Mais voyons auparavant ce qui se passait dans la chambre du roi.

La reine s'y était à peine réfugiée, que Monsieur, Madame
et madame Élisabeth vinrent y chercher un asile : un moment
après, arrivèrent les ministres et beaucoup de députés de la
noblesse, tous dans le plus grand désordre. On entendait les
voix des brigands mêlées au cliquetis des armes, et ce bruit
croissait de plus en plus. Bientôt les anciens grenadiers des
gardes françaises occupèrent l'Œil-de-Bœuf pour en défendre
l'entrée aux assassins ; mais on n'en fut guère plus rassuré.
Quelle foi pouvait-on ajouter à des soldats infidèles et corrompus ? Une belle action étonne plus qu'elle ne rassure quand
l'intention est suspecte. Aussi, tout n'était que pleurs et confusion autour de la reine et du roi. Les femmes de la reine
criaient et sanglotaient ; le garde des sceaux se désespérait ;
MM. de la Luzerne et Montmorin se voyaient tels qu'ils
étaient, sans courage et sans idées : le roi paraissait abattu ;
mais la reine, avec une fermeté noble et touchante, consolait
et encourageait tout le monde. Dans un coin du cabinet du
roi était M. Necker, plongé dans la plus profonde consternation, et c'est de toutes les figures du tableau celle qui doit
frapper le plus. « Était-ce donc là votre place, grand homme,
ministre irréprochable, ange tutélaire de la France ? Sortez,

idole du peuple ; montrez-vous à ces rebelles, à ces brigands, à ces monstres : exposez-leur cette tête qu'ils ont eux-mêmes chargée de tant de couronnes, essayez sur eux le pouvoir de votre popularité et le prestige de votre réputation : le roi et l'État n'ont que faire de vos larmes. » Jamais, en effet, M. Necker ne se disculpera de sa conduite en ce jour : s'il se fût présenté, on ne sait jusqu'à quel point il eût influé sur la multitude ; mais du moins on ne dirait pas aujourd'hui que M. Necker ne se montre que pour avoir des statues et des couronnes.

Le peuple, ayant fait grâce aux gardes du corps, ne perdait point de vue le principal objet de son entreprise, et demandait à grands cris que le roi vînt fixer son séjour à Paris. M. de la Fayette envoyait avis sur avis ; le roi, fatigué, sollicité, pressé de toutes parts, se rendit enfin, et donna sa parole qu'il partirait à midi. Cette promesse vola bientôt de bouche en bouche, et les acclamations du peuple, les coups de canon et le feu roulant de la mousqueterie y répondirent. Sa Majesté parut elle-même au balcon pour confirmer sa parole.

A cette seconde apparition, la joie des Parisiens ne connut plus de bornes, et se manifesta sous les formes les plus hideuses. On s'empara des gardes du corps auxquels on venait d'accorder la vie ; on leur arracha leur uniforme, et on leur fit endosser celui de la garde nationale. Ils furent réservés comme prisonniers, comme otages, comme ornements du triomphe des vainqueurs. Les deux milices de la capitale et de Versailles ne cessèrent, pendant quelques heures, de se donner des preuves mutuelles du bonheur le plus insultant pour le roi et pour la famille royale. L'espèce de monstre à bonnet pointu et à longue barbe, dont nous avons déjà fait la peinture, se promenait avec ostentation sur la place, montrant son visage et ses bras couverts du sang des gardes du corps et se plaignant qu'on l'eût fait venir à Versailles pour ne couper que deux têtes. Mais rien n'égala le délire inhumain des poissardes : trois d'entre elles s'assirent sur le cadavre d'un garde du corps, dont elles mangèrent le cheval dépecé et apprêté par leurs compagnes : les Parisiens dansaient autour de cet étrange festin. A leurs transports, à leurs mouvements, à leurs cris inarticulés et barbares, Louis XVI, qui les voyait de sa fenêtre, pouvait se croire le roi des cannibales et de tous les anthropophages du nouveau monde. Bientôt après, le peuple et les milices, pour ajouter à leur ivresse par un nouveau succès, demandèrent à voir la reine. Cette princesse, qui n'avait encore vécu que pour les gazettes ou la chronique, et qui vit maintenant pour l'histoire, parut au balcon avec M. le Dauphin et Madame Royale à ses côtés. Vingt mille voix lui crièrent : *Point d'enfants;* elle les fit rentrer et se montra seule. Alors son air de grandeur dans cet abaissement, et cette preuve de courage dans une obéissance si périlleuse, l'emportèrent, à force de surprise, sur la barbarie du peuple; elle fut applaudie universellement. Son génie redressa tout à coup l'instinct de la multitude égarée, et, s'il fallut à ses ennemis des crimes, des conjurations et de longues pratiques pour la faire assassiner, il ne lui fallut à elle qu'un moment pour se faire admirer. C'est ainsi que la reine tua l'opinion publique en exposant sa vie ; tandis que le roi ne conservait la sienne qu'aux dépens de son trône et de sa liberté.

L'austérité de ces annales ne permet pas qu'on dissimule ce qui avait armé l'opinion publique contre la reine ; Paris attend de nous que nous éclairions sa haine, et les provinces leur incertitude. Je sais qu'on ne craint pas d'être trop sévère envers les princes ; qu'il n'y a de la honte qu'à louer, et que les mensonges de la satire sont presque honorables pour un historien ; mais on a dit tant de mal de la reine qu'il nous serait possible de profiter de la lassitude générale pour en dire du bien, si un tel artifice n'était pas indigne de l'histoire.

Il faut d'abord convenir que la tendresse exclusive du roi pour la reine a excité contre elle une haine que les peuples n'ont ordinairement que pour les maîtresses. On sait qu'il est de bonnes mœurs en France que les reines soient consolées des infidélités de leurs époux par la malveillance publique contre les favorites. Jeune et sans expérience, la reine n'a point vu le danger de ses avantages ; elle a régné sur le roi comme une maîtresse, et l'a trop fait sentir aux peuples. De là ces bruits de prodigalités et de dons excessifs à sa famille, regardés comme la cause de la dette nationale ; bruits si absurdes, lorsqu'on pense à l'origine et à l'énormité de cette dette ; mais si la haine n'ose imaginer certaines calomnies, elle les emprunte et les rend à la sottise.

L'affaiblissement de l'étiquette est une autre source d'objections contre la reine. Par là, dit-on, elle a diminué la considération et le respect des peuples. Il est certain que cette princesse, toujours plus près de son sexe que de son rang, s'est trop livrée aux charmes de la vie privée. Les rois sont des acteurs condamnés à ne pas quitter le théâtre. Il ne faut pas qu'une reine, qui doit vivre et mourir sur un trône réel, veuille goûter de cet empire fictif et passager que les grâces et la beauté donnent aux femmes ordinaires, et qui en fait des reines d'un moment.

On reproche encore à la reine son goût pour les étoffes anglaises, si funeste à nos manufactures * ; et ce reproche n'est point injuste. Quand le ciel accorde à une nation industrieuse et galante une reine qui a les charmes de la taille et de la beauté, ce présent devient une richesse nationale. La France

---

* Comment les Parisiens, qui s'irritent contre le goût de la reine pour les marchandises anglaises, supportent-ils de sang-froid que l'Assemblée nationale n'ait pas encore voulu prêter l'oreille aux réclamations de tout notre commerce contre le traité avec l'Angleterre ?

se montra jalouse de la reine, et la reine n'y fut pas assez sensible.

On dit enfin, en manière de résultat, que *la conduite de la reine a été aussi fatale au roi que celle du roi à la monarchie*. Sans combattre une phrase qui plaît autant à la paresse de l'esprit qu'à la malignité du cœur, nous dirons qu'il n'est point de Français qui ne dût souhaiter au roi le caractère de la reine et à l'Assemblée nationale les bonnes intentions du roi. En un mot, la conduite de la reine, depuis qu'elle est abandonnée à elle-même, force l'histoire à rejeter ses fautes sur ceux qu'elle appelait *ses amis*.

Cependant les factieux, désespérés d'avoir manqué leur coup, et les démagogues, ravis de la dernière victoire du peuple, se donnaient de grands mouvements sur la place d'Armes. Ils faisaient circuler des listes de proscription dans les mains du peuple, et les plus honnêtes gens de l'Assemblée nationale n'y étaient point oubliés. On assure que M. le duc d'Orléans parut dans le salon d'Hercule au plus fort du tumulte, je veux dire entre six et sept heures du matin ; mais, s'il est vrai qu'il soit venu, son apparition fut courte *. Il sentit sans doute qu'il fallait profiter du crime, et non pas s'en charger. Ce qu'il y a de certain, c'est que ce prince, afin d'apprendre à chaque instant où en était l'entreprise, n'a pas quitté, pendant la nuit, la grande route de Passy à Versailles ; je ne crois pas que le marquis de la Fayette lui eût persuadé d'aller dormir ; et cependant M. le duc d'Orléans est de tous les hommes le moins propre aux fatigues et aux angoisses d'une conjuration : j'en appelle à tous ceux qui le connaissent. Épicurien, contempteur de l'opinion, plus fait aux cal-

---

* Le comité des recherches s'est trop occupé à effacer tous les vestiges de cette conspiration, pour qu'on puisse jamais parvenir à une clarté parfaite sur certains détails.

culs toujours sûrs de l'avarice qu'aux projets vagues de l'ambition, il s'est passé peu de jours, depuis la Révolution, où ce prince n'ait regretté ses plaisirs et son or.

On demandera peut-être quel était le plan de sa faction, et il est difficile de le dire avec quelque précision. On ne doute pas que les brigands et les poissardes n'aient eu le projet d'assassiner la reine ; mais y avait-il parmi tant d'assassins une main gagnée pour tuer le roi ? Voilà le problème. Pourrait-on dire en effet ce qui fût arrivé si les brigands eussent poursuivi et atteint la reine dans les bras du roi ? Et si la famille royale eût été massacrée, aurait-on pu arrêter le duc d'Orléans, secondé par une faction puissante à Paris et dans l'Assemblée nationale ? Ce prince eût été porté au delà même de ses espérances, car on n'eût pas hésité à déclarer M. le comte d'Artois et les autres princes fugitifs ennemis de l'État. Il paraît que la faction d'Orléans n'eut pas de plan bien déterminé ; elle voulut profiter de la *crue* des peuples et de la *baisse* du trône, et donner un but quelconque à tant d'agitations. Le parti d'Orléans, selon l'expression orientale d'un poëte hébreu, *sema des vents et recueillit des tempêtes.*

Dès huit heures du matin, et avant qu'il eût donné sa parole de suivre les rebelles à Paris, le roi avait témoigné à quelques députés de la noblesse combien il désirait que tous les membres de l'Assemblée nationale se rendissent auprès de lui pour l'assister de leurs conseils dans la crise effrayante où il se trouvait. Ces députés vinrent avertir ou plutôt réveiller le président, qui dormait encore, et, chemin faisant, ils prièrent quelques députés, qu'ils rencontrèrent, de se rendre au château. Ils entrèrent même dans la salle, où, ayant trouvé un assez grand nombre de députés, tant de ceux qui n'en avaient pas désemparé de la nuit que de ceux qui s'y étaient rendus le matin, ils notifièrent le désir du roi, au nom du président. M. de Mirabeau répondit : « que le président ne pouvait les faire aller chez le roi sans délibérer. » Les galeries, pleines de la vile canaille, se joignirent à lui, et déclarèrent qu'il ne fallait pas sortir de la salle.

Vers dix heures, le président y arriva, et fit part des intentions du roi. Le sieur de Mirabeau se leva, et dit : « qu'il était contre la dignité de l'Assemblée d'aller chez Sa Majesté; qu'on ne pouvait délibérer dans le palais des rois; que les délibérations seraient suspectes, et qu'il suffisait d'y envoyer une députation de trente-six membres. » Il y a beaucoup d'hypocrisie et de sottise dans cette réponse. Il n'était point contraire à la dignité de l'Assemblée de se rendre auprès du chef de la nation; et d'ailleurs c'était bien de la dignité qu'il s'agissait en ce moment! Le roi allait être enlevé, conduit de force à Paris, et peut-être massacré; il demandait aide et conseil, et on feignait de craindre l'influence de son autorité, si on délibérait avec lui, quand lui-même n'était pas sûr de sa vie! Au reste, le roi, implorant l'assistance de l'Assemblée, lui offrait une occasion de prouver qu'elle n'était pas complice des brigands; et quelques-uns de ses membres, moins habiles que mal intentionnés, lui faisaient perdre, par un refus, cette unique occasion. M. Mounier protesta inutilement contre ce refus; il dit en vain que c'était un devoir sacré que d'accourir à la voix du monarque lorsqu'il était en danger, et que l'Assemblée nationale se préparait une honte et des regrets éternels. On ne lui répondit qu'en dressant la liste des trente-six députés qui devaient tenir lieu au roi de toute l'Assemblée.

Ce fut alors qu'on apprit que Sa Majesté, réduite aux dernières extrémités, s'était engagée à la suite des brigands et des héros parisiens. Sans examiner à quelles affreuses conjonctures on devait cette résolution du roi, ce même Mirabeau, qui avait opiné qu'il ne lui fallait que trente-six députés dans le péril, proposa de lui en donner cent pour témoins de sa captivité ; et, comme il s'était refusé à la première députation, qui pouvait craindre quelque danger en secourant le roi, il s'offrit pour la seconde, qui ne devait qu'avilir Sa Majesté, en grossissant le cortége de ses vainqueurs. Il demanda, en même temps, qu'on fît une adresse aux provinces, pour leur apprendre *que le vaisseau de la chose publique allait s'élancer plus rapidement que jamais**. Le roi ne partit qu'à une heure après midi. Tout était prêt, depuis assez longtemps, pour la marche triomphale dont il était le sujet; et déjà le peuple murmu-

---

* « Je sais, me disait un jour M. de Mirabeau, que vous et tous les gens de l'art ne faites pas grand cas de mon style; mais soyez sûr que je suis de moitié avec vous pour me moquer de ceux qui m'admirent. Je ne me sers de ma réputation et de la sottise de mes lecteurs que pour ma fortune. » Nous rapportons ce propos pour le petit nombre de ceux qui, en lisant M. de Mirabeau, sont étonnés qu'il soit *fameux*, et pour ceux qui, en songeant à sa célébrité, sont surpris qu'il écrive si mal. Il est, en effet, des gens dont le goût chancelle devant toutes les grandes réputations, et qui trouveraient le testament de Cartouche bien écrit. Que cette classe de lecteurs apprenne qu'il serait encore plus aisé de trouver M. de Mirabeau honnête homme que bon écrivain. Le grand et le seul avantage de M. de Mirabeau a toujours été d'écrire sur des à-propos, sur des événements récents, sur des objets encore tout chauds de l'intérêt public. Son style était mort ou corrompu, mais son sujet était plein de vie, et voilà ce qui l'a soutenu. Quand il a voulu porter ce même style sur des matières mortes, alors il s'est établi un accord parfait entre le sujet et le style, et le tout est tombé des mains de l'écrivain dans l'oubli. Témoin sa grosse histoire du roi de Prusse. Les temps modernes n'offraient pourtant pas de sujet plus grand que la vie de Frédéric II; mais ce héros n'a pu résister aux mortels pinceaux du député de Provence, toujours éloquent aux yeux des Parisiens, à condition qu'il parlera toujours à la Bourse ou dans l'Assemblée nationale, dans le moment et pour le moment.

rait hautement du retard qu'on apportait à cette exécution.

On vit d'abord défiler le gros des troupes parisiennes : chaque soldat emportait un pain au bout de sa baïonnette. Ensuite parurent les poissardes, ivres de fureur, de joie et de vin, tenant des branches d'arbres ornées de rubans, assises à califourchon sur les canons, montées sur les chevaux et coiffées des chapeaux des gardes du corps : les unes étaient en cuirasse devant et derrière, et les autres armées de sabres et de fusils. La multitude des brigands et des ouvriers parisiens les environnait, et c'est du milieu de cette troupe que deux hommes, avec leurs bras nus et ensanglantés, élevaient, au bout de leurs longues piques, les têtes de deux gardes du corps. Les chariots de blé et de farine enlevés de Versailles, et recouverts de feuillages et de rameaux verts, formaient un convoi, suivi des grenadiers qui s'étaient emparés des gardes du corps dont le roi avait racheté la vie. Ces captifs, conduits un à un, étaient désarmés, nu-tête et à pied. Les dragons, les soldats de Flandres et les Cent-Suisses étaient là : ils précédaient, entouraient et suivaient le carrosse du roi. Ce prince y paraissait avec toute la famille royale et la gouvernante des enfants : on se figure aisément dans quel état, quoique la reine, de peur qu'on ne se montrât à la capitale avec moins de décence que de douleur, eût recommandé aux princesses et à toute sa suite de réparer le désordre du matin. Il serait difficile de peindre la confuse et lente ordonnance de cette marche, qui dura depuis une heure et demie jusqu'à sept. Elle commença par une décharge générale de toute la mousqueterie de la garde de Versailles et des milices parisiennes. On s'arrêtait, de distance en distance, pour faire de nouvelles salves; et alors les poissardes descendaient de leurs canons et de leurs chevaux, pour former des rondes autour de ces deux têtes coupées; et, devant le carrosse du roi, elles vomissaient des acclamations, embrassaient les soldats, et hurlaient des chansons dont le refrain était : *Voici le boulanger, la boulangère et le petit mitron.* L'horreur d'un jour sombre, froid et pluvieux; cette infâme milice barbotant dans la boue; ces harpies, ces monstres à visage humain, et ces deux têtes portées dans les airs; au milieu de ses gardes captifs, un monarque traîné lentement avec toute sa famille; tout cela formait un spectacle si effroyable, un si lamentable mélange de honte et de douleur, que ceux qui en ont été les témoins n'ont encore pu rasseoir leur imagination; et de là viennent tant de récits divers et mutilés de cette nuit et de cette journée, qui préparent encore plus de remords aux Français que de détails à l'histoire.

Voilà comment le roi de France fut arraché du séjour de ses pères par les meurtriers de ses serviteurs, et traduit, par une armée rebelle, à l'Hôtel de Ville de sa capitale. Aurait-on cru, lorsque cet infortuné monarque passa devant la salle de l'Assemblée nationale, qu'il lui restât encore un spectacle qui pût ajouter à ses amertumes et à l'horreur de sa situation? Mirabeau était là, abusant de son visage, et fort de la horde des députés qui devaient se joindre à la troupe victorieuse. Plus loin, sur la route de Passy, était le duc d'Orléans, contemplant, d'un air agité, l'arrivée du roi, et se réservant pour dernier outrage.

Leurs Majestés et la famille royale entrèrent dans Paris vers les sept heures du soir, et furent aussitôt conduites à l'Hôtel de Ville, à travers les flots et les cris d'une populace en délire, qui attendait sa proie depuis plusieurs heures, malgré le froid et la pluie. Les rues étaient illuminées, mais c'était pour éclairer le triomphe de la ville.

Le roi essuya deux fois l'éloquence de M. Bailly. Lorsque cet orateur rendit aux assistants la réponse de Sa Majesté, il oublia quelques mots, que la reine, toujours maîtresse d'elle-même, lui rappela avec grâce, et dont cet académicien tira parti pour faire un compliment aux spectateurs. Tant d'horreurs et d'atrocités finirent donc par une fadeur académique. Leurs Majestés allèrent loger aux Tuileries; Monsieur et Madame au Luxembourg. Le reste de la nuit fut consacré aux joies parisiennes, au spectacle des deux têtes promenées dans les rues, enfin aux excès de la corruption secondée par la barbarie.

Le lendemain et les jours suivants, la commune de Paris se mit à chercher des torts aux vaincus, afin de couvrir les attentats des vainqueurs; et, pour donner le change aux provinces, aux étrangers et à la postérité, on répandit que les gardes du roi avaient d'abord tiré sur les milices, et que Sa Majesté avait eu le projet de s'enfuir à Metz. Cette accusation a plongé dans les cachots de la capitale une foule de personnes. Nous avons déjà parlé de ce tribunal d'inquisition civile intitulé *Comité des recherches*. On a aussi excité l'hydre des journaux, et donné des ailes à la calomnie. M. de Mirabeau, une des têtes de l'hydre, a écrit, dans son *Courrier de Provence*, que, « dans cette journée, « les gardes du corps avaient montré *du dépit et de la « colère*; qu'ils avaient voulu *s'échapper*, et s'étaient livrés « à des *emportements* qui les avaient fait *massacrer*; « que la milice parisienne a été pure et irréprochable. » Il ajoute « qu'il ne conçoit pas pourquoi il y a eu si peu de « désordre et d'actes de cruauté dans cette expédition, » et finit par dire que « le peuple de Paris a toujours le cœur « bon. »

Si ces annales franchissent les temps de barbarie dont nous sommes menacés, si elles peuvent jamais se dégager de la foule toujours renaissante des mensonges périodiques dont la France pullule, et qui sont un des fléaux de la Révolution, les lecteurs, effrayés du délaissement universel où s'est trouvé Louis XVI, se diront sans doute : « Sont-ce là « ces Français qui ont tant de fois prodigué leur vie pour « leurs rois, qui les serraient de si près au fort du combat, « et qui croyaient leur sang assez payé d'un regard de leurs « princes? »

C'est là en effet un des caractères les plus sensibles de la Révolution. Elle a dévoilé tout à coup ce qu'on soupçonnait depuis longtemps, que cet honneur, dont Montesquieu a voulu faire le principe des monarchies, n'était plus en France qu'une vieille tradition. Une nouvelle opinion s'était établie, même à Versailles, que l'affaiblissement de la royauté ouvrirait d'autres routes à la fortune, et que l'or sortirait du pavé des rues si le trône était abaissé. Jadis l'honneur, le fanatisme et l'attachement à un parti décidaient d'une révolution; mais de nos jours tout n'a été qu'avarice et calcul. La religion pour le prince étant presque éteinte, il fallait des prodiges pour la ranimer; et Louis XVI ne les a pas tentés. L'idole, arrachée de ses autels, n'est plus aujourd'hui qu'une statue sans piédestal. Ses prêtres et ses serviteurs ont été dispersés ou corrompus : jamais il n'y eut d'exemple d'une défection semblable et d'un tel abandon, si ce n'est au temps des anciennes excommunications; mais Louis XVI est en effet excommunié, car la philosophie aussi a ses bulles, et le Palais-Royal est son Vatican.

Lorsque j'ai raconté les malheurs de la famille royale, les crimes de Paris et de Versailles, les perfidies de l'Assemblée, les mouvements et la léthargie du général la Fayette dans les journées et dans la nuit du 5 au 6 octobre, j'ai trop oublié la conduite des amis du roi.

Vers la fin de septembre, on parlait déjà, dans tout Paris, de la nécessité d'aller à Versailles enlever le roi et toute la famille royale; et, dès le 3 du mois d'octobre, le fameux repas des gardes du corps servait déjà de prétexte aux malintentionnés, et de mot de ralliement aux différentes cabales. Ce fut aussi vers la fin de septembre qu'on mit en question, au château, si on retiendrait à Versailles le *quartier d'avril* qui, avec les quartiers de juillet et d'octobre, aurait formé un corps de neuf cents gardes autour du roi. Mais, malgré les inquiétudes que donnait le régiment de Flandres, et toute l'horreur des circonstances, le duc d'Ayen-Noailles obtint qu'on ferait partir le quartier d'avril; et, comme s'il eût craint que Sa Majesté ne fût encore trop bien gardée, il fit ajouter, pour sa compagnie, que ceux qui avaient des affaires pouvaient s'absenter pendant huit jours. Enfin, dans la soirée du 5 octobre, à l'heure où la milice bourgeoise de Versailles commençait à tirer sur les gardes du corps, le duc d'Ayen refusa de donner des ordres, sous prétexte que le comte de Luxembourg, qui était de service, se portait mieux; et il disparut ensuite.

Telle a été la conduite du duc d'Ayen, un des démagogues de la cour, et capitaine des gardes du corps. Les philosophes économistes et tous les clubs philanthropiques avaient fondé des espérances sur lui; mais il les servit si mal, par son genre d'éloquence, dans l'assemblée provinciale de la haute Guienne; il fut ensuite si brusquement rejeté des élections aux états généraux, qu'il comprit qu'il ne devait mettre au service de la philosophie et de la Révolution que son silence ou son absence. Le duc d'Ayen est un de ces hommes qu'on fuit dans les temps calmes, et qui fuient dans les temps d'orage.

Dans cette même soirée du 5 octobre, quelques personnes découvrirent le prince de Poix, fils du maréchal de Noailles-Mouchy, affublé d'une vieille redingote à sa livrée, et protégé d'un grand chapeau rabattu. Il allait, en cet humble équipage, se glissant le long des murs de l'avenue, et s'enquérant aux brigands et aux miliciens de l'état des choses et de la Révolution.

On demandera peut-être pourquoi le prince de Poix, n'étant pas auprès de son maître, ou à la tête de sa compagnie, ne s'était pas réfugié dans l'Assemblée nationale, à l'exemple du colonel de Flandres? Je réponds que dans un tel moment de crise, *ce député capitaine des gardes* ne sut à quel parti se rendre, ni à quel costume se vouer : il préféra sans doute l'avenue et la redingote, comme des partis moyens et tempérés qui pouvaient le dérober également à la gloire et à la honte. En effet, pour peu qu'un officier se cache dans un jour de combat, la gloire ne sait plus où le trouver; et c'est ainsi que le prince de Poix remplit du moins la moitié de ses vues. Si on veut savoir quel est ce courtisan chargé des faveurs du roi et des rubans de la vanité, j'avouerai qu'il est plus aisé de le décorer que de le peindre : il a tous les airs de son père, excepté celui de grand seigneur ; toutes ses superstitions, excepté sa piété ; toutes ses assiduités autour du maître, excepté son attachement.

Au reste, le duc d'Ayen et le prince de Poix avaient de tels liens de sang et de système avec le prince de Beauvau, qu'on appelait déjà *père de la patrie;* avec M. Necker, promoteur du tiers état, et, à leur insu même, avec la cabale d'Orléans, qu'il était impossible qu'ils ne favorisassent pas la Révolution. Peut-être aussi que ces deux courtisans, habiles déserteurs du château de Versailles, n'ont suivi, en s'éloignant du trône, que l'instinct toujours sûr de ces animaux qui présagent la chute des maisons qu'ils abandonnent.

M. de Pontécoulant, fils de l'ancien major des gardes du corps, las d'un trop long déguisement, endossa l'habit de son laquais, à la faveur duquel il obtint, deux jours après, l'uniforme de la garde parisienne. Plusieurs autres officiers se retirèrent, à l'exception du duc de Guiche-Grammont et de quelques braves, auxquels ni le civisme de nos philosophes, ni les pavots de M. de la Fayette, ni la mauvaise fortune du roi ne purent faire entendre raison.

Au moment où Louis XVI quittait, pour jamais peut-être, le séjour des rois, l'Assemblée nationale se déclarait inséparable de sa personne, elle vouait à ce malheureux prince l'attachement d'un geôlier pour son captif. C'est, en effet, sous de telles couleurs que l'Assemblée déguisait l'affreux événement du 6 octobre, dans une adresse aux provinces : « Ce jour, disait-elle, est un jour de triomphe, et le monarque est notre conquête. » Les brigands étaient donc une armée victorieuse aux ordres de l'Assemblée, qui était elle-même le sénat le plus auguste, ramenant un prince égaré sous le joug de la tendresse nationale, et l'attachant au char de la félicité publique.

Cette fiction d'un vainqueur qui daigne encore mentir, les cris d'une populace ivre de ses succès, et les couronnes qu'on préparait à nos législateurs, ne purent rassurer MM. Mounier, de Villequier, de Lally et une foule d'autres députés, qui donnèrent leur démission, et demandèrent des passe-ports, afin de se dérober à la fois aux lauriers de la capitale et aux poignards des provinces. L'Assemblée s'effraya de cette désertion, et décréta qu'on n'accorderait plus de passe-ports que pour des affaires urgentes.

Elle décréta, en même temps, qu'elle se transporterait, le 15 octobre, à Paris, bien sûre de trouver un trône où le roi n'aurait trouvé qu'une prison.

Ce décret excita une joie universelle, excepté à Versailles, dont la municipalité, toute en larmes, vint se jeter aux pieds de l'Assemblée, et lui exprimer ses cuisants regrets sur le départ du roi. On répondit à ces misérables comme à des victimes indociles et nécessaires, qui ouvraient les yeux mal à propos sur leur ruine particulière, quand il ne fallait voir que la prospérité générale et la gloire d'y avoir contribué. Ils se retirèrent avec la douleur d'avoir chassé le roi et la honte de s'en être repentis.

Louis XVI voulut aussi affaiblir l'intérêt de ses malheurs : il écrivit à l'Assemblée nationale pour lui apprendre son arrivée dans la *bonne ville de Paris*, le séjour qu'il comptait y faire désormais, et la joie qu'il ressentait du décret sur leur inséparabilité mutuelle : enfin Sa Majesté fit si bien entendre qu'elle avait suivi librement ses assassins à Paris, elle en donna de telles assurances à l'Assemblée, qu'on pourrait dire que ce prince, à force de félicitations, diminuait le triomphe et la félicité des vainqueurs.

L'Assemblée voulut à son tour lui donner quelque marque de sa reconnaissance : elle ouvrit une grande discussion sur les titres et les qualités dont il fallait dorénavant le décorer. Quoiqu'il fût hors du trône et de la constitution, on décida qu'il serait toujours intitulé *roi*. Il fut ensuite question de savoir s'il s'appellerait encore *roi de France et de Navarre*. Après de longs débats, on décida qu'il ne porterait plus le titre de Navarre, malgré les prétentions légitimes de nos rois sur la Navarre espagnole. Il ne resta donc qu'à prononcer s'il s'appellerait *roi de France* ou *roi des Français* : c'est à quoi on réduisit la question, qui n'en était pas une; car on sent bien qu'entre ces deux titres la différence est nulle. Que serait-ce, en effet, qu'un roi de France qui ne serait pas roi des Français, ou un roi des Français qui ne serait pas roi de France? Mais c'est précisément sur ce rien, sur cette distinction puérile, que l'Assemblée voulut exercer sa métaphysique. La raison la plus évidente de cette discussion, celle pourtant qu'on n'osait avouer, c'est que la prérogative de Louis XVI ayant éprouvé un si rude changement, il fallait bien aussi que son titre subît quelque métamorphose. L'Assemblée a, par excellence, le génie d'innovation. Les Mirabeau épuisèrent donc, sur ce problème, toutes les ressources du mauvais goût fortifié par la mauvaise foi; et, après bien des séances et des discussions, il fut enfin décrété que Louis XVI, régénéré par un baptême de sang, confiné au palais des Tuileries, comme un sultan au vieux sérail, sans amis, sans sujets, sans vengeance, au milieu de ses assassins, porterait le titre de *roi des Français*. L'Europe indignée le nomma *roi des Barbares*.

TABLE

RIVAROL. — Sa vie et ses œuvres, par Sainte-Beuve, Arsène Houssaye et Armand Malitourne.	5
MAXIMES, PENSÉES ET PARADOXES.	41
DE L'UNIVERSALITÉ DE LA LANGUE FRANÇAISE.	79
PHILOSOPHIE.	123
PHILOSOPHIE POLITIQUE.	165
ESPRIT DE RIVAROL.	209
CONVERSATION DE RIVAROL.	227
POÉSIES.	239
DE LA VIE ET DES POÈMES DU DANTE.	267
PETIT ALMANACH DES GRANDS HOMMES.	283
LE DERNIER JOUR DE LA ROYAUTÉ EN FRANCE.	299

PARIS. — IMP. SIMON RAÇON ET COMP., RUE D'ERFURTH, 1.

www.ingramcontent.com/pod-product-compliance
Lightning Source LLC
Chambersburg PA
CBHW071331150426
43191CB00007B/691